以知为力　识见乃远

1368

CHINA AND THE MAKING OF THE MODERN WORLD

中国与现代世界之形成

Ali Humayun Akhtar
［美］胡马云 著　董建中 译

中国出版集团　东方出版中心

图书在版编目（CIP）数据

1368：中国与现代世界之形成 /（美）胡马云著；董建中译. -- 上海：东方出版中心，2025.6. -- ISBN 978-7-5473-2441-7

Ⅰ．K207

中国国家版本馆CIP数据核字第20254RK008号

上海市版权局著作权合同登记：图字09-2024-0288号

1368: China and the Making of the Modern World (the Work), by Ali Humayun Akhtar, published in English by Stanford University Press.

Copyright © 2022 by the Board of Trustees of the Leland Stanford Junior University. All rights reserved. This translation is published by arrangement with Stanford University Press, www.sup.org.

1368：中国与现代世界之形成

著　　者　［美］胡马云（Ali Humayun Akhtar）
译　　者　董建中
丛书策划　朱宝元
责任编辑　王　婷
封扉设计　安克晨

出 版 人　陈义望
出版发行　东方出版中心
地　　址　上海市仙霞路345号
邮政编码　200336
电　　话　021-62417400
印 刷 者　山东韵杰文化科技有限公司

开　　本　890mm×1240mm　1/32
印　　张　9
插　　页　2
字　　数　186千字
版　　次　2025年7月第1版
印　　次　2025年7月第1次印刷
定　　价　78.00元

版权所有　侵权必究
如图书有印装质量问题，请寄回本社出版部调换或拨打021-62597596联系。

谨将此书献给我的父亲母亲

胡马云·阿夫塔布·阿赫塔尔
优利娅·扎基·萨班

并献给我的兄弟姐妹

目 录

前言 *1*

第1章 横跨印度洋和南中国海的五百年 *5*

中国与西方：五百年的交流 *5*

    鸦片战争 *9*

西方"对华政策"的争论：在对抗和商业外交之间 *11*

从以亚洲为中心的视角书写全球史 *18*

第2章 大明王朝的全球北京 *21*

明朝与中亚、中东贸易的起源 *22*

    明朝之前的中国穆斯林社会网络 *23*

明朝与东南亚苏丹国的外交 *27*

    明代中国东南转向的限度：越南和泰国 *29*

明朝与高丽朝鲜及室町时代日本 *31*

    朝鲜和室町时代日本的中国思想文化 *35*

第3章　丝绸之路沿线波斯语中的中国形象　*39*

盖耶速丁关于中国边疆及作为帝国穆斯林中间人的记述　*40*
  盖耶速丁前往北京前夕的使者互访　*42*
  毛拉纳·优素福与明朝穆斯林行政人员的遗产　*43*
  讲述"中国风"：盖耶速丁对于丝绸的观察　*44*

阿里·阿克巴尔论作为贸易中心的北京及中国的全球边界　*47*
  明代中国：孤立主义国家还是边疆贸易的繁华中心？　*49*
  一组作为诠释中国之全球边界视觉线索的中国物质文化　*50*
  通往中国的东南亚门户中的瓷器　*53*

伊斯兰世界的瓷器革命与青花瓷在全球的崛起　*54*
  明代景德镇的兴起与青花瓷在全球的扩散　*57*

第4章　香料之路沿线的马来与中国贸易　*61*

以华人为背景的《巴赛列王传》　*62*
  历史背景：苏门答腊的华人穆斯林　*62*
  中国在苏门答腊作为外国和当地的存在　*64*

作为当地存在的中国：华人头人阿里　*66*
  中国与中国物质文化　*66*
  敦伯拉姆巴帕殿下马来仪式的中国特色　*69*

《杭·杜阿传奇》：中国王权的投射以及从毗奢耶那伽罗到马六甲的外交文化　*72*
  与早期葡萄牙相遇期间伟大的马来、印度和中国王权　*72*

杭·杜阿出访印度 73
　　　中国王权，杭·杜阿在家族及文化上与中国的亲近 77
《马来纪年》：中国王权及物质文化在巨港、马六甲 80
　　　中国皇帝的马来出身，马来苏丹的中国血统 81
　　　汉丽宝的故事 83

第5章　欧洲人寻找香料群岛 87

通往中国之路：马德里至马尼拉，里斯本至澳门 89
　　　文莱苏丹 90
　　　马尼拉的罗阇以及对菲律宾的征服 94
葡萄牙人抵达亚洲 99
　　　争夺西班牙在南中国海的成果 99
　　　将世界一分为二：西班牙和葡萄牙王国的合并与分裂 100
　　　西班牙与葡萄牙的短暂合并及在亚洲的反响 101

第6章　中国耶稣会的科学与地图绘制传统 107

日本耶稣会学问之政治：葡萄牙水手、日本大名及他们共同赞助的耶稣会士 108
　　　江户时代前夕葡萄牙与日本反目 111
北京的耶稣会士制图师：利玛窦和他紫禁城的继任者 115
　　　罗明坚、利玛窦与天主教和儒家文化的融合 115
　　　利玛窦的科学家兼神学家继任者及地图向欧洲的迁移 118

荷兰印刷商：绘图中国，想象阿姆斯特丹的耶稣会士孔子　122

　　荷兰琼·布劳书店中的地图集和地球仪　124

　　中国哲学在欧洲的第一波浪潮：孔子与孟子　126

　　启蒙运动时代对中国的想象　128

第7章　穿越荷兰帝国的瓷器　133

以白银换取瓷器：荷兰东印度公司的明代亚洲国家间贸易　135

　　从澎湖到台湾　137

在日本的扩张　142

　　平户的仓库　143

　　巴达维亚的困境：伊朗仿制品和日本原产品之间　145

欧洲的瓷器革命　147

　　维米尔与绘制中国的技艺　147

　　回应精美瓷器市场的代尔夫特瓷器　150

第8章　茶在大英帝国　153

中国茶的艰难旅程：从明代中国到大英帝国的伦敦　154

　　茶的起源：从食物到饮料　154

　　明代红茶出口到世界各地　158

从葡萄牙的奇特之物到英国的垄断商品　162

　　葡萄牙人和荷兰东印度公司商业网络中的茶　162

　　荷兰东印度公司和英国东印度公司竞争中的咖啡和茶　166

英国炮舰外交在东北亚的前奏：英国人在日本的第一杯中国茶　168

英属南亚的中国茶叶种植与炮舰外交的转向　170

中国文化争辩：关于晚清中国的西化　173

晚清中国的军事和工业现代化　174

一个时代的终结：袁世凯、孙中山与宣告建立共和国　178

21世纪的全球中国　182

第9章　中国的黯然失色与日本的现代化　185

新井白石职业生涯期间的日本、西方以及印度洋的丝绸贸易　186

杉田玄白的职业生涯：从"汉学"到"兰学"　190

幕府将军的改革与垮台　195

德川齐昭、水户学以及关于政治和军事改革的争论　195

江户时代终结时的末代幕府将军：统治阶层与革命集团关于西方改革的趋同　201

明治维新的后果：日本西化改革中中国思想文化的重新定位　207

欧美改革　207

用中文词汇辩论欧洲改革　210

新亚洲　211

尾声　重新转向东方　*215*

致谢　*219*

注释　*221*

索引　*243*

插图　*251*

插图目录

图 1.1　1975年12月3日，中国领导人邓小平在北京会见美国时任总统福特　*251*

图 1.2　清代广州十三行商总伍秉鉴（1769—1843）　*252*

图 1.3　世界最大的公共交通电动汽车进口城市：哥伦比亚的波哥大　*253*

图 2.1　穆斯林学者伊德里西1154年绘制的《罗杰地图》　*254*

图 2.2　一对峇峇娘惹夫妻的婚礼　*255*

图 2.3　朝鲜王朝李成桂（太祖）　*256*

图 3.1　明太祖朱元璋　*257*

图 3.2　明长城　*258*

图 3.3　9世纪写有钴蓝色"幸福"字样的伊斯兰仿瓷陶器　*259*

图 4.1　南京浡泥国王墓　*260*

图 4.2　16世纪的《马六甲法典》　*261*

图 4.3　印度尼西亚的马都拉清真寺　*262*

图 5.1　葡萄牙女王伊莎贝拉（1503—1539）　*264*

图 5.2　建于1622年的澳门西望洋圣堂　*265*

图 6.1　明代来华的耶稣会士金尼阁（1577—1628）　*266*

图 6.2　18世纪法国制图师唐维尔《中国新图集》中的全图　267

图 6.3　17世纪布劳《大地图集》中的世界地图　268

图 7.1　荷兰东印度公司第四任总督简·皮特斯佐恩·科恩（1587—1629）　269

图 7.2　17世纪荷兰人笔下的热兰遮城　270

图 7.3　荷兰画家维米尔的《倒牛奶的女仆》（约1658—1660）　271

图 8.1　饮茶王后布拉干萨的凯瑟琳（1638—1705）　272

图 8.2　明代砖茶　273

图 8.3　恭亲王奕䜣（1833—1898）　274

图 9.1　日本画家司马江汉（1738—1818）的《和汉洋三贤图》　275

图 9.2　德川幕府末代将军德川庆喜（1837—1913）　276

图 9.3　年轻时的伊藤博文（1841—1909）　277

图尾声　东京妇女参政会议　278

前　言

中国在历史上何时失去了对英美等国的创新优势？中国目前主导着全球制造业格局，它的未来将何去何从？随着中国经济在世界上的地位不断提升，西方是走高科技工业化的新路，抑或继续走1970年代所采用的全球化以及劳务外包的道路？解答这些问题，需要了解20世纪的全球化世界是如何形成的，需要了解西欧是如何开始主导曾经以中国和日本、东南亚为中心的亚洲经济格局的。本书讲述的是中国第一个现代全球时代的故事，特别强调了自大航海时代以来北京与西方的遭遇。从1368年大明王朝建立到1912年清朝终结，这是现代中国的形成时期，也是现代世界的形成时期。就它的起源来说，这是一个西欧航运如何绕过在中世纪世界一度占主导地位的意大利和中东市场的故事。到两次鸦片战争（1840—1842，1856—1860）结束之时，寻求所谓远东贸易的西欧"大发现时代"将曾经的全球中国变成一个截然不同的中国。用拿破仑的话说，中国已成为一头"睡狮"，横卧于明代宝船曾经航行过的海洋。

在某些方面，甚至在大航海时代中国与欧洲的全球航运网络相遇之前，中国就一直是全球大国。西安，传奇般的兵马俑所在地并拥有这一地区最早的清真寺,是古代丝绸之路的重要节点。但是随着欧洲列强现身南中国海,全球性的转变出现了,而这个转变几十年前就自有渊源。15世纪初,也就是明朝建立之始,北京就开始转向公海。在葡萄牙、西班牙抵达马六甲、马尼拉的前夕,北京与南海、印度洋的海洋国家建立了前所未有的政治和文化亲近关系。1405年至1433年间,比麦哲伦开辟从阿卡普尔科到马尼拉的第一条跨太平洋航线早一百年,明朝就派遣了一系列外交使团,前往1492年之后西班牙和葡萄牙寻求利润的所有地区——日本、泰国、马来半岛、印度次大陆、伊朗、东非以及地中海的阿拉伯门户,意在向世界各地炫耀北京海军和制造业的实力。载有大量商品、包括宝船在内的明朝船队横渡印度洋和南中国海,这些商品最终主导了西欧的贸易投资——中国及邻国生产的瓷器、贵金属、刺绣纺织品、茶叶等稀有物品。

在海上指挥官、云南籍穆斯林郑和的带领下,中国自己的航海时代——海上外交友好姿态——不仅加速了中国物质文化在世界范围内的运动,也加速了中国政治和社会网络的运动。这种迁移尤其涵盖了整个东南亚,一百年后的西欧列强开始在这里发展商业投资以及设计专长,最终推动了欧洲的工业化。在16世纪至19世纪这一过渡时期,中国和东南亚港口城市的传统呈现出前所未有的新特点。在这一历史时段早期,随着伊比利亚人的船只抵达马尼拉和澳门,耶稣会士语言学家被培训成为在中国和日本进行外交活动时的穿针引线之人。到16世纪末,葡萄牙和西班牙的商业网络完全绕过意大利和中东中间商从而进入这一地区,但它们也将被两个新来者——荷兰人和英国人——所超越。在崛起中的荷兰共和国、英国君主制国家的支持下，荷兰东印度公司和英国东印度公司在17世纪跟随它们的伊比利亚邻人来到南中国海。它们在选定的亚洲中心通过谈判解决定居点，而有的则是公然征服，同时与中国的军事力量保持一定的距离。然而，随着西欧技术进步的开启，其中包括了工业机械和蒸汽机的发展，变化悄然发生。19世纪时，随着英国的大规模生产和武器制造达到前所未有的先进程度，形势发生了逆转。中国一步步黯然失色。

随着英国工业革命的兴起和19世纪中叶两次鸦片战争的结束，曾经强大的中国沦为了世界地缘政治的边缘。北京政治权威和领土的丧失，加上1853年佩里准将抵达江户，标志着中国政治以及文化影响力发生了天翻地覆的变化，对这一地区产生了巨大影响。在武士出身的政治家的领导下，日本率先开启了一场史无前例的高科技产业转型，它抛弃了中国的政治模式，吸纳的是英美的进步。中国自身的转型，建立在东京的英日模式之上，步履蹒跚。根植于清代最后几十年，经历了动荡的20世纪一系列的停滞不前，中国的产业转型终于在1970年代后期的经济改革以及日本和西方的技术知识迁移到中国的新制造中心之后发生了，这些中心包括天津、青岛、宁波、深圳等地。21世纪以来，中国加入世界贸易组织之后，关于中国作为苏联之后的"超级大国"的争论已是如火如荼。

从本书所讲述的故事来看，一言以蔽之，中国作为高科技商业参与者的迅速崛起，是其作为国际制造大国的地位自全球海上航行肇始以来的第二次迭代。今天深圳、上海等科技中心的国际声望，让人想到了欧洲早先对瓷器的生产地景德镇和茶叶的出口地泉州所产中国商品的痴迷。这一新的迭代之所以会有意义，是因为许多经济学家、政治家、历史学家将继续忽视它，就像许多经济史家将中国置于大航海时代以来以英国为中心的世界历史图景的边缘一样，政治家们也常常低估中国自1970年代以来的工业化程度——亚洲一个新的经济和军事超级大国正在崛起。本书所讲述的这一长期历史要阐释的是，随着欧盟经济危机的加剧，有人认为中国在很多方面已经是一个超级大国；而世界银行等国际发展机构与"一带一路"倡议之间的关系表明，新兴市场如何在这个不断变化的格局中确定自己的位置则显得十分重要。为了弄清楚这种不断变化的地缘政治格局及其在时间上的长期起源，本书提供了明朝以来中国在全球的际遇以及现代世界之形成的新图景。

第1章

横跨印度洋和南中国海的五百年

中国是古代世界领先的制造中心之一,它是何时失去对欧洲的创新优势的?中国明朝(1368—1644)和清朝(1644—1912)的古老遗产在多大程度上为现代工业化铺平了道路?随着中国重新崛起为制造业超级大国,西方国家是应该依据全球化经济以维持其在亚洲新兴市场的贸易政策,还是应该让一个已去工业化的西方独立于新兴工业化的亚洲而着手开启一种新型高科技工业化?回答这些问题需要对全球历史有着长期了解,更具体地说,需要了解工业化的西欧如何第一次主宰了一度以中国为中心的亚洲经济世界。

中国与西方:五百年的交流

中国对现代经济的影响源于明代,当时欧洲海上航行首次绕过中东，寻找传说中的香料群岛（印度尼西亚的马鲁古群岛）以及中国的传奇商品：丝绸、银、香、瓷器等。明代时，西班牙和葡萄牙的航海探险队首次开辟了直达中国大门口的航线，特别是位于南中国海的马尼拉和澳门。伊比利亚人发现的是一个在政治、商业、文化方面都与中国深深纠缠在一起的世界。就在麦哲伦从阿卡普尔科到马尼拉的跨太平洋探险（1519—1521）开始前的一百年，明朝领导了中国自己的"大航海时代"。明朝派遣了一系列的外交远征队前往东北亚、东南亚、南亚、东非、中东的各港口。领导这些队伍的海上指挥官是云南人郑和，他是有着部分布哈拉血统的穆斯林。记录这些探险活动的船员马欢也是穆斯林。他们的出身反映了明代中国政治文化的全球维度，这从时间上看是赓续了之前的唐、宋、元（蒙古）各代。此前的数百年间，西安等内陆城市、泉州等沿海城市是中东和中亚商人熙攘往来的交流中心，在许多情况下，这些人在中国城市永久定居。[1] 中世纪的数百年间，关于泉州的故事在中东广为流传，人们都知道了这座城市的阿拉伯语昵称Zaytun（意大利语Zaiton）。以中国与其中东贸易伙伴之间的这些早期联系为背景，可以看到郑和下西洋所代表的是北京跨越南海和印度洋在全球政治和物质文化方面的新的投射。这是明朝试图在国内外树立的形象，也就是跨越了中国陆疆和海疆，以及东南亚苏丹国、东北亚幕府、中亚汗国、日益由奥斯曼帝国统治的中东地区。

此时的郑和下西洋之所以有影响力，是因为此前一个世纪亚洲最具影响力的帝国的崩溃，以及15世纪一连串新国家的崛起。在进入欧洲大航海时代之前，最具战略位置的海洋国家是靠近香料群岛的各苏丹国：马来半岛的马六甲、靠近马尼拉的婆罗洲海岸的文莱、苏门答腊北端的巴赛、爪哇岛上的万丹等。在帮助中国再次成为亚太地区中心的过程中，郑和的外交远征队将马六甲苏丹国纳入了能提供各种互利的宗主国-藩属国关系。就马六甲而言，苏丹国与明朝的联系保护了马六甲免受位于其北面泰国强大的大城王国（1350—1767）的入侵。反过来，马六甲代表了明朝得到印度洋商品和通往香料群岛的门户。

16世纪时，葡萄牙人和西班牙人无论从哪个方向抵达南中国海，都要遇到这些苏丹国。早在15世纪，这些苏丹国就已与北京的明朝建立了关系，这使它们成为欧洲通往中国的第一个门户。这种联系在西班牙征服菲律宾期间显而易见。1560年代，西属美洲的总督米格尔·洛佩斯·德莱加斯皮抵达菲律宾，他描述的一个地区，有着商品和商人，而这表明了当地与文莱苏丹以及中国皇帝和日本天皇都有联系。德莱加斯皮一行在马尼拉发现了居住在一个日本城的一群日本商人，这些日本城散布在东南亚的一些港口。15世纪在南中国海的日本私人贸易，如同当地利用中国式帆船的中国私商所进行的贸易一样，是葡萄牙人与后来的荷兰人在17世纪所精通之事的先驱之一：亚洲国家间的贸易，具而言之，就是亚洲商品，尤其是中国商品，经由亚洲港口进行买卖。

正是在这个以中国为中心的世界中，伊比利亚列强在16世纪建立了它们的第一个全球商品投资组合。这一事业一定程度上是通过由伊比利亚列强赞助、会多种语言的耶稣会士的技能实现的，这些人既在北京也在长崎扮演着外交中间人的角色。中国市场首次向西欧商人开放，意味着中东和意大利商人将不再是伊比利亚人进入"印度地方"——也就是东亚和东南亚印度次大陆以外的土地——的独家中间商。对于16世纪的伊比利亚人来说，第一桶金不仅来自参与亚洲国家间的贸易模式，而且来自中国和日本的商品通过葡萄牙控制下的果阿、西班牙控制下的马尼拉和阿卡普尔科运回欧洲。伊比利亚商人，就像后来他们的荷兰和英国竞争对手一样，从波斯、德干沿海地区购买纺织成品并将它们向北带到日本港口，在回程途中将日本白银向南带到中国和东南亚，以获得额外利润。中国官方和私人贸易提供了高价的中国制成品——茶叶、瓷器、丝绸、香水等，而这些商品又将在欧洲出售，以获得最大利润。

从这一历史中可以观察到一个极为显著的现象，伊比利亚人就像他们的荷兰和英国继任者一样，在与北京的外交关系中至为小心谨慎，这与他们在整个东南亚更为好战的军事征服形象形成了鲜明对比。就像葡萄牙人彻底征服了北京的马六甲盟友，却又通过外交方式确保他们在澳门的定居点一样，荷兰人在征服万丹苏丹国仅仅几年后，同样更加谨慎地推进位于台湾（热兰遮城）的定居点问题，这里位于北京的视线之外。荷兰人同样极其小心翼翼地与崛起中的德川幕府建立外交关系，以确保一项贸易协定能持续到19世纪后期幕府结束之时。这些外交模式表明，即使在中国明清鼎革——与日本德川时代（1603—1867）同时——之后，欧洲列强仍然认为北京与过去一样，是令人生畏的。[2]然而，到了19世纪，变化正在发生，并且随着鸦片战争的爆发迅速到来。

鸦片战争

鸦片战争原本是中英贸易争端的升级,其结果令人震惊:北京丧失领土,削弱了以前在其管辖范围内的港口的权威。具体来说,中国对于茶叶出口以及英国制造的鸦片进口的限制日益严格,而英国东印度公司在1800年代初对此日益抵制。当中国政府销毁了一批鸦片时,英国政府介入,两国政府开始了第一次全面战争。当英国人驾驶高级军舰时,中国——名扬四海的火药技术发源地——在19世纪仍使用猎枪、弓箭、木船,这些都是可以追溯到明初的军事策略。[3] 明朝时,中国的军事技术最为先进,令奥斯曼帝国的到访者惊叹不已。到了清末,中国的技术已远远落后于欧洲,中国在拿破仑的著述中被称为"睡狮"。为了影响19世纪后期的日本与中国,欧洲各国相互争夺,一群法国军事专家参与了日本军队的现代化,这时离拿破仑职业生涯结束才几十年,他们这么做或许是合适的。

在这一回溯到明朝的现代中国漫长的历史中,鸦片战争代表着中国与一个欧洲强国的军事冲突的空前升级。19世纪的中国不再像16世纪和17世纪时那样拥有足以震慑他人的军事力量,这意味着中国沿海比以往任何时候都更容易受到新的军事力量的攻击。西欧日益工业化的列强进入了这一空虚地带,它们能够在所谓的"炮舰外交"中,迫使北京听命于新的外交和商业安排。依据以大英帝国为领头羊所签订的19世纪后期的新贸易协定,欧洲制造的各种商品以前所未有的方式强制进入中国和日本的市场。中国和日本的改革者利用了欧洲列强间的相互竞争,此举影响长久。19

世纪后期，清朝和德川时代的改革者以一种赞助人-附庸关系获得了欧洲政治和技术知识，而这些改革者从一开始就认为这种关系不会永久存在。19世纪末，中国的军事和城市基础设施开始改革，而日本全面的政治和社会经济转型则更为迅疾。

19世纪后期，日本当局对中国的事态发展极为警觉。在鸦片战争之后，随着北京失去对中国港口的控制，日本最后的武士和幕府将军加速了一个业已开启的进程：幕府工业化，这发生在日本转变成为20世纪最强大军事帝国之一的前夜。对日本有利的是，它与荷兰人之间有着长达数百年的外交和商业上的密切联系。自17世纪以来，日本执政者一直能够持续接触到荷兰医学、技术及一般学问的发展，这促进了日本在19世纪后期疾速的政治和经济改革。20世纪初期，领导现代工业的日本执政者开始了他们作为武士的生活，筹划为日本每个"废藩置县"的大名而战。从武士披风到议员西装的戏剧性转变表明，伴随着政治和经济转型的，是更广泛地远离中国的文化转向。

从这一文化视角观之，日本摆脱以中国为中心的政治和商业历史尤其引人注目。明治时代（1868—1912），日本走上了一条包罗万象的政治和社会经济改革之路，吸纳了英国现代化模式，同时以修订中文有关传统、秩序、进步等的经典书面词汇的形式重新表达它们。这是一种现代化的模式，后来成为中国自己的模式，它乃孙中山在接受教育过程中并在20世纪伊始从英国控制下的香港到明治时代日本的游历中亲见亲闻的。

不过对中国来说，这种模式的复制要花费一百多年的时间，在1970年代末才真正加速实施，这是在一种安排下进行的，即西方列强复制了以前在日本实施的模式：政治和技术知识向东迁移，双方尝试建立一个西方印象中的新亚洲——也就是说是在以西方为中心的全球经济和安全框架之内。在这种方法的批评者看来，这种安排的可能不足之处，在于都未能够预料到的一种结果：与20世纪初的日本帝国一样，21世纪初的中国已成为世界上最具影响力的军事和商业参与者之一，这意味着以经济伙伴关系为导向的政策已经受到西方的重新审视。结果是，一个新的全球中国的崛起让人想到了前一个这样的中国，这促使西方观察家呼吁制定新的"对华政策"。

西方"对华政策"的争论：在对抗和商业外交之间

世界如何设法应对当今新兴的中国这一超级大国，在某种程度上不可预知，但如果历史可以告诉未来的话，那么中国第一次现代全球时代的故事就可以提供睿见。就中国自身而言，由国家主导的国际共建项目——"一带一路"倡议——的名称，就表明了中国政府在政策形成中对于历史再利用的兴致盎然。[4]"一带一路"的名称，让人想到古代世界著名的陆上和海上"丝绸之路"，而它在中国外交中的使用，说明了这是北京在亚洲新兴市场不断发展的基础设施伙伴关系中利用中国软实力的一种形式，这种软实力建立在以中国为中心的对世界历史的特定理解之上。换言之，当中国政治在整个亚洲地区增强其地缘政治的重要地位之时，尤其是东南亚的东盟市场——这里是北京再次与西方相遇之地，它自觉地从其之前的全球历史中寻找灵感以及软实力模式。

就西方最强大的参与者美国而言，历史告诉我们，它未来的"对华政策"更加难以捉摸，但也并非完全如此。虽然华盛顿与本书所讲历史的联系并不算多，但美国当前对中国和东盟地区政策的一系列立场，会让人想到它的欧洲前辈们的全部作为，这是显而易见的：那些视自己为西方国家，包括欧盟中的北约主要成员在内，在过去的五百年已经尝试了数十种方法来应对中国作为全球制造、创新和生产力中心的历史角色。对当代观察家而言，之前与中国的这些接触，具有的教育意义是，美国当前对亚洲政策的不同之处，让人想到了其所有前辈，世界历史不愧是通向未来的窗口。

西方外交的先行者之一是现代早期的葡萄牙帝国，它让人想到美国现今既参与南海的商业又参与南海的军事。在整个16世纪和17世纪，葡萄牙人既在中国周边小心行事，又对中国的盟友咄咄紧逼。具体地说，葡萄牙谨慎小心地与北京、东京谈判，而形成鲜明对比的是它在马来半岛南端采取的军事敌对政策。葡萄牙在一场战役中彻底征服了明朝的盟友马六甲（1511），而泰国的大城王国因害怕明朝的报复从未敢如此行事。换句话说，葡萄牙人在南海周边使用外交加军事的混合介入方式，最大程度地获得在中国的好处，同时也最大限度地降低了他们所掌控的、横跨大西洋和印度洋的领土的风险。不过，葡萄牙的政治和商业能力终究有限，暴露出这一点的，是它在17世纪初期与日本日益紧张的关系。在东京，崛起的德川幕府动用强大的政治和军事力量，于1639年驱逐了葡萄牙人。幕府将军将葡萄牙人视为商人、海盗以及潜在的军事滋扰者,可能会损害德川王朝自己要将日本诸藩纳入东京统治之下的抱负。美国军官佩里准将于1853年抵达东京湾,迫使德川王朝达成新的贸易协议,而对葡萄牙人的驱逐则发生在此前约三百年。对于葡萄牙来说,它在这一地区多方面参与的一线希望是在中国海岸继续保有定居权,葡中双边外交使得澳门这座城市一直是葡萄牙在亚洲商品贸易中的中转站,直至20世纪。

这些外交模式的另一面是西班牙在亚洲的做法,这让人想到了现代保护主义政策,以生产商品供当地消费和出口为导向,而不是依赖进口。具体地说,在16世纪和17世纪,西班牙当政者开辟并掌握了跨太平洋的从阿卡普尔科到马尼拉的海上航线,便于进入中国市场且不依赖中国市场。可以说,西班牙征服菲律宾为亚洲市场打开了一扇后门,同时依然使得西班牙哈布斯堡帝国在其疆域内建立了一个以生产力为导向的半保护主义经济体系。西班牙控制的最具生产力的中心是墨西哥城、瓦哈卡(墨西哥)、利马(秘鲁)等城市。一方面,从马尼拉到阿卡普尔科的大帆船在整个17世纪和18世纪将中国的丝绸和瓷器带到墨西哥城等中心,在那里,它们与帝国早期的跨大西洋陶瓷和丝绸工业交织在一起,将墨西哥与塞尔维亚和格拉纳达连接起来。另一方面,西班牙的批发商和丝绸工匠向政府施压,要求限制中国商品输入美洲,在17世纪初,美洲已经对经马尼拉输入美洲的亚洲商品数量在法律上做了限制。西班牙对中国和日本商品输入美洲的法律限制与马德里在墨西哥成功地建设和扩张丝绸业等产业桴鼓相应,这些产业可以生产并出口与亚洲同行有着同样价值的商品。[5] 就是说,西班牙通过阻止中国和日本商品的大量进口并最大程度地出口它们自己类似中国商品的组合来掌控自己帝国商品的价格:伊比利亚和墨西哥制造的丝绸商品,墨西哥制造的用于威尼斯天鹅绒等丝织品的胭脂虫红染料,墨西哥和秘鲁开采的金银,墨西哥制造而在欧洲当作饮品的巧克力,以及其他各种有利可图的帝国制造的出口商品,而这些商品最终在欧洲要与葡萄牙从中国、日本进口的商品相竞争。

在许多方面,西班牙开了后来工业时代英国和荷兰机器生产所带来的生产力发展的先河,不同的是它领土广袤,拥有自然资源以及当地劳动力——具体来说是土著——的优势。它的做法让人想到1970年代以来的西方反全球化论点,即赞成保护西方制造业和生产力,限制与中国的贸易。西班牙愿意通过在菲律宾建立其市场的后门来与中国打交道,但它主要依靠自己帝国境内的生产力,这样就减少了葡萄牙人从相反方向,也就是从马六甲到澳门、长崎展开包围的风险。西班牙乃一庞大美洲帝国之首,这个帝国拥有丰富的自然资源和土著人口资源,保有中美洲在西班牙到来之前的产业,因此与中国商业接触以及甘冒风险显得不那么急迫。

对于18世纪的荷兰和英国来说,在它们自己机器驱动的工厂工业化前夕,这两个国家既从葡萄牙也从西班牙的方法中获益。像创业者简·皮特斯佐恩·科恩这样的荷兰执政人员制定了一项在南中国海进行商业和军事活动的计划,明确吸取了葡萄牙人和西班牙人的经验得失。对于荷兰人来说,葡萄牙模式证明了在贸易上直接获得中国商品的可能性。西班牙模式表明,在自己的领土内寻求制造商品之道同样有利可图——无论是在被荷兰彻底征服的东南亚苏丹国,还是在荷兰的城市。在印度尼西亚爪哇岛,

第1章 横跨印度洋和南中国海的五百年

荷兰人在18世纪设法利用当地劳动力生产阿拉伯咖啡。此举是英国在一个世纪后的19世纪将中国制茶秘密迁移到英属印度种植园的先声。就荷兰本土而言，代尔夫特这座城市成为制造与中国瓷器类似的代尔夫特青花陶器的中心。代尔夫特陶器与中国瓷器非常相似，这使得从中国进口瓷器变得多余。代尔夫特陶器的兴起预示了19世纪英国斯塔福德郡陶器的发展，这时机械和大规模生产的发展促进西欧商品大规模出口到曾经为西方制造消费品的中国市场。

换言之，荷兰人和英国人综合了葡萄牙和西班牙的方法，既有大规模的各类进口商品，又在帝国境内建立各种产业，从而减少了对这些进口商品的需求。荷兰人和英国人与他们的前辈最明显的不同之处，让人想到了当前西方与中国所打的交道：政府管理人员依靠的是政府所支持公司的私有化努力，这些公司在全球一些地区购销精选商品时被赋予垄断地位或至少获得了补贴。它们是荷兰东印度公司与英国东印度公司。与它们所听命的母国一样，两家公司都对外国的生产力和创新感兴趣，它们从葡萄牙前辈那里得知，最赚钱的商品包括南中国海和印度洋的商品——中国茶叶、中国和日本瓷器、贵金属，以及南亚、东南亚的纺织成品。最终，通过征服加上贸易协定，英国人和荷兰人在18世纪末成功地在亚洲经济世界中分得了一大脔肉。结果不仅是荷兰和英国的物质文化和流行文化转向"东方"且奇异的一切事物，而且也是欧洲自身在创新和设计上取得重大进展的开始——尤其是使用蒸汽机以低成本大规模生产中国式商品——这反过来又推动了工业革命。[6]这些英国和荷兰的新兴工业中心，使用独创的蒸汽技

10

术和以工厂为中心的大规模生产技术，生产的仿瓷陶器和仿丝绸纺织品得以出口到世界各地获取利润。对于英国人来说，加速这些制造业进步的同时，也发展了前所未有的军事实力，这促进了在19世纪后期建设成为全球头号帝国——大英帝国——的可能性。凭借这种实力，完成了之前欧洲国家所不能之事：迫使中国向大规模生产的欧洲商品开放市场，中国一夜之间成为大规模进口英国机器制造商品的国家。

这些过往的种种"对华政策"之所以让人联想到美国当前的政策，是因为它们受到同样基本问题的驱动，而这是今天政策制定者所追问的：西方大国如何既能从富有成效的中国经济上获得利益，又能最大程度地减少对中国的依赖？我们不能够从历史中完全窥见未来，是因为今天的这一问题有着许多新的特点。西方人在整个大航海时代和启蒙运动时期曾研究中国的创新，而到了工业革命时期，局面就发生了反转：鸦片战争以来，中国效仿西方高科技，这一进程在1970年代末加速，部分也得益于邻国日本19世纪的工业改革。自19世纪后期以来，英国对帮助中国和日本实现工业化的兴趣，在亚洲经济影响力竞争的背景之下，特别是随着新的全球参与者的崛起，发生了变化。到20世纪中叶，这些新的全球参与者中最重要的是苏联，它与美国和英国的较量推动了西方与中国建立新的伙伴关系，这让人想起西方国家与日本在19世纪后期建立的同样的赞助人-附庸这种合作关系。就日本的情形而言，它的工业化促进了日本帝国的崛起，日本是第二次世界大战的战败国，在1950年代和1960年代得到重建，但根据战后条约，它没有军事工业。

第1章　横跨印度洋和南中国海的五百年

1970年代以来，西方与中国的各种协议同样以中国城市工业化为导向。毋宁说，重点在于建立经济伙伴关系，这聚焦于中国自己的高科技制造技术，这样后工业时代的西方可以从中国制造业和劳动力中获得经济上的好处。此举得到了西方政策制定者、公司、股东的热情支持，经济学家和政策制定者对自由贸易、离岸外包以及冷战时期的安全夸赞有加。与此不同的是，批评者警告贸易协定的长期结果将会造成失衡，中国方面仍然对本国产业实行保护，而此时美国和英国的这些产业已分崩离析。有的批评者表达了对于长期安全的关切。最终，在尼克松和福特时代中美第一次外交会面约五十年后，中国成功地在经济和军事上再次成为亚洲经济世界的中心，可再生能源等各种新兴产业的更广泛进步，已成为美国和英国在后工厂时代新的高科技再工业化的可能模式。

在这种背景下，当前美国、欧盟、脱欧的英国关于与中国及更大范围的亚太地区贸易的争论，是西方前辈争论的回响：美国政策制定者是否应该效仿17世纪的葡萄牙人，通过审慎的外交，与自1970年代以来富有成效的中国建立经济伙伴关系，进而从中获利？抑或美国应该开始效仿19世纪的英国，通过建设——在现今环境下，可以说是重新建设——生产和服务的基础设施，以消除它们当前与一个制造业超级大国的贸易逆差？西班牙的例子中是否存在依赖本国政治边界内现成的自然资源和产业的模式？荷兰的商品多样化，从销售进口的中国产茶叶到代尔夫特制造的仿瓷，有什么值得借鉴的地方？

总之，美国当前的"对华政策"让人想到了此前所有的打交道

12

模式，但也有一不同之处：一直忽视近期以及长久以来的贯穿着亚洲的创新史，只是最近人们才开始对这一历史着迷。无论是可怖的雄狮还是纸老虎，中国都是历史上设计和制造领域的创新中心，就像所有创新一样，背后都是一部文化史。这段历史包括几个世纪以来穿越了朝代和国家行政的政治文化，以美学书籍为中心的知识文化，以语言和社会习俗为基础的流行文化，以及以日常生活的设计为中心的物质文化。伊比利亚国家赞助的耶稣会士是理解这段创新史和文化史的大师，正如许多荷兰和英国的创新者一样，他们前往中国，发现了认为对自己未来工业有用的物品和制造技术。今天西方观察家的著述中所缺少的正是这种对中国创新和文化的理解，这种理解构成了本书分析自大明王朝以来的中国以及现代世界之形成的核心内容。

从以亚洲为中心的视角书写全球史

从郑和船队满载丝绸、樟脑等历史名产的故事，到出生于意大利的耶稣会士利玛窦在北京的生活，本书中的许多人物都曾在哥伦布以来的全球航海历史叙述中出现过。有些出现在同时代人所写的历史中，而有些出现在历史学家的研究著作中，这些历史学家对历史给予今天观察者提供资鉴抱有兴趣。他们中最有影响力的是彼得·博尔施伯格。博尔施伯格证明了，现代经济在很大程度上是随着东南亚数百年的全球交换而形成的。他的研究表明，像东盟这样的贸易伙伴关系既是全球经济的迁移，也是过去贸易网络的复兴。[7]安德烈·贡德·弗兰克对全球经济史的分析同样阐明了现代世界经济在许多方面何以起源于亚洲。[8]珍妮特·阿布-卢格德的著作有着同等贡献，强调中东与其东部边疆之间的联系。阿布-卢格德赞同中国人关于全球史著作的认识，即中东既是欧洲邻居也是亚洲西部边缘地带，她的著作展示了荷兰人和英国人在历史上如何成为以亚洲为中心的一套古老社会经济体系的新外来者。[9]

本书建立在过去关于全球史著作的分析之上，新的重点在于历史如何告诉我们当前和将来的地缘政治格局。本书后面的各章将讲述的故事是，中国如何从明代众所周知、世界上最稀有商品的出口国，发展到清代结束时成为英国机器制造商品最大的进口国，继而再到今天，在工业转型（1970年代前后至今）之后成为复兴的制造业超级大国。本书讲述了西欧水手如何在亚洲当政者眼中从海盗变成贸易伙伴的故事，以及这些当政者如何发现自己在20世纪初采用了欧洲的现代化模式，试图摆脱西方开始占据主导地位的地缘政治格局。自从1970年代以来，欧盟经济增长放缓以及"亚洲四小龙"经济体的持续崛起，这一格局继续得以重塑，讲述大明王朝以降全球交流和现代世界形成的故事，比以往任何时候都更加重要。

第2章

大明王朝的全球北京

大明王朝时期的中国是如何成为全球强国的？明代北京的全球转向故事与欧洲以及中国自身的发展息息相关。大航海时代之前的一百多年，北京的明朝正在巩固其在亚洲陆上和海上贸易路线——古代世界传说中的丝绸和香料之路——中心地位的进程之中。明朝派遣了一系列外交远征队前往它的三个邻界地区：长城之外的中亚汗国、南海之外的东南亚苏丹国、隔海相望的东北亚幕府时代的日本。结果是16世纪引人注目的明朝政治和贸易的跨洋文化定位，而这时西班牙和葡萄牙水手开始抵达马六甲、澳门、马尼拉、长崎等中心。这些城市成为欧洲通往中国商业世界的后门，到17世纪，崛起的俄罗斯帝国开辟了自己途经中亚汗国前往中国的陆上路线。细致考察明朝在15世纪与其三个邻界地区——中亚、东南亚、东北亚——的联系，可以准确地说明中国于16世纪欧洲水手抵达之前是如何走向世界的，以及大航海时代从欧洲到马尼拉、澳门的新跨洋贸易路线建设如何实际上将中国政治和

15 物质文化在地理上扩展到了其历史上最后的边疆：西欧和美洲。

明朝与中亚、中东贸易的起源

大明王朝于1368年建立，它与几个在该区域已经存在的王朝相竞争，这塑就了明朝对全球交流的兴趣。最强大的是明朝所取而代之的元朝。元朝是成吉思汗（1227年卒）子孙所建。元朝的一个主要遗产是途经中亚的陆路交换的复兴。这种复兴，具体地说是意大利诸列强通过黑海直接能够与中亚接触，这为蒙古时代在欧洲作家中赢得了"蒙古和平"（Pax Mongolica）的美誉。这个词仿效的是古罗马帝国所谓的"罗马和平"（Pax Romana），古罗马帝国在单一的中央集权政府之下统一了广大的地中海沿岸地区，建立了一个半集权的贸易体系。这与8世纪欧洲商人看待阿拔斯帝国治下酋长国和苏丹国的贸易相仿佛，这些贸易从伊比利亚半岛和北非延伸到埃及、伊拉克以及印度次大陆。

在北京看来，13世纪蒙元时代的重大成果是与新的中亚和中东建立——毋宁说是重新建立——陆上联系。此前的朝代，尤其是宋代（960—1279），贸易网络和商品进出中国，经常发生在沿海地区。例如10世纪，泉州和广州代表着文化十字路口，中东穆斯林商人长住于此，从事外交和商业活动。在13世纪的元朝，泰国——明朝的西部边境——以北的云南等内陆地区，成为中国穆斯林商业活动的新中心地带。与宋代泉州讲阿拉伯语的中东穆斯林不同，这些元代新到来者是来自中亚讲波斯语的穆斯林。中国穆斯林人口的这种文化转变，有助于解释为什么之后明代来自中亚的旅行者会在北京遇到为明朝服务的讲多种语言的波斯穆斯林，以及海上指挥官、云南人郑和以成为明朝杰出政治人物。他出自元代最著名的讲波斯语的中亚穆斯林家族，即来自布哈拉的云南行省平章政事赡思丁家族，赛典赤·赡思丁在1250年代掌管帝国财政，任命他为云南行省平章政事的是蒙元皇帝：成吉思汗的孙子忽必烈。这种转变也解释了为什么之前宋朝政府中最显赫的穆斯林人物，特别是蒲寿庚，不是来自云南，而是来自沿海地区。仔细考察这些穆斯林政治和商业网络可以看出，出现效力明朝的郑和等云南籍穆斯林行政人员，在15世纪并不是新的不寻常现象，而是中国与中亚、中东悠久联系的最新表现，这种联系可以上溯到唐宋时期。这段历史的结局是，随着明朝的建立，15世纪时发生的两件事，促进了北京与其中亚和东南亚边陲的联系：这些穆斯林中的一些人由明代社会所吸纳，就云南籍穆斯林而言，在明朝政府与中亚国家的外交中发挥着关键作用。中国穆斯林中的另一部分人前往东南亚，在崛起的各苏丹国永久定居。海上指挥官、云南人郑和等穆斯林联络这两个世界，他们在全球明代身为外交官可谓正逢其时。

明朝之前的中国穆斯林社会网络

早在8世纪，唐代穆斯林就在中亚丝绸之路东端甘肃、陕西等地定居。在中国沿海，穆斯林主要定居在福建和广东等地区。[1] 唐代（618—907），穆斯林商人能够依据治外协议获得居住权和迁徙权，还在广州、泉州、杭州等沿海城市建造清真寺。到了宋代，某些外交上的进展使得宋朝之后为元朝廷服务、说波斯语和阿拉伯语的穆斯林兴起成为司空见惯的现象。部分是延续了此前唐代沿海贸易路线，南宋发展了海上国际贸易，内地以及沿海有许多的外国人定居点。特别是宋代泉州，各种穆斯林商人和穆斯林社区领袖长期或短期在此居住。刻满了穆斯林名字的宋代墓碑保存至今，它们是对于这一现象的记录。[2] 这些墓碑，就像现存的明代历史记载一样，表明了效力宋朝政府的长居穆斯林家庭的汉化过程，其中最有名的是蒲寿庚家族。

元朝军队抵达泉州时，蒲寿庚是此地的市舶司提举。他的蒲姓，是阿拉伯语 Abu 的汉化形式，意思是"某某之父"。蒲寿庚是蒙古人到来以及蒙元在北京建立后众多留任的宋朝官员之一。13世纪蒙古朝廷在征服之后吸收了宋朝的许多理政之道，这为14世纪后期的明朝统治铺平了道路，使它能够综合前朝对于陆上和海上的政治认识。[3] 蒲寿庚就是宋代晚期为朝廷服务的中国沿海许多穆斯林家庭中的一员，这些家庭在元朝时期仍然为朝廷效力。在宋元时期，南中国海周边的这一人群促进了横跨印度洋与阿拉伯语国家的海上贸易关系，他们通常在港口担任市舶司提举，也就是贸易监督之职。福建在元代共聘用了三十名市舶司提举，穆斯林占三分之一。元朝时，蒲寿庚提举福建广东市舶，最后任福建行省中书左丞。

蒲寿庚身为穆斯林在13世纪担任福建行省中书左丞，他的身份和仕途很好地说明了明代前夕的中国处于政治和文化的十字路口，以及于1368年新建立的明朝要与穆斯林可汗、苏丹建立联系，这些人于欧洲抵达该地区前夜在中亚和东南亚崭露头角。

促使明朝与这些中亚汗国建立陆上联系的原因，是元朝行政人员在13世纪有意重新在中国内地尤其是云南安置中亚穆斯林行政人员和商人。元朝将穆斯林工匠和建筑师作为帝国建设技术人员的一部分带到这一地区，而其他前来的穆斯林如商人、税吏、行政人员也来此寻找新的机会。[4] 有些人甚至在位于元朝东北边界的高丽定居，只是到了朝鲜王朝（1392—1897）时期，由于其文化同质化政策才消失于朝鲜的儒家社会。在云南出生的行省平章政事赡思丁这样的元代穆斯林行政人员的崛起，提供了一个特别令人感兴趣的实例，即在某种意义上中亚穆斯林在明代前夕成为中国人。

纳速剌丁是13世纪后期的云南行省平章政事，他不是出生在布哈拉，而是在云南。他是元朝忽必烈任命的云南首任行省平章政事赛典赤·赡思丁之子。赡思丁是海上指挥官、云南人郑和的先人，郑和出生于一个世纪后（14世纪），从侍明朝的洪武皇帝和永乐皇帝。赡思丁是纳速剌丁的父亲，中亚人，有两个名字：阿拉伯语和波斯语中的Shams al-Din，以及这个名字的汉化形式，普通话的发音是Shànsīdīng。[5] 赡思丁等中亚行政人员最后为元朝效力，是因为位于今天伊朗和乌兹别克斯坦的蒙古伊尔汗国与中国的蒙元有着外交和商业联系。原在伊尔汗国服务的穆斯林经常前往元朝政府。就赡思丁而言，生活在布哈拉东部的他，先是到北京，然后去了云南。在云南，他的任务是建设儒家、佛教和伊斯兰教的神圣空间，目标是实现当时中国边疆和农村地区的城市化和汉化。

从后来明史的角度看，元代云南的中亚裔穆斯林政治人物的崛起，既是宋代泉州蒲寿庚角色的回响，也是海上指挥官郑和生涯的前兆。这也预示了明朝名叫毛拉纳·优素福之人的职业生涯，他是位于北京的明朝宫廷中通晓多种语言的翻译，中亚游历者盖耶速丁·纳哈昔遇到了他，盖耶速丁是15世纪从帖木儿帝国的撒马尔罕前往明朝京城使团的一员。盖耶速丁的故事将在下一章讲述。郑和、毛拉纳·优素福在明朝的职业生涯表明，尽管在14世纪后期，随着明朝驱逐蒙古统治阶层而发生了治理上的巨变，但北京雇用会说多种语言的穆斯林作为连接中国与中亚的行政中间人的模式很常见，这成为明朝外交的固有组成部分。

19　　明代前夕穆斯林的来源告诉我们，在华的布哈拉人并不少见。拉施特是一位受雇于西面邻国蒙古伊尔汗国的医生，他是这一现象的见证人。拉施特流传最广的著作《史集》，提供了穆斯林行政人员广泛存在于浙江、广东等内陆与沿海地区的证据。[6]他们的波斯名字表明他们来自布哈拉或其他中亚中心地区，如花剌子模、呼罗珊。北京雇用穆斯林的模式在明朝后期根深蒂固，连大航海时代最杰出的耶稣会士科学家利玛窦也描述了北京的钦天监如何雇用许多穆斯林。看到他沿着葡萄牙贸易路线前往澳门时在南亚和东南亚遇见穆斯林，人们一定会惊讶不已。

　　明代的北京，换言之，不仅位于丝绸和香料之路的东部十字路口，而且还与这些路线有着文化联系。这种联系有助于了解为什么在大航海时代之前，瓷器、丝绸等中国商品在伊比利亚君主和水手眼中显得如此突出。15世纪后期，丝绸和香料之路的贸易比以往任何时候都要活跃，这意味着威尼斯、开罗、伊斯坦布尔等城市到处都是将要主导葡萄牙、西班牙以及后来荷兰和英国商业网络的各种物品。伊比利亚人将要邂逅的中国就是雇用了中亚穆斯林行政人员的中国：它是大明王朝统治下的中国。加速欧洲人与中国人在东南亚相遇的原因是，明朝已经派遣了至少一名云南籍穆斯林行政人员，也就是郑和，前去建立与东南亚崛起的穆斯林苏丹国的政治和商业联系。

明朝与东南亚苏丹国的外交

明初，东南亚政治和社会发生转型，包括伊斯兰教在此兴起，以及穆斯林苏丹与北京的联系更为紧密。随着这一地区几个古老的海洋国家，包括著名的巴赛、马六甲、万丹、文莱等的四分五裂，苏丹国出现了。巴赛在位置上接近今天印度尼西亚西北部的亚齐，这很好地说明了这一地区与中东和印度洋沿岸的地理联系。文莱靠近菲律宾，与马六甲距离泰国、云南相仿佛，表明这一苏丹国离中国不远。万丹接近今天的雅加达，与香料群岛联系紧密，后者在14世纪后期的明朝和15世纪欧洲航海探险家眼中是东南亚最具战略意义的中心。东南亚对明朝来说深具战略意义，因为这里有印度尼西亚的摩鹿加群岛（香料群岛），而且这一地区位于印度洋和南海的十字路口——就是说，位于从中东及从日本、朝鲜前往中国的商业交通的交汇点上。

鉴于东南亚与中东、印度洋沿岸的地理联系，明朝在15世纪初期派遣了云南籍穆斯林郑和率领船队前往该地区开展外交活动，这么做是合适的。郑和下西洋时，有一位名叫马欢的穆斯林船员也一同出行。不同于郑和，马欢是位皈依伊斯兰教者，他不是云南人，而是来自中国沿海地区。现存的马欢对东南亚的见闻记录《瀛涯胜览》指出，包括爪哇在内的整个东南亚华人和非华人社群都有穆斯林。马欢对这些东南亚华人穆斯林社群的描述与14世纪中叶元明鼎革时期马来半岛中国穆斯林定居的历史证据若合符节。伊斯兰教在东南亚统治阶层的兴起，换句话说，可能与14世纪中国沿海地区向东南亚的更广泛文化扩散有关。郑和、马欢与明朝，与中国伊斯兰教，以及与东南亚苏丹国的联系，可能是明代中国文化扩散进入马来群岛故事的冰山一角。

最能体现这些联系的，是郑和下西洋最令人印象深刻的结果：将马六甲苏丹国纳入了北京的一种宗主国-藩属国关系，这种关系最终在15世纪保护了它免受泰国大城王国的入侵。对马六甲苏丹国来说，与明朝的朝贡关系为外国列强提供了获得珍贵的中国商品的机会，例如瓷器、丝绸和锦缎纺织品、日历、铜钱。[7]对明朝来说，与马六甲苏丹国的密切关系提供了通往香料群岛以及印度洋贸易的战略通道，这比伊比利亚水手建立经由这一地区的定期航线早了约一百年。

明朝人与这些后来的伊比利亚水手的区别，其中之一是海上行动的规模及其意图的实力投射。这种规模，再加上在多名中国穆斯林航海家领导下的明朝实力的全面展示，可能提升了伊斯兰教在东南亚越来越多的穆斯林统治圈的文化影响力，而这时来自更西面各国的穆斯林已经在这一地区以商人身份相往来。郑和船队规模庞大，它在东南亚历史记忆中挥之不去，嵌入各种口述传统。虽然对这些船的确切尺寸仍有争论，但即使这一船队出现在当代港口，其规模和场面也一定令人印象深刻。与哥伦布只有三艘小船且没有护卫船只不同，郑和的船队拥有巨大的宝船62艘、小船225艘。最大的宝船估计长达400英尺，当然实际可能没有如此之长。[8] 相比之下，葡萄牙大帆船长150英尺，威尼斯盖伦桨帆船的船身低平，还要长些，有160英尺。圣玛丽亚号是载有克里斯托弗·哥伦布船员的船只中的一艘，很短，只有72英尺长。对比尺寸就可以想见，拥有册封使命的中国船只在抵达时场景该多么壮观。在1405年至1421年间的前四次航行中，这支船队还访问了数量众多的国家：越南、印度尼西亚、马来西亚、泰国、斯里兰卡、印度、伊朗、索马里、肯尼亚、也门、阿曼。郑和、马欢访问的港口数量繁多，这表明明代中国与东南亚崛起的穆斯林苏丹国之间的联系，只是将北京与南海、印度洋的众多统治圈联系起来的大外交活动的一部分。越南持续转变为中国政治和知识文化的一个中心，可能是明朝历史影响的最典型产物，最好地阐释了明朝是如何激情四射地转向南海的。

明代中国东南转向的限度：越南和泰国

　　明朝与位于中国与东南亚苏丹国之间的越南与泰国的关系，既代表了明朝东南亚转向的限度，也代表了可能性。一方面，越南、泰国靠近中国南方，这就意味着明朝将在这一地区采取更激进的军事手段。另一方面，这些有实力的国家不仅想要击败中国，而且还想要战胜所有后来对泰国和越南港口感兴趣的欧洲抵达者。

　　具体而言，派遣郑和前往马六甲、麦加的是明朝永乐皇帝（1402—1424年在位），他也在1406年下令征伐位于今天越南的安南。征伐的结果是明朝在这一地区统治了数十年。越南后黎朝政权在1471年征服了它的主要竞争对手占城,得益于越南过去五十年的政治和军事集权进程,这部分是为了因应明朝在这一地区的存在。[9] 到15世纪后期,越南已经占领了占城的大部分地区,其当政者设法通过将越南纳入与明朝的朝贡关系来讨好明朝皇帝。这种关系的最显著的成果之一是越南政权接受了儒家政治伦理,这种现象在东北亚更为普遍。明代儒教向越南的扩张在许多方面与同一时期中国穆斯林向东南亚的迁移同步。

与明朝在越南的无所不能形成鲜明对比的,是它在泰国的受限。位于这一地区的大城王国与明朝关系复杂,更类似于北京与马六甲的宗主国-藩属国关系。泰国与中国的旧式宗主国-藩属国关系,可以上溯到蒙元时期,泰国顾忌明朝,对侵犯马六甲苏丹国心存犹疑,因为明朝一边许诺继续保持中泰关系,一边威胁说胆敢妄为就会像越南那样遭到中国的征伐。每年进贡使团的进贡之物填满了北京国库,然而它们依然有利可图。就泰国而言,它在整个明代以及16世纪欧洲列强到来之后仍然独立,这意味着其港口可以发展成为一个全球商业中心,与马六甲竞争。它同样有着来自中东、印度洋沿岸地区、中国、日本的各种商人。[10]

总之,通过将自己的实力投射到东南亚最近和最远的地方,明朝外交实现了其管理者想要实现的目标:将东南亚转变为中国的商业和政治后院。明朝的历史记载了包括马六甲苏丹本人在内的使团到达北京,而马来史诗提供了中国政治人物在这一地区定居并创立当地王朝的多种叙述。[11] 正是这一组联系使得中国在16世纪抵达马来半岛的葡萄牙水手眼中显得特别重要,也正是明朝在其第三个边疆——东北亚——所建立的同样这一组联系,使得日本在大航海时代至佩里准将抵达东京湾的几百年间,成为最能反映欧洲与中国商业世界相遇的时代风貌之地。

明朝与高丽朝鲜及室町时代日本

14世纪后期,明朝与日本、朝鲜外交关系的各个方面都表明,北京、汉城、东京等城市的文化交织持续存在,直到20世纪日本与中国反目。明代政治和思想文化的遗产,从儒家社会、政治伦理到禅宗的神圣传统,即使在当今的韩国和日本仍极为重要。在这两个国家,社会政治改革运动继续着它们工业时代的辩论:曾经无处不在的中国文化影响的局限性,就像东南亚国家在重新解释它们的历史和确认世界地缘政治格局时,要兼顾中国和西方一样。对于大航海时代抵达这一地区的欧洲人来说,中国在日本地位突出,这意味着与这两个国家开展外交,就需齐头并进。北京之所以在这一地区有着特别强大的影响力,是因为这一系列外交友好姿态,而这是建立在整个东北亚密切联系的悠久历史之上的。

1368年,明朝开国皇帝朱元璋在北京登极,他将年号定为洪武,后人称他为洪武皇帝(1368—1398年在位)。这种以中国年号来确定历史和时间的概念是整个东北亚所共有的,在这里,"中国"直到19世纪一直代表着政治和文化的中心。明朝通过数个外交使团确保与日本等邻国保持这一联系,同时也有中国的行政人员和知识分子移居日本。

洪武皇帝即位后，颁诏东北亚诸国，声言他乃中国的皇帝："惟我中国人民之君，自宋运告终，帝命真人（指忽必烈）于沙漠，入中国为天下主。"¹² 诏书解释说，这一承受天命的王朝，子孙承袭已百有余年，但当时蒙元王朝时运不济，地方群雄并起，争夺不已，直到明朝恢复秩序。"定有天下之号曰大明"，他宣布，"建元洪武"。¹³

新的明朝控制了宋元曾经拥有的沿海主要港口，东北亚和东南亚各国响应明朝的诏令，与明朝建立外交关系。在朝鲜半岛，这时是高丽王朝统治的最后几十年，它对新的明朝的承认延宕了近十年。¹⁴ 高丽王朝的幸存至少部分因为它是蒙元的属国，高丽政治精英与蒙元通婚。结果是，它在明朝崛起近十年后，勉强与明朝建立外交关系，然而它继续承认元朝（北元）为中国之主。这种两面外交策略的证据见于现存的高丽官方文书中，使用的是被驱逐的元朝大汗的年号而不是洪武皇帝的年号来纪年。如前所述，"洪武"代表的是明朝开国皇帝在位的时期，而不是皇帝本人，1368年为洪武元年，朱元璋是洪武皇帝。这不是王朝的细枝末节，在朝鲜和日本的文书中正确识别中国年号是地区外交关系从中国的一个历史时期更新至另一个历史时期的关键。明朝希望1374年的朝鲜外交文书应该记作洪武六年，但朝鲜用的却是元统治者的纪年。1374年至1377年间，这已是明朝建立十多年后，朝鲜在与明朝文书中继续承认元朝统治者为"天子"，对于明与元采用"骑墙"政策，纵令明朝占领南京和北京，洪武皇帝宣称自己承继为"天子"。

结果是高丽的外交灾难：为迫使高丽与元朝分道扬镳，多名高丽使者在南京逗留结束时遭监禁。此事至少从一个方面诠释了中国在东北亚政治和文化中发挥的主导作用,而这种主导一直延续到19世纪后期。到1377年,高丽正式承认明朝的宗主地位。[15] 随着正式承认明朝,高丽在整个1380年代初期寻求明朝册封,以加强王朝合法性。然而在1392年,高丽将军李成桂篡夺了王位,建立了新的朝鲜王朝,该王朝一直存在到第一次世界大战之前,在思想上和文化上有着向明朝看齐的重大转变。

与明朝的思想发展相一致,朝鲜王朝(1392—1897)奉行新儒学政治和社会伦理。在明代的大部分时间里,朝鲜促进了一种文化融合模式,发展了中朝艺术和文学的综合形式。[16] 朝鲜早期的最持久遗产之一是它创建了一种专用的非汉语表音文字,即"训民正音",与中国表意文字——汉字一起使用,形成了早期现代中朝文字语言资料库。[17]

高丽再往东,室町(足利)时代的日本处于一种复杂的境地,既要试图与明朝建立外交和贸易关系,又要限制中国参与日本政治事务。最初的外交关系在1380年中断,当时明朝皇帝怀疑日本人勾结丞相胡惟庸(1380年卒)篡夺皇位。[18] 第三任室町幕府将军足利义满(1358—1408)统治时期,日本重建了与明朝的外交和贸易关系,与中国之间有利可图的朝贡贸易得以增长。与私人贸易相比,朝贡贸易涉及中国对外国使团的接待和安置,使团以官方身份带来有价值的外国商品。礼尚往来,使团带走丝绸、瓷器、茶叶等珍贵的中国商品。

对于朝鲜以及室町时代的日本来说,与中国的朝贡贸易相当于利润丰厚的奢侈品进口贸易,对本国的物质文化和品味——从本国的瓷器、仿瓷生产到中国茶叶的种植和消费——影响巨大。作为交换，中国册封使团人员将白银、日本丝绸等商品带回国。葡萄牙人和荷兰人最终参与了这一亚洲国家间的贸易，将中国丝绸带到日本以换取日本的白银。对明朝而言，这种朝贡交换带来了明确且可衡量的政治成果。

除了将明朝实力投射到国外并加强明王朝在这一地区的合法性之外，这种朝贡商业活动还促进了关乎边界和安全的几个具体外交目标。最重要的是，室町（足利）时代日本政府同意与中国合作，限制中国沿海的海盗活动。到1403年，幕府将军足利义满派遣使节，试图通过宣布日本为中国的属国或附庸来讨好明朝，称幕府将军为"日本国王臣"。[19]而对于晚期高丽来说，带来的是收获颇丰的结果：明朝很快重建贸易关系，依照"勘合"制度向日本商人重新开放宁波、泉州、广州的沿海贸易区——确保商人是日本赞助的朝贡使团，而不是走私者或海盗。[20]对明朝而言，与日本建立稳定贸易关系的关键成果是幕府将军承诺将制止走私，使其远离中国海岸。在足利义满统治下，禅宗僧侣作为促成这些外交协议的中间人发挥了重要作用。在他的继任者足利义持的领导下，日本疏离了与明朝的关系，幕府也疏远了同参与中日政治关系的禅宗僧侣之间的关系，这一举动是德川幕府后期关于日本的中国中心主义一些辩论的先声。尽管存在这些间歇性的紧张局势，与中国的私人贸易仍通过日本南部港口继续进行，这反映了在整个室町时代和德川早期日本与明代中国的持久商业联系。

朝鲜和室町时代日本的中国思想文化

在这一明朝对外交流背景下,巩固中国文化对现代朝鲜和日本持久影响的是明代儒家伦理哲学——明代新儒学社会政治伦理——向韩国和日本政界的迁移。就朝鲜而言,它对儒学的培植与明朝自己对儒家政治的、社会的、伦理的推崇相互关联。朝鲜的儒家学者在政府中扮演了顾问、外交官以及广义上的士大夫角色。朝鲜王朝的缔造者李成桂(太祖),在朝鲜儒家学者郑道传(1398年卒)的协助下掌控了大权,郑道传帮助其建立了关键的治理机构。郑道传是高丽和朝鲜时代最高学府成均馆的毕业生,成均馆专门面向朝鲜文职中的新儒学士大夫。郑道传是依照新儒学路线来改革朝鲜法律和政治伦理的关键人物,他在朝鲜王朝初期撰写了几部开创性的新儒学著作,包括《朝鲜经国典》《经济文鉴》,在传播具有朝鲜特色的儒家社会伦理方面发挥着作用,影响持续到20世纪。[21]

明代中国政治和思想文化同样在14世纪后期和15世纪深深嵌入日本,在统治阶层和大众社会中产生了日本禅宗和日本儒家思想。与日本政界关系密切的禅宗僧侣在两国之间建立了密切联系,促进了类似的政治文化的东移。禅宗僧侣拥有极丰富的汉语知识和高雅文化,这使他们成为中日外交适宜的中间人。[22] 足利义满(1368—1394年在位)和继任者足利义持(1394—1423年在位)与明朝外交关系的离离合合,同二人和担任幕府当局顾问角色的日本禅宗僧侣的亲近或疏远相关。

与明朝和朝鲜的关系情况一样,日本新儒学士大夫最终也在明朝和日本的外交关系中发挥作用，但这发生在明朝后期，即日本从室町到德川的过渡时期。[23] 在17世纪德川幕府的新都城江户（东京），日本早期镰仓时代以及室町时代的新儒学从日本的禅宗寺院迁移到更广泛的政治层面和社会层面，包括幕府当政者的官方教育。

18世纪初，日本接受中国政治和伦理思想的主要头面中介人物新井白石等德川时代的新儒学行政人员，是日本政治和社会归化新儒学的产物。新井白石对荷兰医学兴趣盎然，声名远播，他后来的继任者杉田玄白在19世纪看到了"兰学"在整个日本的涌现，接下来就是日本远离中国并效仿英国的工业化。然而，在他们生活的以中国为中心的东北亚，无论是新井白石还是杉田玄白，都不曾想到他们所培植的兰学将在江户时代末期与中国文化彻底竞争。这是19世纪的一场文化竞赛，结果是推翻了中国的至上地位，而后者可以追溯到明朝醉心于将中国置于亚洲政治和文化中心的外交努力。欧洲大航海时代开始后的五百年间，欧洲军事技术突飞猛进，在清末中国以及江户时代日本的改革者中催生了一种紧迫感，这些人对欧洲由15世纪的谨慎外交转变为19世纪与东北亚各国打交道时的炮舰胁迫外交，感到震惊不已。明代的中国海军曾经强大无比，足以对17世纪前后在台湾的荷兰人定居模式下达指令，然而在19世纪鸦片战争之后的晚清，中国海军正手忙脚乱地在中国港口抵制英国。19世纪末，清代中国和江户时代日本的改革者都计划依据欧洲的政治、思想和社会模式重组自己的国家。在中国文化西移欧洲已有五百年的背景下，中国文化此时在东北亚遭遇的竞争真乃前所未有，令人惊讶。这一转折标志着中国过去五百年在塑造现代世界中所扮演角色的终结,但用20世纪初中国当政者自己的话来说,中国的没落并不是"中央王国"的终结,就像工业化的日本一样,一个工业化的中国即将到来。

下面的章节将详细介绍那些在明朝崛起以及明清鼎革之后前往中国及其边疆地区的人们的故事和记述,看他们如何成为中国文化向全世界迁移的渠道。从撒马尔罕、马六甲到澳门以及马尼拉,所有亚欧商人通过商业和外交与中国打交道的城市,都成了从中国向现代世界其他地方迁移物品和图像的中转站。

第3章

丝绸之路沿线波斯语中的中国形象

明代中国在整个中亚和中东留下了非凡的视觉遗产。从叙利亚的陶瓷制造到土耳其清真寺无处不在的青花釉面砖，从阿富汗纺织品上的牡丹刺绣装饰图案到乌兹别克斯坦、伊朗珠宝中的玉石，中国对中亚和现代中东视觉景观的影响既广泛又深远。这种影响历史悠久，是连接巴格达与西安、泉州的古代丝绸和香料之路交流的结果。但在明代，这种交流由活跃在几个新兴国家的商人穿针引线：开罗和黎凡特的马穆鲁克苏丹国、安纳托利亚的奥斯曼帝国，最重要的是以撒马尔罕、布哈拉、赫拉特为基地的帖木儿帝国。与中国的明朝一样，帖木儿帝国是在14世纪从瓦解的蒙古政权的废墟上建立的。

帖木儿的领土从现在的叙利亚一直延伸到中国西部边境附近的吉尔吉斯斯坦，帖木儿在14世纪统治了中亚和中东的大部分地区，并给奥斯曼帝国留下了庞大的文化遗产。在视觉文化和物质文化领域，这一遗产的关键在于帖木儿与中国的联系。明朝与帖木儿帝国互派了一系列使节，这成为伊斯坦布尔、开罗等城市视觉美学深刻转变的基础。皇室和工匠获得了各种新鲜的中国物品，包括在大航海时代主导欧洲流行文化的无处不在的青花瓷器。

有关明代中国的两部著名游记出自这些使者：盖耶速丁·纳哈昔（1447年卒）作为艺术家和帖木儿（撒马尔罕）派至北京的特使的记述，以及阿里·阿克巴尔（卒于1516年之后）北京之行的记述，这是他在返回奥斯曼伊斯坦布尔之后出版的。总而言之，他们的叙述揭示了在大航海时代前夕，将明代中国与中亚、中东连接起来的持久文化迁移与融合渠道。他们记述的最有趣现象包括穆斯林在明朝政府中发挥突出作用的故事，以及就在欧洲大规模生产精美"瓷器"（china）之前发生的中东以瓷器为导向的陶器革命的故事。他们的故事，在波斯语和奥斯曼土耳其语中流传下来，构成本章研究明朝对长城之外的中亚和中东邻国审美影响的基础。

盖耶速丁关于中国边疆及作为帝国穆斯林中间人的记述

最著名的两部关于中国的波斯语和土耳其语游记，来自明朝与帖木儿汗国交往的时代。盖耶速丁（活跃期1419—1422年）居住在赫拉特（今阿富汗），是沙哈鲁·米尔扎（1407—1447年在位）统治时期的帖木儿帝国使者。[1] 永乐皇帝在位期间（1402—1424），盖耶速丁途经撒马尔罕抵达北京，比利玛窦经由澳门到达北京早了约一百年。盖耶速丁现存的记述提供了一位中亚旅行者目睹并惊叹于明代中国视觉文化和物质文化的实例。他流传甚广的记述表明了在继蒙古陆上丝绸之路衰落很久之后,游记是如何将对于中国的描述和想象扩散到整个中亚和中东的。盖耶速丁在著作中,经常提到宫廷丝绸物品,当时中国的设计图案——从牡丹到凤凰、莲花——正成为帖木儿和奥斯曼纺织品、陶瓷表达方式的核心部分。[2] 其后一位旅行者的记述,在伊斯坦布尔写作(约1500—1516)的阿里·阿克巴尔同样抓住了中东和中亚不断扩大的对中国物质文化想象的一个关键方面。盖耶速丁的记述反映出人们对丝绸等物品的浓厚兴趣,而后来阿里·阿克巴尔描述了中国火药和瓷器生产技术。[3] 阿里·阿克巴尔是一名商人,于1516年在伊斯坦布尔完成了游记的写作。阿里·阿克巴尔的记述受到后来的作家、奥斯曼史学家和地理学家卡蒂布·切勒比的推崇,认为其是永恒的遗产,收入他广被阅读的关于奥斯曼土耳其的作品中。[4] 盖耶速丁、阿里·阿克巴尔的著作都表明,商业和交换在古老的丝绸之路上依然没有中断,尽管蒙古崩溃了,尽管明朝对政府资助以外的私人贸易强加了一些限制。

这些著作颠覆了世界历史研究中普遍认同的叙事,即随着蒙古人对伊朗和中国等中心地区统治的结束,陆上丝绸之路崩溃,中国进入了孤立时期。这种叙事认为,欧洲开启了一个由私有化创新驱动的大航海时代,迎来了工业时代——从无到有。而事实上,中国在明代从未进入孤立时期,在大航海时代之前,旧有的丝绸和香料之路的物品迁移和创新在许多方面都在加速。从这些波斯和土耳其文字看,明朝并不是从全球元朝到封闭清朝的过渡时期,而是中国第一个现代全球时代的具体呈现。

盖耶速丁前往北京前夕的使者互访

在盖耶速丁启程之前的一些年里，有数位中国使者抵达撒马尔罕、赫拉特。[5] 与元朝和伊尔汗国的外交模式遥相呼应，1417年抵达的明朝使者将各种珍贵物品带到了中亚诸国都城：丝绸、锦缎、猎隼，甚至绣花衬纸。盖耶速丁的记述记录了他在1417年加入的一个特别使团。这一代表团是对当年早些时候从中国抵达的明朝遣使代表团的回访。为了体现盖耶速丁所在代表团的重要性，帖木儿的几位主要政治家都派使者参加了撒马尔罕赴北京之旅。这些政治家包括贝孙忽尔，他在1417年之后出任赫拉特总督，也是帖木儿汗、天文学家乌鲁伯格的弟弟。[6] 贝孙忽尔身为大不里士艺术家的主要赞助人而名垂后世，这与他对中国贵重物品西移感兴趣的政要形象很相符。[7] 易卜拉欣·苏丹也是沙哈鲁的儿子（沙哈鲁也曾派遣过一名使者），他在1415年至1423年间任法尔斯部分地区的总督。与贝孙忽尔一样，他也是书法等视觉艺术的赞助人，甚至本人赢得了书法家的美誉。[8] 阿米尔·沙阿·马利克是第三位对这一代表团感兴趣而大权在握的政治人物，他是乌鲁伯格的监护人和老师。乌鲁伯格曾是撒马尔罕总督，是天文学家和数学家，在奥斯曼和萨法维王朝后期统治者中以博学多识、活动广泛而赫赫有名。

总的来说，与代表团有关的帖木儿政治家——对天文学、视觉艺术以及更广泛的科学有着各种兴趣的执政者——与后来的耶稣会学者兼外交家利玛窦等人何其相似，后者对中国同样兴趣浓厚，并最终留在北京工作。盖耶速丁本人就是位艺术家，实乃同道中人。盖耶速丁叙述说，自己从帖木儿的赫拉特到明朝北京的路线穿越了之前突厥-蒙古政治体的主要中心。从赫拉特开始，途经撒马尔罕、吐鲁番、哈密，最终抵达北京。[9] 在穿越哈密、长城后，他所在的使团受到了中国代表团的迎接，盖耶速丁终于到达北京，进入明朝廷。[10]

毛拉纳·优素福与明朝穆斯林行政人员的遗产

盖耶速丁告诉我们，他一进入北京皇宫，就深深震撼于宫廷之宏伟、皇帝随行人员之众多。中亚代表团受到欢迎，要求呈递帖木儿各统治者的官方信件，其中包括贝孙忽尔——乌鲁伯格的兄弟，赫拉特15世纪建筑和艺术复兴的赞助人。根据常规外交礼节，帖木儿代表团只被允许将信件交给永乐皇帝的一个朝臣，此人将再转呈皇帝本人。耐人寻味的是，那位朝臣是一位穆斯林，盖耶速丁认出此人名叫毛拉纳·优素福，是通晓多种语言的行政人员。

> 毛拉纳·优素福是与［明］大汗关系密切的一位官员，是帝国十二大臣之一，通晓阿拉伯语、波斯语、土耳其语、蒙古语、汉语，与其他几位穆斯林一起来到诸位使者面前，用我们的语言，对他们说:"先下跪，然后叩头——额头触地——三次。"使者低下头，但额头并没有触地……前面提到过的毛拉纳·优素福从他们那里接过信，递给了内侍……这时皇帝从宝座下来，接过这些信件，命人拿来三千件长袍，其中有一千件斗篷、两千件短袍。皇帝……命全体使者穿上礼袍。[11]

皇帝在邀请代表团赴宴之前，询问了安纳托利亚东部黑羊王朝，即卡拉科雍鲁王朝的统治者卡拉·优素福（数年后他被奥斯曼人俘虏）的情况。永乐帝对卡拉·优素福是否会派使者并进贡感到好奇。这个问题以及整个会见，引人注目，但并不令人惊讶。说到了过去来自安纳托利亚东部的使者，这些都是明史中已知的事情——明朝人在中亚边疆的外交与他们在东南亚和东北亚的外交一样活跃。从盖耶速丁的记述可以看到，明朝显然非常活跃，与土耳其统治阶层的一些人建立了联系，这些人在15世纪并入奥斯曼帝国。毛拉纳·优素福身为服务于明朝的穆斯林同样引人注目，但不足为奇。这与比他更出名的同时代人郑和以及效力于元初和明朝的许多云南籍穆斯林先辈类似。

盖耶速丁在接下来的叙述中，提供的是对于宫廷所见之物的细致观察，包括无处不在的丝绸。盖耶速丁的分析兆示了麦哲伦及其威尼斯船员皮加费塔于一百年后在菲律宾会注意到丝绸，并意识到他们位于中国附近。在这两个事例中，他们的观察都说明了中国与设计、制造、物质文化创新有着密切关系。

讲述"中国风"：盖耶速丁对于丝绸的观察

盖耶速丁在整部书中多次提到黄色布料和丝绸，很值得注意。当毛拉纳·优素福将盖耶速丁的信交给永乐皇帝时，这里出现的黄色是书中最早提到的。

当时他们［帖木儿诸使者］手持沙哈鲁陛下、贝孙忽尔殿下以及其他［帖木儿的伊朗地区］王公、埃米尔的信，信是用

第 3 章 丝绸之路沿线波斯语中的中国形象

黄色丝绸包裹的，这是依照皇帝仆人的指示——中国人习惯用黄色丝绸包裹任何与皇帝有关的东西。

一方面，盖耶速丁对黄色丝绸的观察，如同他记述明朝皇帝注意到了土耳其统治者个人一样，都是人们可以预料到的。在中国过去的很长时期内，黄色丝绸是皇室象征之一，尽人皆知，也成为东南亚苏丹国神圣的、皇家视觉文化的核心内容。另一方面，盖耶速丁在整部书中特别关注黄色丝绸，显然它非同一般，足以引起他的注意。例如，当来自帖木儿的信件呈递给永乐皇帝时，盖耶速丁告诉我们，它们是用黄色丝绸包裹的。[12] 在记述中，使者第一次目睹了皇帝的宝座和他的随从，盖耶速丁将宝座描述为一个黄色丝绸的三角形平台，丝绸上有中国龙和神鸟的图案。[13] 当皇帝本人现身时，所有人都双目低垂，屏息无声，皇帝头顶上方撑起黄色华盖状的帷幔或遮篷，上面有四条龙。[14] 宴会进行过程中，在七把阳伞之间备办皇帝的食物，这一封闭区域用黄色丝绸围了起来。[15] 皇帝颁发诏书时，诏书上系黄色丝线，丝线打结成一个环圈，一同封在金匣中。[16] 在后面的叙述中，这些使者发现他们触犯了皇帝，因为沙哈鲁所送的马在一次狩猎时将皇帝甩了出去。当毛拉纳·优素福带他们到一个地方面见皇帝时，场地周围华盖上都覆有金色锦缎和黄色丝绸。

怎么解释盖耶速丁对带有中国龙和神鸟图案的金色和黄色丝绸有如此浓厚的兴趣？答案是，明代时，与此前元代一样，中亚的君主们正在将中国设计和物质文化的特定方面，融入他们自己皇室和流行视觉词汇之中。推动这种迁移的部分原因是在帖木儿统

45

治区域存在着中国工匠。马拉加、大不里士的帖木儿都城除了有中国的陶瓷、绘画底层涂料、卷轴画、纺织品等物品外，还居住着中国艺术家，在这种情况下，盖耶速丁的观察是对使者互访期间实时发生的这种文化迁移的文本描述。他对所描述的物品尤其是黄色丝绸很熟悉，这与撒马尔罕等城市的中亚人对可追溯至上一个蒙古统治世纪中国物品的熟悉程度相吻合。

元初，丝绸是皇权的象征，用于贡品、外交馈赠品、儒家礼仪所用物品、御赐官爵仪式，甚至货币。[17]将金线编织进丝绸，用作服装、帐篷和马车覆盖物，在蒙古人中特别受欢迎。明代在宫廷使用黄色丝绸，这是沿袭了宋元的做法。20世纪后期出土的明朝长袍中包括几件"龙袍"，它们用黄色丝绸做成，绣有龙的图案，合体的上衣与宽袖、下摆相连。[18]盖耶速丁看到的遮篷，由黄色丝绸制成，上面有四条龙，与龙袍的图案相呼应。使用黄色丝绸织品收纳皇家藏书也与元代流行的做法有相似之处。例如，藏传佛教典籍，用黄色丝绸包裹并保存。普贤菩萨唐卡背面覆有黄色丝绸，表明它源于皇宫。[19]

盖耶速丁对中国丝绸及其刺绣图案的兴趣，与14世纪帖木儿城市不断变化的艺术趋势相一致。到盖耶速丁写作的时候，帖木儿陶器已经开始将中国典型的牡丹、龙和卷轴图案融入更为古老的中东蔓藤花纹图案之中。帖木儿纺织品中，除了更为古老的阿拉伯和希腊-阿拉伯花卉图案，中国花卉和云朵图案的使用同样日见增多。例如，从现存的帖木儿丝绸和锦缎中，就可以看出这种中国和阿拉伯影响的融合。与中国明代的礼仪习俗相类似，现存的画作中有华盖、御用遮阳伞以及帐篷等——帖木儿汗用以在户外讲话并款待众人,上面的图案尤其惹眼。这种帖木儿的"中国风"被奥斯曼人进一步采用,他们的伊兹尼克瓷器和瓷砖最初取材于装饰著名"蓝色清真寺"的那种早期青花釉面砖。

总之,盖耶速丁是元朝和明初文化迁移的产物,当他带着在北京所遇物品、所见所闻回到帖木儿的撒马尔罕、赫拉特时,他也是这种文化迁移的代理人。帖木儿对中国的这种想象,在差不多一百年后(约16世纪)阿里·阿克巴尔的作品中,可以找到相应的例子:奥斯曼时代对于中国瓷器产品的新印象,以及中国在世界上地位更宏观的描述。阿里·阿克巴尔将中国描述为一个世界强国,其边界深入南中国海和印度洋,并将北京视为其繁华的中心。

阿里·阿克巴尔论作为贸易中心的北京及中国的全球边界

1515年,正是帖木儿知识分子和商人西迁到奥斯曼帝国首都之时,一位名叫阿里·阿克巴尔·希塔伊的波斯语作家正居住在伊斯坦布尔,并写作他的中国之行。阿里·阿克巴尔于次年1516年完稿,这距离盖耶速丁从赫拉特、撒马尔罕出发前往中国已有约九十七年。在阿里·阿克巴尔的记述中,值得注意的是,他与盖耶速丁对明代中国的描绘密切呼应并做了进一步发展,即明朝作为一个文化全球化的国家,与所有周边国家都有商业联系。阿里·阿克巴尔的记述内容很广泛,其中尤其令人感兴趣的是他对中国稀有的制造商品以及出售这些商品的陆上和海上贸易路线的分析。

阿里·阿克巴尔在记述中首先解释了从帖木儿到中国有三条路线：克什米尔、于阗、蒙古人地界。他解释说，第三条是经由察合台汗国的路线，他称其是最安全的，也是他选择的路线。[20]从阿里·阿克巴尔对在通往中国都城路线上巡逻的看守人员的首次观察中，读者就可以看出他的主要兴趣之一是中国的物质文化。谈及这些路线的安全情况，阿里·阿克巴尔评论道，看守人员使用烽火向都城传递信息，速度惊人。他注意到这些看守人员广泛使用了一项新技术：手持式火器。[21]阿里·阿克巴尔对这项技术并不着迷，并未表现得如同见所未见一样。事实上，16世纪初，当阿里·阿克巴尔写作之时，葡萄牙人已经在使用它，他们在马来世界遇到的当地人也在使用它。奥斯曼人同样装备了它并用来对付马穆鲁克人。令阿里·阿克巴尔印象深刻的是明朝整个武装力量——从明朝整编的军队到看守者个人——都能够娴熟地使用这些武器。[22]他同样对明军使用大炮印象深刻。在历史上，中国是第一个在战争中使用大炮的国家。大炮安置在长城上，阿里·阿克巴尔描述了他看到长城沿线的大炮，它是令人印象深刻的中国军事防御的组成部分。在预示着清朝扩张突破明朝边境的评论中，他指出，卡尔梅克人（漠西蒙古人）都害怕汉人的武器。

随着讨论进一步深入，他将注意力转移到中国贸易上，从而回答了关于大航海时代前夕明朝孤立主义这一历史问题。在蒙元时代之后，大明王朝统治的疆界比以前要小，北京成为此政权的中心，它完成了长城以南的统一，并断断续续对沿海私人贸易实行孤立主义禁令。在16世纪欧洲列强到来之时，中国是一个封闭的国家，还是如之前蒙元时代一样，仍然是一个繁华的全球化商业中心？阿里·阿克巴尔的写作表明的是后一图景。

明代中国：孤立主义国家还是边疆贸易的繁华中心？

与当代人所认为的对私人贸易严格限制的孤立主义明代中国形成鲜明对比的，是阿里·阿克巴尔所记述的明代中国图景乃一个繁华的贸易中心，从威尼斯猩红色布、钻石，到羊毛布、玉石，一切都在这里交易。阿里·阿克巴尔解释了游牧群体和世界上最有进取心的亚洲诸帝国如何将他们的贵重物品作为贡品带至中国，并在返程时带上中国制造的稀有物品。这一形象符合历史学家所了解的明代私下交换的情形，而这是经济史家经常忽视的。虽然明朝以限制私人贸易著称，但这些限制在法律上常常有例外的情况，同时这种限制因为政府支持的正式贸易的持续增长以及政府了如指掌的猖獗走私给消解掉了。与这一中国贸易图景相联系的，是阿里·阿克巴尔对明代中国边界的表述。他解释了明朝人是如何扩展到东北方向的朝鲜以及东南方向的苏门答腊的。如果从商业分界线、势力范围和政治上的属国或附庸的角度来考虑边界，这一图景从历史上看是准确的。下文将细致地考察阿里·阿克巴尔对中国表述的两个方面。

在对北京这座城市的商业状况进行概述时，阿里·阿克巴尔将它描述为全球朝贡商业的繁华贸易中心。他解释说，外国人带来钻石、羊毛布、威尼斯猩红色布、玉石、珊瑚、豹、狮子、猞猁、马，中国人将马提供给边疆地区的士兵。[23] 中国人从卡尔梅克人那

38

里得到矮种马、老虎，还有草原土产的紫貂皮、无毛皮张。[24] 从阿里·阿克巴尔的记述中可以看到商人用一头狮子能换取并带回国的东西：三十个箱子，装有上千件东西，有缎子、天鹅绒、铁马镫、金织锦，有时还有剪刀、小刀、针。如果贡品是豹、猞猁或马，商人会收到十五个这样的箱子。每个商人还收到八件衣服和另外三件不同颜色的长袍，可供两个人使用。他们还收到靴子等物，所有这些物品的价格都低于正常售价。换句话说，北京的形象是一个繁忙的交换中心，输出当地珍贵的商品，以换取远至威尼斯等地的贡品。让人感兴趣的是，阿里·阿克巴尔对当地商品的界定取决于他如何界定中国的边界，出人意料的是，他认为中国包括了当时政治独立的于阗、朝鲜、苏门答腊地区。

一组作为诠释中国之全球边界视觉线索的中国物质文化

阿里·阿克巴尔提供了一幅将明朝从政治上看作一个全球王朝的令人惊讶的准确地理图景。当中亚和中东的制图师仍在了解中国海岸的确切轮廓——从日本海到南海——之时，明代中国已是包含十二个地区的国家，西起于阗，北至朝鲜（新罗），南达苏门答腊。[25] 该节所论中国各地区的物质文化为读者提供了玉石、丝绸、陶器、瓷器等多种视觉线索。

阿里·阿克巴尔率先讨论的地区之一是于阗，他将之描述为玉石之地。[26] 令人感兴趣的是，于阗实际上从未纳入明朝版图，只是在很久之后才成为清朝统治的一部分。阿里·阿克巴尔意识到了这一点，并指出于阗并不是中国的一个省，而是臣服于北京。具体来说，阿里·阿克巴尔将于阗描述为一个将中国与穆斯林控制地区分开的边疆或十字路口，特别将它定义为中国极西之地和"伊斯兰"的最东部地区。于阗，换句话说，是中亚穆斯林统治土地的最东端。他写道，玉石是于阗的首要商品。他解释说，什么都比不上玉石昂贵，玉石产自于阗城东南的两条河流。玉龙哈什河出产白玉，喀拉喀什河出产碧玉和墨玉。玉石散落在两条河流之间，方圆十里的区域。大的玉石归国家，小的通过私人贸易渠道流通。[27]

阿里·阿克巴尔将于阗归结为政治和文化的十字路口，以及他对玉石作为这一地区最具价值商品的分析，在明代交流的历史背景下具有重要意义，因为这与我们对他生活时代的玉石的了解完全吻合。16世纪，明代中国见证了玉石向撒马尔罕、布哈拉等城市的强劲西移，与此相伴随的是中国图案和符号进一步移入中亚和中东的伊斯兰视觉文化。中亚玉石工匠在玉石原石上打磨、修饰的最早例子，仅见于帖木儿的孙子乌鲁伯格（盖耶速丁赞助人贝孙忽尔的兄弟）统治末期。1425年，进口了两块玉石并在撒马尔罕用以建造乌鲁伯格陵墓。[28]玉器不论是进口的还是本地制造的，它们的设计和图案通常让人想到它们在于阗和中国时供皇家使用的方式。在奥斯曼帝国的中东，这种从中亚地区文化迁移的一个例子是，帖木儿人向位于埃及的马穆鲁克苏丹国馈赠绿松石和玉石作为礼物，这个苏丹国在16世纪初并入了奥斯曼帝国。帖木儿的礼物是将玉石从中国迁移到奥斯曼的主要手段之一。在此背景下，阿里·阿克巴尔对玉石的兴趣，比如他对玉石历史和起源的深刻认识，为了解活跃于明代丝绸之路集市的典型奥斯曼时代商人的品味和期望提供了一个窗口。

除了描述于阗及其玉器，阿里·阿克巴尔还转向朝鲜和苏门答腊，这进一步表明他对中国的东北亚和东南亚边疆很熟悉。沿东北边界的，阿里·阿克巴尔解释说，是朝鲜（新罗）。[29] 在那里，从国库向士兵以及蒙古人和外国佛教徒发放数以千计的原色丝绸。他甚至注意到了朝鲜有伊斯兰教徒。他解释说，朝鲜人中的穆斯林人数最少，但最受崇敬。从朝鲜返程的外国使节收到了数以千计用以制成和服的丝绸。提到日本时，一个令人感兴趣的地方，他进一步解释说，"东方太阳"（即日本）的佛教徒都穿着和服。他很熟悉日本，可能是由于中东商人与东南亚港口有着广泛联系，尤其是泰国港口，在那里，波斯语作家们指出，在德川足利时代之前就遇到过日本商人。

沿着通往东南亚的道路继续南行，阿里·阿克巴尔描述云南有着大量的珍珠、红宝石、绿松石，价格昂贵。云南之外，在东南亚，中国最远的疆土是苏门答腊。[30] 阿里·阿克巴尔将苏门答腊认定为中国的一部分，这一情况可能来自他对印度洋地理的感知以及他对与明朝主权有着朝贡依附关系的识别。他对这一地区的地理认识似乎是将马来海峡的两侧——苏门答腊北部和马来半岛——合在了一起，从而解释了如何从云南进入苏门答腊。阿里·阿克巴尔指出，来自吉达等港口的所有船只在前往中国的途中都会经过苏门答腊。阿里·阿克巴尔在对苏门答腊的描述中指出，从苏门答腊带往中国的正是印度斯坦（印度北部）的东西——糖、香料、纺织品、红宝石。它们被带至北京，从那里流向中国市场。换句话说，在阿里·阿克巴尔眼中，中国从内陆的于阗边界到南方云南的外围地区，幅员无比辽阔。从苏门答腊开始，阿里·阿克巴尔对中国边界的描述最后落脚在了福建，它是阿里·阿克巴尔返回伊斯坦布尔几十年后，欧洲与中国大陆相遇的心脏，也是欧洲水手在这一地区的长期定居点。对福建的描述是他的叙述中最令人感兴趣的转折之处，先于后来的欧洲观察家，它对瓷器产品表现出了同样的兴趣。

通往中国的东南亚门户中的瓷器

阿里·阿克巴尔与在他之后抵达中国的欧洲商人一样，对福建的瓷器及其制造工艺兴趣甚浓。[31] 阿里·阿克巴尔具体描述了瓷器的制造过程：将一块白色不透明的石头粉碎并过筛，然后将粉末浸泡在用石块砌成的水池中，用棍子搅拌，就像洗衣工那样。接下来将糊状物放入第二个池子，依旧搅拌，然后是第三个池子，在那里晾干，再用手揉脚搓成完整形状的瓷器。冬季制作的瓷器最后以冬季主题装饰，而夏季制作的瓷器则包含夏季主题。然后将它们放入一个巨大的浇铸窑中烧。购买瓷器时，买家在检查一窑瓷器之前必须先付款，如果看到窑内既有完好又有瑕疵的器物，那就根据比例讨价还价。阿里·阿克巴尔还指出了瓷器与众不同的特征：它具有天然过滤特性，若变色或是破碎，就表明有毒；它不会老化或磨损，并且不会留下划痕。

当地的奥斯曼、帖木儿以及之前的阿拔斯有着通过施釉陶器仿制瓷器的传统，早在唐宋时期就已存在，为什么明代瓷器会激发阿里·阿克巴尔如此浓厚的兴趣？答案与中东仿制中国瓷器的悠久传统有关——一直延续到奥斯曼晚期及萨法维王朝时期，但为何人们对中国原产瓷器的兴趣从未消退？中国原产瓷器之所以成

53

为价高且稀有的商品，原因不仅在于制造工艺在工业时代之前一直保密，还在于明代贸易禁令限制了外交礼物交换和贡品交换之外的玉石和瓷器的出口数量。结果是中东和中亚的仿瓷文化，在明清时代的几个世纪里，继续借鉴中国的式样，同时也保存着收集稀有中国原产瓷器的传统。在明代，中国原产瓷器呈现出一种主导全球瓷器和仿瓷审美的特别形式——青花瓷。简要交代这些既模仿又收集中国瓷器的传统，有助于了解为什么阿里·阿克巴尔对瓷器如此着迷，尽管他对瓷器非常熟悉，以及为什么一个世纪后的荷兰商人能够在荷兰进口市场上将伊朗仿青花瓷与真正的中国青花瓷区别开来。在明朝之前的几百年间，中东和中亚发生了一场陶器革命，这是不断接触中国瓷器的结果。到16世纪，这场革命以明代青花瓷的形式呈现出它极为持久的美学，这是欧洲商人首次遇到的瓷器形式。这些商人进而成为欧洲自身陶瓷革命的代理人，这场革命为工业革命前夕大量出产的代尔夫特、斯塔福德仿青花瓷做了准备。仔细考察明朝青花瓷的故事，可以为了解明代中国对现代世界视觉方面的影响提供更广阔的窗口。

伊斯兰世界的瓷器革命与青花瓷在全球的崛起

明代时，中东和欧洲文化史开始了新的融合，它反映的不是旧有的罗马、阿拔斯或蒙古帝国的影响，而是中国的影响。正是在明代，此时古代中东和中亚收集和仿效中国瓷器的传统，开始与同一时期的现代欧洲传统相交织。换言之，明代连接了全球两次陶瓷革命，它是中国创新的结果：一次是中东，另一次是欧洲。第一次对于理解第二次至关重要，在于二者何其相似，在于它们阐释了欧洲在大航海时代是如何日益融入旧形式的全球交流和创新之路的。

萨法维王朝16世纪从帖木儿人手中夺取伊朗之后，伊朗当地的陶瓷工业仿制技术极为高超，以至于荷兰东印度公司的商人17世纪开始从伊朗沿海购买伊朗制造的仿瓷，并在欧洲冒充原产瓷器进行销售。一个世纪后，当荷兰人和他们的英国竞争对手继续进口真正的瓷器作为奢侈品时，欧洲的各种仿瓷产业——荷兰的代尔夫特瓷器业和英国的斯塔福德瓷器业正在形成，这将推动欧洲的工业革命。一旦大规模生产和制造业的进步使得欧洲能够与中国瓷器生产展开竞争并最终超越中国，这两地的产业就成为工业革命形成的一个组成部分。就是说，欧洲大规模生产的仿瓷变得如此精妙，极像真正的中国产瓷器，而且生产成本低廉，以至它们在20世纪初期，在鸦片战争后新贸易协定的助力下，与欧洲生产的仿丝绸织品一道，反过来充斥着亚洲的陶瓷进口市场。

这个关于中东和欧洲共有的以中国为中心的审美融合故事的开头，是一个发生在早期伊斯兰教中心地带陶瓷设计转变的故事，特别是在巴格达和巴士拉。在这场革命中，8世纪和9世纪当地制陶工人仿制中国瓷器有三个来源：中国北方邢窑的白瓷、浙江北部越窑的青瓷、湖南长沙窑常见的彩瓷。在1998年发现的从中国返程途中失事的阿拉伯单桅帆船的货物中，能看到所有这三种瓷器。

这艘唐代的阿拉伯单桅帆船是在爪哇海勿里洞岛沿岸发现的，

载有大约70 000件来自中国的完整陶瓷，现在大部分陶瓷收藏在新加坡的亚洲文明博物馆。[32] 这是一艘9世纪的阿拉伯单桅帆船，长58英尺，宽21英尺，船的木壳板用椰子纤维绑在一起。这艘船的货物显示出，在9世纪，阿拉伯商船业已开始携带在中国批量生产的陶瓷，并经由东南亚运往中东和中亚市场。这些货物表明，早在家庭厨房使用瓷器和仿瓷的概念于欧洲付诸实践之前，早在整个现代西方的精英家庭和宫殿展示成架的精美瓷器之前，伊拉克和伊朗的家庭就已在8世纪和9世纪开始收集精美的中国瓷器用于装饰和日常生活。[33]

哈伦·拉希德统治时期（786—809）的文献最早提到了这些来自中国的白瓷，它们是位于当今阿富汗和伊朗附近的呼罗珊总督送给巴格达的礼物。由于无法生产瓷器，伊拉克附近涌现了在陶器上使用白色泥釉的本土方法。9世纪唐代的沉船就属于这一时期。到12世纪，伊拉克、伊朗、叙利亚的当地制陶工人已经将仿瓷器皿做得完美无瑕，后人称之为砂玻器。他们使用了一种复杂技术，将各种成分混合，涂上白色泥釉，高温烧制，并在釉下添加图案，最后的效果就如同真正的中国瓷器。早在8世纪和9世纪，巴士拉制作的本地货几乎与中国原产的瓷器别无二致。[34]

在这种背景下，明代的独特之处在于瓷器和仿瓷制造中的一种特别美学即将走向全球，远达伦敦、阿姆斯特丹：简单的青花瓷，成为荷兰、英国和法国宫廷、家庭中仿瓷的主流设计。让人回味的是，明代中国青花瓷的出现，部分是从中东到中国文化逆向迁移的结果，而这些文化交汇的城市就是名扬四海的中心——景德镇。

明代景德镇的兴起与青花瓷在全球的扩散

明代景德镇加速发展成为青花瓷的生产中心，其源头在元初。1278年，元朝在景德镇设立瓷局，管理官窑。他们指派官员管理陶瓷制造私商的税收，以及供皇家官方使用的黏土和釉料的质量。元代景德镇使用来自伊拉克和伊朗的钴蓝颜料并不令人意外，因为该局的负责人是来自边疆及邻近地区的多元化群体：蒙古人、尼泊尔人以及来自中亚的穆斯林。到元朝结束之时，就如同伊拉克和伊朗启发了蒙古时代中国制造产品的一些形状和设计一样，这些产品反过来又向西启发了位于伊朗的伊尔汗国以及后来的帖木儿帝国的产品。撒马尔罕这座城市是元末明初中国与中东文化交流的重要中转站，这表明丝绸之路在古代、中世纪和现代早期的交流连续性。

明朝兴起后，上述许多生产结构和商业结构保持不变。元代中国，是全球十字路口，与之前唐宋时代的中国一脉相承，直到明朝开国皇帝掌权时（1368—1398）依然如此。洪武皇帝下令在景德镇靠近元代瓷局的珠山建设一家皇家瓷厂。那里服役的人既包括拥有多年合约的熟练工匠，也包括在焙烧过程中出力的非熟练劳动力。制作陶瓷要用到下面两种黏土中的一种：官土或更流行的可用于商业目的的黏土。前者来自马仓山，到了1583年，高岭土成为新的来源。那里的工匠来自全国各地，最终成立了行会，行会决定一切，从瓷器的尺寸和类型等具体规格到工资以及工作时长。景德镇就这样成为主要的商业中心，吸引了来自广东和福建的一批批商人。[35] 这座城市因此成了着眼于消费者及出口生产的国内精英的汇聚之地，产品设计是为了外销，最终不仅融入了中东、东南亚以及东北亚的风格，还有荷兰的风格，由荷兰东印度公司在17世纪订购。

换句话说，到了明代，中东和中亚穆斯林中心对中国陶器和瓷器的接受，其来有自，可以上溯到明代之前的数百年。因此，在明代，中国制造的瓷器之所以有新奇感，是因为青花瓷器明确迁移到了欧洲，而此时中东地区的青花仿瓷与中国原产相比，几乎可以乱真。正是在这种背景下，当欧洲最终融入丝绸和香料之路的旧陶瓷革命时，伊朗的青花瓷在荷兰市场上冒充中国青花瓷。16世纪的伊朗处于萨法维王朝（1501—1736）的统治之下，他们从帖木儿人手中夺取了当今伊朗和阿富汗的大部分地区。萨法维王朝是奥斯曼帝国在中东的主要竞争对手，奥斯曼人受中国和帖木儿样式的启发开发了自己的伊兹尼克青花陶瓷，而萨法维人则开发了一种独特的仿制产业，这满足了欧洲人对中国瓷器的无餍欲求。

阿里·阿克巴尔痴迷于中国东南部陶瓷生产的实际工艺，不是因为他之前未见过中国的设计，而是因为这一时期当地伊斯兰"中国风"的陶瓷产业以及无处不在的中国原物收藏所带来的新奇感。同样地，这种仿制产业和收藏原品文化的共存，使得19世纪代尔夫特瓷器和斯塔福德瓷器的欧洲所有者成为稀有明代青花瓷的狂热收藏家。无论是在阿尔达比勒还是托普卡匹，明代原产陶瓷不仅仅是奢华、珍贵或神圣的象征。在买家和消费者中间，它们也是数百年来熟悉明代中国稀有商品精英们的一种视觉和物质标志，此时从中东到欧洲的精英家庭以及宫廷将中国想象成一个创新和设计中心。除了中国和后来的日本，世界各地的工匠无法复制瓷器生产，这成为瓷器魅力和神秘的关键所在。

总之，盖耶速丁、阿里·阿克巴尔的游记，展示了一种对明代中国作为全球商业和文化中心的深深迷恋；这些叙述在波斯语和奥斯曼土耳其语中的传播，确切地表明总是存在着对中国的文字以及视觉想象，能与这些中国物品所讲述的故事相得益彰。引人关注的是，他们的著作昭示，在16世纪西班牙人、葡萄牙人和他们所赞助的耶稣会士抵达东南亚之后，这些伊比利亚人在书中将中国描述为创新和设计的中心。

第4章

香料之路沿线的马来与中国贸易

当葡萄牙人、西班牙人第一次到达南中国海时,他们在马六甲、马尼拉等中心所看到的商业世界早已与明代中国的政治、经济和文化缠绕在了一起。明朝人是如何在伊比利亚人到来前夕设法建立这些联系的?既然伊比利亚人能够从中东和意大利中间商那里获利,那是什么促使他们率先将目光投向南中国海?

东南亚转变为跨洋商业的全球中心,源于14世纪的一系列发展。14世纪末,欧洲大航海时代开启了,也是在这一世纪,明朝人开始了自己的一系列下西洋活动,与整个东南亚建立起外交关系。了解这两种发展融合的最有趣的窗口之一,是马来人自己的著作。他们对中国,包括生活在马来半岛的中国皇室人物的描述,混杂着早期将葡萄牙人视为海盗般品性、试图插手当地商业的形象。这些文字描绘的马来与中国联系的图景,阐释了东南亚何以成为欧洲对中国商品大感兴趣的中心。

马来人这种对全球明代中国的表达,来自一组15世纪的马来语史诗，它提供了丰富多彩的关于中国与马来联系的叙事，特别是《巴赛列王传》以及它提到的华人村庄和武术教师的故事；《杭·杜阿传奇》及这位勇士与大使杭·杜阿带领外交使团前往印度沿海和北京的故事；《马来纪年》讲述华人与马来人的婚姻和外交中间人的生动故事。尽管它们被定位为具有传奇色彩的半虚构作品，但三部史诗都表现了中国与马来的联系，能与当时中文文献印证，尤其是郑和同僚的著述以及明朝的史书。[1] 细读这些文献，可以看出在大航海时代前夕，东南亚各苏丹国何以深深地嵌入了中国的政治和商业世界，当时东南亚成为世界与明代中国及继起的清代中国相遇的全球十字路口。

以华人为背景的《巴赛列王传》

历史背景：苏门答腊的华人穆斯林

《巴赛列王传》成书于14世纪，也可能更早，是用马来文撰写的最古老的历史纪事之一。该文献现有两份稿本，其中一份藏于大英图书馆，编号14350，从中可以一窥14世纪后期苏丹国立国以来，明代中国与马来半岛之间的相互联系。稿本经过整理并在前面加了一个序《壕沟之王传》。此序讲述了早期伊斯兰史学中壕沟之战的神圣故事。后面的《巴赛列王传》为历史学家提供了马来文证据，证明穆斯林神圣历史为何会有越来越多背景各异的东南亚读者。

具体来说，《壕沟之王传》开宗明义，此文就是针对各种各样

第 4 章　香料之路沿线的马来与中国贸易

听众与读者的,包括马来人、源于婆罗洲东部苏拉威西亚的望加锡人,而对于当前的研究而言,最重要的是华人听众。[2] 为什么一个关于早期伊斯兰教的马来语故事,其讲述对象要包括华人呢?一个答案可以在郑和同行船员的著作中找到,他们指出苏门答腊岛及其北部港口巴赛有华人穆斯林。马欢的游记《瀛涯胜览》,注意到了爪哇港口周围存在着令人感兴趣的两群居民,从地理上看,爪哇位于苏门答腊岛的南部。马欢注意到的第一群穆斯林是"西番各国"穆斯林,意思是中东和印度次大陆。马欢发现的第二群穆斯林是"唐人",来自"广东、漳、泉"等处。至关重要的是,马欢指出,第二群中的许多人——来自中国的穆斯林——包括那些"窜居是地"之人。他解释说,这些人中间,"多有从回回教门受戒持斋者"。[3]

马欢的观察提供了引人入胜的第一手资料,讲述了元朝覆亡之际因害怕明朝报复而逃亡的曾为元朝服务的穆斯林的历史。历史证据印证了马欢的观察:随着明朝的兴起,中国内地和沿海地区的元朝官员有的留了下来,也有许多人前往东南亚。郑和(1435年卒)是效力明朝并与马欢一起下西洋的云南籍穆斯林,来自一个留下来的家庭。他是在布哈拉出生的元朝行省平章政事赡思丁(1279年卒)和他在云南出生的儿子纳速剌丁的后代,在他生活的明代,曾效力元朝的中亚商人和从政的家庭,其姓名、亲属关系网络、语言等日益汉化。[4] 在明代,有着哈桑、侯赛因、马哈茂德等名字的穆斯林采用了音译缩写:哈、胡、马。马欢就出身于穆斯林家庭,尽管他的家庭不久前才皈依伊斯兰教,但也符合这种命名模式。值得关注的是,马欢的观察指出了一个最近才开始被

63

揭示的现象：在元亡明兴之际逃离中国的人中有穆斯林，他们对于伊斯兰教在东南亚的传播发挥了作用。[5]《壕沟之王传》中所说的作为读者的华人，可能就是这些明代中国穆斯林的一部分。

如果说《壕沟之王传》有着各种不同的读者，揭示了东南亚讲汉语和马来语的人在文化上的接近，那么与这一文献稿本相比篇幅更长的——也就是《巴赛列王传》，能否说明中国在15世纪和16世纪东南亚的存在呢？这一更长篇幅的文献告诉我们，中国在政治上可以说是外国，而在文化上可以说就在当地，这说明了环南海的明代中国人的社交网络活动。

中国在苏门答腊作为外国和当地的存在

《巴赛列王传》是早期马来语叙事的合集，讲述的是东南亚最古老的穆斯林苏丹国之一巴赛苏丹国起源的故事。巴赛位于今天苏门答腊的北部，靠近亚齐，隔马六甲海峡与马六甲相望。此文献强调巴赛朝廷在这一港口城市凭借它的权威将苏门答腊东北部各不相干的社区——包括上游和下游社区——归于一统以支持巴赛统治者的合法性和荣耀。[6]此文献是15世纪的文献，由此表明巴赛起源于13世纪和14世纪。如同《壕沟之王传》一样，《巴赛列王传》同样描述了一个东南亚世界，那里讲汉语和马来语的社区有着密切的商业和文化联系。这一图景符合我们了解到的15世纪初这一地区的情况。

到了此文献开始以目前的形式流传之时（15世纪前后），附近的明朝和邻近的马六甲苏丹国正处于权力和政治商业交流的鼎盛期。此时，苏门答腊北部——巴赛的故园——是胡椒生产中心。

第 4 章 香料之路沿线的马来与中国贸易

与香料群岛（摩鹿加群岛）的香料一样，苏门答腊的胡椒对印度洋和南中国海之间的贸易至关重要。巴赛，如同马六甲一样，与连接东南亚当地商人和中国、印度沿海城市的贸易路线紧密交织在一起。这种联系解释了为什么巴赛和马六甲是多种文化的十字路口。在这个商业世界里，纺织品的流动与获得成为社会地位和高贵等级的一个特别重要的标志。这些纺织品还在价值方面与金银相竞争。[7]这些胡椒、布匹、白银移向何处，只要瞥一眼巴赛王国在苏门答腊及域外不得不相竞争的国家就一清二楚了。在当地，巴赛的统治者与苏门答腊西部婆鲁斯统治者达成了相当于互不侵犯的条约。[8]在苏门答腊东部，巴赛的统治者与伊斯兰港口珀拉克的统治圈联姻。在苏门答腊之外，数个强大的邻国跻身成为地缘政治参与者，它们同时促进并划定了巴赛的政治和商业活动。

苏门答腊与中国、印度洋商业的历史联系，在《巴赛列王传》中得到了清晰的体现，特别是在对向苏丹致敬的各种当地社区（包括华人社区）的讨论中。从文献的开篇，我们了解到巴赛的邻国包括泰国、中国、爪哇、印度等国，而巴赛王国在这一地区建立贸易关系时不得不与这些国家抗衡。这些国家首次出现于此文献，是在巴赛苏丹之子承诺在他出国后不会放弃他的臣民的时候。王子表达了他对王国的忠诚，不是因为畏惧他的臣民，而是源于他"不想成为卖国贼"的承诺。身为他们的保护人和赞助者，他解释说，他有权背叛他的臣民，即便这么做了，巴赛人民也无力反对他，无力反对暹罗（泰国）、中国、爪哇、羯陵伽（印度德干地区）等国。苏丹选择赞助他是因为他对人民尽职，在他的讲话中，我们了解到更多的围绕着苏门答腊的政治世界，而这也揭示了苏门答腊各种社区的情况。

> 我亲密的同伴，保持冷静，你们所有人。我不想成为卖国贼。如果我想成为卖国贼……就是整个巴赛也战胜不了我；如果与暹罗开战，就是整个暹罗也战胜不了我；如果与中国作战，就是整个中国也战胜不了我；如果与爪哇开战，就是整个爪哇也战胜不了我；如果与羯陵伽开战，就是整个羯陵伽也战胜不了我。[9]

换言之，中国在这部史诗中被准确地描绘为这一地区的主要参与者之一，它显然是一个外来政治实体。然而，这一文献进一步提到了中国，构建了一幅与巴赛生活紧密交织的中国文化图景。这一地方图景首先出现在中国村的阿里的故事中。

作为当地存在的中国：华人头人阿里

中国与中国物质文化

在《巴赛列王传》的前面部分，在介绍苏丹和他对社区的忠贞之后，又提到了中国村的当地领袖——阿里。我们了解到，阿里是一位武术——与"西拉"这样的印尼拳很像——高手，也是巴赛王子的王室随从。在仪式上，这位头人阿里承苏丹儿子之命，接待来自印度的外国政要，这一叙事中大量提到具有明显中国特色的马来宫廷器物和图案，这表明明代文献所记述的中国与马来的宫廷交流确凿无疑。这两种中国与马来的联系都出现在苏丹国准备接待来自羯陵伽,也就是印度沿海地区的外国政要的故事中。

这个故事是关于中国村的阿里接待印度使者的。当来自羯陵伽的政要代表团抵达马来半岛时,有一名勇士陪同,巴赛苏丹觉得有必要展示苏丹国自己的武力。之前提及中国以及爪哇的苏丹之子敦伯拉姆巴帕,被交办一项任务:展示他从师傅那里学到的技能。

> 我的老朋友和战友,你们所有人都听着。陛下接待一些外国人来访,我特地派人召集你们。他们的首领是名勇士,羯陵伽的冠军,他来这里是为了挑起争斗。在他自己的国家,在棍棒和匕首比赛中没有人能打得过他。[10]

描述这位勇士勇猛的是在"棍棒和匕首比赛"中的表现,这表明他们不打算进行决斗,而是进行一场军事展示、表演和仪式的竞赛。值得注意的是,在此文献中,敦伯拉姆巴帕殿下计划为来访的政要所展示的,与历史上马来语称呼现存苏门答腊和马来半岛武术的术语——西拉非常接近。这种联系之所以引人注意,是因为在东南亚,西拉在历史上与印度和中国的武术关系密切。[11] 在文献中,与历史证据相呼应,对苏丹国准备军事表演的描述以及它的实际表演同样指向了巴赛与中国的文化联系。

具体而言,这部分叙述中第一次提到中国,出现在武术表演的同伴和老师的名单中。为了召集适合的人参演武术,敦伯拉姆巴帕殿下的用词是:"我的老朋友、来自龟咯岛的勇士","我的朋友、邦加的勇士"，"我的朋友、来自兰干的冠军"，"我的战友阿卡山首领以及中国村的勇士阿里"，最后是"墩比贾亚邦格兰""拉瓦纳帕玛唐和他们的战士"。[12]

这些武术高手中的中国村阿里到底是谁？在马来语中，kampong China（中国村）这个词指华人聚居地或村庄。Pendikar 的字面意思是"勇士"，是苏丹赐予的尊号，与马来语中的 orang besar（大人物）、orang kaya（有钱人）类似。[13] 那么，为什么在巴赛会有个中国村，他们为什么会听命于一个叫阿里的人？

情况极可能是，阿里乃一个中国村的穆斯林领袖，这个村子包括穆斯林和非穆斯林。若干证据指向了这种可能性。在此文献流传的几十年后，葡萄牙人抵达这里，他们绘制的马六甲地图中就提到了若干中国村。[14] 此文献提到的中国村，可能就是其中的一个。此外，提到一位名叫阿里的村庄武术高手可能表明他是巴赛苏丹指派到当地的联系人，不过马来各苏丹国半自治的社区治理历史表明，阿里与巴赛华人定居点有着共同的文化背景。这种可能性的证据包括前面提到的郑和的穆斯林同胞马欢的记述，他写到了当他在东南亚游历期间的华人穆斯林社区。

无论中国村及其领袖阿里是否确实是华人穆斯林，敦伯拉姆巴帕殿下与这位勇士的密切联系，表明华人在这个港口城市的持久社会影响力，这些人无疑是将这座城市与南中国海商业联系起来的桥梁。敦伯拉姆巴帕也提到了邦加勇士，邦加是附近的一个岛，就巴塞与中国的联系来说，这个岛同样值得注意。邦加（今邦加-勿里洞省）位于马六甲海峡的另一侧，费信的著作《星槎胜览》指出它是印度洋和南中国海商业交换的重要地点。[15] 史料证实了，在明初邦加有着中国商业。考虑到邦加靠近马六甲，这里华人定居的历史已经得到了充分的证明，那么中国商业的存在也就不足为奇了。邦加的勇士与中国村的勇士阿里一同参加了这些军事表演，这表明在巴赛苏丹国，各种人物都与东南亚华人社区有着密切文化联系。

换言之，敦伯拉姆巴帕的随从有着一定文化混合的特色，这反映了14世纪和15世纪华人与马来苏丹社会交往的亲近。随着文献继续讲述敦伯拉姆巴帕殿下准备武术表演的故事，我们从中能了解更多中国皇家仪式对马来苏丹国物质文化发展的影响。

敦伯拉姆巴帕殿下马来仪式的中国特色

中国融入敦伯拉姆巴帕军事表演故事的方式，有两种：与此事的服装相关的王家物质文化和仪式，以及在这个场合的高潮时所展示的武术这一形式。第一种情况是，敦伯拉姆巴帕为自己和同伴打开一箱衣服，他拿出一套标示他王室地位的头饰和长袍。就头饰而言，文献用的是强烈地让人想到明朝皇室服饰的意象来描述它。服装描述如下：

54

> 一块黄色细丝绸，背面是彩虹色，边缘做工整整齐齐——用金线织成格子图案……金色，边缘装饰着叮当作响的铃铛；一件外套闪闪发光，像太阳光线一样……纽扣上镶着金子，上面点缀着无数猩红色宝石；一件带有China kepaluan颜色的头巾，有着镶满珠宝的金边和珍珠流苏；一条闪亮的腰带和臂章；龙形手镯，[它们的身子]盘绕了七圈；宝石镶嵌的马来

短剑,插入金鞘中。一条腰带上挎着一把刀,能够像闪电一样闪烁。他穿着镶有宝石的防护装置……他的左肩上挂着一把金色的弓……外套闪烁着彩虹颜色。

王子的王室服饰中有三个元素能够说明与中国的文化联系。第一个一目了然的元素是"龙形手镯"。在元末明初的中亚物质文化中,中国龙成为艺术史家所描述的伊斯兰"中国风"的中心主题,即对中国艺术形式和护佑之物的吸收和模仿。[16]《巴赛列王传》提到了敦伯拉姆巴帕于明初时在王室之中使用龙元素,这与同时期帖木儿将龙的主题融入王室服饰非常相像。中国文化或直接跨越南中国海或通过帖木儿、萨法维王朝等中亚中间人进行迁移的可能性得到了证实,这一叙事两次提到那个世界,即文献中提到撒马尔罕作为学习中心,以及波斯作为纯血马的来源。[17] 此文献指出,相似的龙的形象出现在巴赛苏丹国的王室仪式上,这表明在明代,无论是通向中亚的陆上丝绸之路,还是通往东南亚的海上香料之路,中国物质文化对穆斯林统治圈存在着影响。

王子王室服饰中体现中国文化联系的第二个元素是头饰的颜色。文献揭示了用于镶嵌珠宝、黄金的布料,颜色是China Kepaluan。虽然China Kepaluan的确切所指不明,但这一颜色的名称表明这是一种中国服装设计中特别的马来形式。China Kepaluan很可能是指一种吸收了中国宫廷文化的马来王家色调。主布料由"黄色细丝绸"制成,这一事实表明,China Kepaluan颜色的纺织品是一种黄色,而黄色是中国礼仪中皇家使用的颜色。

此文献提供了中国设计对马来王室服饰影响的第三个证据是

对头饰的描述。文中说，头饰所用的主布料为绣金的"黄色细丝绸"。与龙元素的使用一样，明代中国皇室使用黄色丝绸是了解中国宫廷文化人人皆知之事，前面提到讨论明朝宫廷的帖木儿外交官和艺术家盖耶速丁（活跃期1419—1422年）在游记中明确指出这一点。盖耶速丁对明朝宫廷的观察处处提到黄色丝绸：明朝官员用来包裹文书；明朝皇帝宝座的三角形平台以及带有"中国"龙和神鸟图案的黄色丝绸覆盖物；黄色丝绸的华盖状帷幔或遮棚，上面有四条龙，悬在皇帝的正上方；靠近备办皇帝食物的封闭区域，上面覆盖着黄色的丝绸；用来系皇帝诏令的是黄丝绳；在叙事的最后，皇帝身在朝廷之外时，用金锦缎和黄丝绸来覆盖皇帝的住处。盖耶速丁在14世纪的观察与《巴赛列王传》的写作乃同时代，强调巴赛王子的绣金黄色丝绸头饰融入了China Kepaluan这种颜色，是明代中国与马来文化日益亲近的产物。

总之，从《巴赛列王传》可以看出，在欧洲人抵达该地区前夕，在新的穆斯林苏丹国刚刚崭露头角之时，马来王室物质文化中的种种中国特色。这种中国与马来在物质文化上的联系，同马来苏丹随从中的华人与马来人在社会交往方面亲近的画面相辅相成。两幅图景与明代中国在各苏丹国统治下的马来政治和社会生活发展中发挥日益重要作用的历史证据相呼应。这一中国与马来文化共生的图景，在另一同时代的马来文献《杭·杜阿传奇》中能找到另外的样貌。这一著作讲述的是史诗般的故事，是马来半岛最受尊敬的传奇勇士和他前往明朝都城的奇特之旅。尤其是，它还提供了葡萄牙人的早期形象，不是一群以澳门为基地的精明老练商人——这是后来17世纪的特定形象，而是无法无天的海盗。

《杭·杜阿传奇》：中国王权的投射以及从毗奢耶那伽罗到马六甲的外交文化*

《杭·杜阿传奇》，如同相提并论且更为著名的《马来纪年》一样，提供了在马来史诗般故事的背景之下明代政治和物质文化是如何赫然耸现的。两种文献都与马六甲苏丹国有关。马六甲过去及现在依然坐落于马来半岛的西海岸、苏门答腊岛的对面、马六甲海峡的东海岸。巴赛苏丹国位于苏门答腊北部，这意味着这两个苏丹国在14世纪和15世纪是邻邦。与巴赛一样，马六甲在这些文献中所呈现出的是一座城市，处在中国与羯陵伽间的海上十字路口。从明朝史料证据来看，马六甲与明代中国的政治联系在历史上更为直接。这种接近，在《杭·杜阿传奇》《马来纪年》中都有体现。

与早期葡萄牙相遇期间伟大的马来、印度和中国王权

传奇勇士杭·杜阿代表马六甲苏丹出访印度，随后代表印度访问中国，读者能从中瞥见马来人将中国视为一个日益强大的地区参与者的有趣表述。令人感兴趣的是，这一叙事表达出了三个国家的声望高下有别。虽然前面讨论过《巴赛列王传》将羯陵伽

---

* 这一部分的一些翻译参考了《杭·杜阿传奇》一书[（马来亚）佚名著，（中国）黄元焕译，学林书局，2006年]。谨致谢忱。——译者

（印度沿海）与中国都视为与满者伯夷控制下的爪哇不相上下的强大参与者，但《杭·杜阿传奇》认为羯陵伽实际上没有中国和马六甲苏丹国强大。比较两种文献，叙事中的羯陵伽不知何故，它的王权等级降到与马来苏丹国的威望相当，甚至从属于马来苏丹国，而马来苏丹国的威望被描述为与中国在政治上平起平坐。同时，葡萄牙人出现在文献中，但远非强大的殖民者。文献所描述的他们这些人遭人讨厌，比不上马六甲苏丹，甚至连杭·杜阿的军事随从都不如。葡萄牙人，从文献的记述看，就是一群粗野的海盗。杭·杜阿代表马六甲苏丹前去印度的故事中，对王权进行比较，提升了中国王权，同时将葡萄牙人称为海盗。

杭·杜阿出访印度

据《杭·杜阿传奇》记载，杭·杜阿以受封的水师提督身份作为马来苏丹的使者（副使是摩诃罗阇·斯提阿）一抵达印度海岸，就受到了港口监督也就是波斯语和马来语中的shahbandar的接待。港口监督宣布他打算带杭·杜阿觐见地区总督纳拉·桑古纳。在宴请了杭·杜阿和他的随行人员后，港口监督开启了此次行程："来吧，年轻人，我们去见纳拉·桑古纳。"杭·杜阿用相应的敬语回应："请带路，前辈。"[18]

当这些人向总督作自我介绍时，书中表现的是毗奢耶那伽罗王国和马六甲王国几乎对等。总督问道："是什么让我这里的两个年轻人应马六甲苏丹的命令来到毗奢耶那伽罗？"杭·杜阿的回答表现出马来王国和印度王国之间特别熟悉，这与书中杭·杜阿后来将中国描述为一个无与伦比的伟大帝国形成了鲜明对比。"我们奉马六甲苏丹陛下之命来到这里，"杭·杜阿回答说，"带来一封信，作为马六甲苏丹与吉斯纳·腊耶纳陛下之间的友爱与和睦的象征，因为陛下希望听到他兄弟的消息。"[19]

当总督指示港口监督允许马六甲船只停靠码头数天时，杭·杜阿向马六甲苏丹表示了敬意。"除了葡萄牙人的船只之外，港口监督同意马六甲的船只抛锚，这是明智之举，因为马六甲苏丹是国王陛下吉斯纳·腊耶纳的兄长。"

在与葡萄牙人的相遇中，此叙事为这种仪式等级的表达提供了又一个维度，葡萄牙人被描绘成位于文质彬彬马六甲人等而下之的动辄吵架的局外人，毫无骑士精神可言。当葡萄牙使团看到马六甲人受到王国"隆重款待"时，"他们极端愤怒"。船上的乘客试图命令杭·杜阿离开。"不要在我们的地盘停泊你的船。我们不喜欢这样。"杭·杜阿回应，"如果你想选择单打独斗，或是人数对等的决斗，我们已经准备好了，"但是，"在第三国陷入打斗不好。等我们回程时，你可以挡住我们的道路。"[20]

杭·杜阿抵达毗奢耶那伽罗城堡时，这一叙事提供了宫廷视觉语言的表述，与马来史诗中与巴赛、马六甲、中国相关的黄色丝绸和黄色流苏伞的形象截然不同。毗奢耶那伽罗城堡的围墙，"纯洁如精棉布"，门上有雕刻，"珍奇动物好似立在橘红色宝石之上"。门的上面，有动物雕刻在黑色大理石上，这石头"黑似甲虫闪亮的翅膀"，而再一层，杭·杜阿"可以读到《罗摩衍那》的故事"，更上面的是"班达瓦胜利之戏"在精心雕刻的场景中上演。最高处是"雕刻的丛林动物，带有铜和铜锌合金的门"。当杭·杜阿最终应邀做客宫廷时，国王吉斯纳·腊耶纳坐在金色宝座上，宝座"镶嵌着宝石，上面覆盖着珍珠绳串"。[21]

尽管吉斯纳·腊耶纳宫廷中的视觉线索与马六甲苏丹国、中国明朝的黄色丝绸和龙形成鲜明对比，但这一叙事仍然通过国王的血缘关系将吉斯纳·腊耶纳和马六甲苏丹密切联系了起来：吉斯纳·腊耶纳和马六甲苏丹来自位于西昆棠山的同一家族，但统治着不同的王国，外交上逐渐分道扬镳。《杭·杜阿传奇》解释说，他们共同的先人是西昆棠山的国王。这种联系也见于这一文献的其他地方，当地人想知道为什么马来代表团在印度王国受到如此热烈的欢迎。当地人走上街头目睹杭·杜阿随行队伍并询问为什么马六甲的书信是今天如此重要的话题时，一位观察家的回答是反问怎么可能是其他方式呢，因为"我们的罗阇［吉斯纳·腊耶纳］是马来罗阇的后人"。[22] 另一人也同意这种看法，"我们听说马六甲的国王是我们国王的兄长，这就是理由所在"。

关于印度人和马来人有着共同祖先的表述是一致的，马来史诗将马来国王的血统追溯到西棠山国王，而杭·杜阿认定后者乃毗奢耶那伽罗的吉斯纳·腊耶纳的王室祖先。结果，《杭·杜阿传奇》很有意思地表达出印度和马来王国在王室声望上实际平等。然而在表述吉斯纳·腊耶纳身为马六甲苏丹的弟弟时，这种平等发生了轻微的倾斜，更显示出马六甲苏丹的伟大。这一图景，与杭·杜阿从印度沿海离开时鼓吹中国的描述大相径庭。

然而，在杭·杜阿前往中国之前，读者可以再次看看印度和马来国王在家族血缘关系上的亲近，以及马来国王更高贵的王室威望。这一图景出现在吉斯纳·腊耶纳与杭·杜阿之间关于杭·杜阿自己影响的对话中，后者操一口流利的当地印度语，这令印度宫廷大吃一惊。印度国王惊讶于杭·杜阿的语言天赋，询问杭·杜阿先人的情况。杭·杜阿回答说，他是马来血统，但"当您的仆人——我年轻的时候，曾前往满者伯夷［爪哇］，和一位老师学习羯陵伽语；故而，您的仆人对此略懂一二，陛下"。[23] "水师提督，"他回答道，"你能够说朕的语言并在这里与朕会面，朕真是不胜欢喜。"在听到杭·杜阿的忠诚誓言后，他问道："请告诉我们，水师提督，你带来了朕在西昆棠山的父亲和在马六甲的兄长什么消息？"闻听杭·杜阿从马六甲带来了"好消息"，吉斯纳·腊耶纳就预感到经历了之前外交冷淡之后，两国关系会回暖："我的兄长（马六甲苏丹）真的希望与我们合作吗？水师提督和摩诃罗阇·斯提阿被派到我们这里来的原因是什么？在马六甲时，我们与他有分歧。除了宰相和渔民，没有人站在我这边。我骨子里觉得水师提督的到来确实就像我们在西昆棠山的父亲以及马六甲的兄长前来一样，见到水师提督和摩诃罗阇·斯提阿就像看到宰相巴杜卡·腊渣及诸位渔民。"[24] 杭·杜阿和摩诃罗阇·斯提阿获得了吉斯纳·腊耶纳本人所穿的全套金色服饰。虽然杭·杜阿将书信呈递给吉斯纳·腊耶纳时态度恭谨、落落大方，但他还是表示这是马六甲苏丹这位王室兄长对弟弟施以恩惠，提出调解外交上的不和。

这一叙事表现出马六甲苏丹国的王室比毗奢耶那伽罗尊贵，然后就转向了杭·杜阿代表吉斯纳·腊耶纳访问中国一事。就中国而言，叙事所描述的中国几乎不近人情，尽管如此，杭·杜阿与中国皇室的文化亲近程度和熟悉程度令人惊讶。也就是说，《巴赛列王传》描绘了马来苏丹国——巴赛苏丹国——在强大的印度、中国、爪哇帝国的世界中崛起的图景，而与之形成对比，《杭·杜阿传奇》将马六甲苏丹国描绘成一个久负盛名的王国，优越于印度王国，与中国相提并论。这一图景下面一并展示。

中国王权，杭·杜阿在家族及文化上与中国的亲近

随着印度和马六甲关系的解冻，吉斯纳·腊耶纳接下来向杭·杜阿发话，请他前往中国：

> "我们想派一个使团去中国，我们该派谁呢？"宰相举手道："陛下，私以为，派遣使团到中国确实是一项艰巨任务，因为中国皇帝是一位伟大的国王。我们不应该随便派个人担任大使：一个可能无法确保与罗阇甚至他的大臣会面的人。"接着，吉斯纳·腊耶纳问道："水师提督，我们可以派你去中国吗？"水师提督低头施礼："陛下为什么不派我去中国呢？即使是去罗马，陛下也可以命令我，因为陛下的任何一项使命，也是您的兄长马六甲苏丹的使命；我是陛下兄长的仆人。"[25]

在经由讷加帕塔姆访问中国之前，杭·杜阿向朝廷声称他打算参观该国的寺庙和清真寺。在途中，他们再次遇到了葡萄牙人，葡萄牙人海盗般的存在为此文献的读者提供了更多的笑料。"嘿，你们这些马来人和羯陵伽人，不要在靠我们船长的大帆船这么近的地方停泊。当他到来时，他会向你们所有的船只开火。"[26]滑稽的是，这个故事说"马来人对此威胁嘲笑不止，他们在那艘大帆船旁边抛锚"。葡萄牙士兵被激怒了，大喊："你们马来人和羯陵伽

人太厚颜无耻！你们只是一心想和我们打架，仗着人多势众。"[27]

一到中国，杭·杜阿得知他不能直接面见明朝皇帝，代表团也将仅限于见到四位大臣：王锦生（Wong Kim Seng）、巴新雅（Pa Shin Nga）、卢泰（Lu Ti）、沈必发（Sim Pai Qip）。[28] 换言之，该记述第一次对中国皇室声望等级的描述，出现在接待外国政要的外交礼节上：杭·杜阿的随员不能见皇帝，甚至也看不到明朝皇帝的宝座。这一图景与杭·杜阿和印度国王的随意接近截然不同。

不过，一旦进入宫廷，中国皇权不近人情的形象就让位于杭·杜阿熟悉中国语言和文化的画面。杭·杜阿对摩诃罗阇·斯提阿及他的手下说：

"各位大人，我们现在要进入中国国王的谒见殿，请记住不要撩起你们的纱笼（布裙）。除此之外，确实还有许多我们从未见过的奇妙而稀有之物，因为中国人在许多领域都独具匠心。"摩诃罗阇·斯提阿问道："大人是从哪里听说过这些的？"水师提督解释说："来自我在马六甲时的一位华人义父，是他告诉我的。"[29]

有趣的是，这一叙事显示，杭·杜阿与他在马六甲时的华人义父有着密切的家族关系。提到一位华人老者作为义父，这与《巴赛列王传》提到中国村勇士阿里的情况相似，阿里是敦伯拉姆巴帕的老师。尽管杭·杜阿对中国文化很熟悉，但仍然受制于严格的宫廷外交礼节约束，纵然明朝皇帝对此有所放松。

听说杭·杜阿的使命是"巩固两国友谊"——也就是中国

和杭·杜阿及其随员所代表的印度王国，皇帝很高兴，并召见杭·杜阿面谈。"传唤羯陵伽使团来朕面前，朕希望直接与他们交谈，"明朝皇帝指示，接着赏赐杭·杜阿及随员服饰、金银等礼物。[30] 尽管杭·杜阿与明朝皇帝直接交谈，但在这个过程中不能直视龙颜。从接下来的宴会故事中可以清楚地看到这种限制。

杭·杜阿对吉斯纳·腊耶纳做过承诺，他未亲眼见过皇帝就不会回来。杭·杜阿心生一计，在宴会上抬头看明帝宝座而不会被抓住。杭·杜阿意识到某类美食，尤其是未切过的长蔬菜，需要他抬起头食用。"宴会的那一刻，我将能够看到皇帝的面容。"杭·杜阿自言自语道。他向宴会策划者指出他随员的饮食规定，指出咖喱菜应该用蔬菜嫩芽和水果烹制，不能用肉和鱼："这些是他们烹制咖喱菜的配料。蔬菜不用切，它们很长。我们就是这样的吃法。"[31]

宴会期间，杭·杜阿一行受到欢迎，皇帝落座，命人给他们上饭菜。接下来，恰逢其时，杭·杜阿拿着一双金色筷子，夹起一根长长的水田芥，举至额头，偷偷看了一眼皇帝的宝座。杭·杜阿终于看到了此时坐在宝座上的皇帝，"中国皇帝坐在金龙的嘴里，龙鳞由九种宝石制成，宝座上镶嵌着璀璨的宝石，悬挂着珍珠串，珍珠串像灯笼里的蜡烛，如同十四晚上的月亮熠熠生辉"。[32] 一时倒霉，杭·杜阿抬眼凝视宝座之举被大臣看到了，他甚至与皇帝本人四目相接。

皇帝、四位大臣，还有皇帝的传令官，都目睹了杭·杜阿的举动，有的人拔出刀剑。幸好皇帝介入，展示了宽宏大度："传令官，不要处死他。他是想为他的主人效劳的聪明人，很难找到像水师提督这样的仆人和勇士。"[33] 皇帝并未因此扫兴，反倒指示下人送给代表团礼物："四位大臣，以应有的礼仪，赏赐所有羯陵伽使者精美的衣服。"[34] 赏给杭·杜阿及随员衣装，又特别赏给随行的马来人每人七件以上的中式套装，他们将带回马六甲。[35]

关于这次中国之行，《杭·杜阿传奇》的描述为马来苏丹国与中国宫廷文化的联系给出了文字上最清晰的"画面"。这一叙事将杭·杜阿，这位传奇的马来英雄、马六甲苏丹的代表，分别从杭·杜阿的家族亲属关系——他奉养的华人父亲，以及从马六甲人与明朝皇帝的特殊亲近外交关系这两个方面，放在与中国特别亲近的位置上。这一文献将杭·杜阿直接与皇帝的交流，以及直接赐给马来代表特别的礼物，描述为这是明朝接待外国代表团时的破例之举。马来史诗将这一中国与马来亲近的形象，进一步写进《马来纪年》中马六甲苏丹的故事之中。

《马来纪年》：中国王权及物质文化在巨港、马六甲

《马来纪年》描绘了马来在政治和文化上与中国的亲近，能与《巴赛列王传》和《杭·杜阿传奇》中的各种联系相呼应。这种亲近在华人和马来王室通婚的故事中尤为突出。这种王室血缘关系最早出现在巨港的诸国王当政时。此文献表明，他们是一位中国贵族的后裔，此人在中国与桑萨普尔巴国王关系密切之时在巨港定居。这一文献指出，这种华人与马来人的联姻，反过来又促成了中国朝臣在马来半岛定居。《马来纪年》还讲述了久负盛名的中

国公主汉丽宝与马六甲国王结婚的故事,特别是婚姻的外交作用。明代,中国公主与外国君主的政治联姻,既横跨中亚,也横跨南中国海。前一种情况似乎更普遍,中国皇室婚姻是在中国政治理论框架内安排的,该理论认为边疆游牧人群尽管文化上不成熟,但军事上令人生畏,不得不予以承认,进行结盟。这一文献将与马来苏丹的联姻同样归因于中国皇帝认为有必要,但这次,皇帝被描述为相信马来苏丹国文化发达,有政治威望,最令人关注的是神迹所表现出的马来朝廷的优越性。上述最后一种形象将明朝皇帝描绘成一位对马来苏丹国的精神文化印象深刻的君主,也许他是通过将中国在世俗方面的老道与马来苏丹国作为穆斯林中心在精神层面富于经验进行比较,从而将苏丹国与明朝相提并论。以下是对《马来纪年》中的明朝与马来世界之间这些密切联系的细致观察,始于巨港桑萨普尔巴统治期间。

中国皇帝的马来出身,马来苏丹的中国血统

　　《马来纪年》首先描述了巨港的一系列事件,展现了14世纪马来与中国政治关系的发展。它讲述了一位马来统治者的故事,他是马六甲苏丹的一位先人,娶了一位中国公主,也就是说,马来苏丹有马来人和中国人的血统。

　　具体而言,这一文献解释说,在室利佛逝(650—1377)晚期的巨港(苏门答腊南部)桑萨普尔巴统治期间,中国皇帝在得知巨港统治王朝的血统源于亚历山大大帝后,对巨港的统治王朝产生了极大的敬意。在其他的马来文献中,亚历山大大帝是"罗姆(希腊、安纳托利亚)和伊朗"的伊斯坎达尔·左勒盖尔奈英,

81

可以看到马来史诗与阿拉伯、波斯史诗是如此遥相呼应，这些史诗同样将亚历山大大帝视为某些统治阶层受人尊敬的古代皇家祖先。[36] 在《马来纪年》中，中国皇帝了解巨港统治者祖先的威望，要求同意与桑萨普尔巴女儿的婚事。中国皇帝致信巨港，并派遣一队中国男女，其中包括一位特别的中国贵族。

他们到了巨港，在谒见厅里，以最恭敬的方式呈上中国罗阇的信件。信读毕，罗阇桑萨普尔巴知晓了其中的意思，与他的勇士商议何去何从。他们都认为，如果不听从要求，就会危及国家安全。"再说，"他们说，"没有比中国罗阇更伟大的君主，她也不会拥有比这更高贵的丈夫，也没有比中国更伟大的国家。""那么，"桑萨普尔巴说，"如果你们同意，我就会同意他的要求，以促进马来和中国罗阇间的友谊。"[37]

马来国王答应遵从这一要求的原因，是马来人承认中国王权和血缘的高贵，而马来国王拒绝联姻的话，将面临严重的政治后果。中国皇帝娶了这位名叫斯里德维的公主，对她关照有加，"因为她的地位和家世"，再加上"生了一个儿子，而现在中国的当政者就是出自他这一支"。[38]

换句话说，依此记述，巨港的桑萨普尔巴是当前主政的马来国王和中国皇帝的共同先人。因此，在巨港桑萨普尔巴统治时期以及后面几代，马来和中国王权在礼仪威望上具有一定的平等性，而且由于都与巨港国王的女儿斯里德维有着关系，他们在过去和未来的皇权谱系中更加密不可分。

巩固马来和中国王权关系及其共同血统的,是这位留在巨港的中国贵族的婚姻。抵达后,这位贵族与桑萨普尔巴国王的关系甚为密切,他娶了桑萨普尔巴的养女。在此背景下,更为著名的中国公主汉丽宝的故事,代表了中国和马来王权之间联系的高潮,而不是基础。汉丽宝公主的故事同样为我们提供了一个可以形象地感受到马六甲苏丹国与明代中国之间这种联系的窗口。

汉丽宝的故事

《马来纪年》讲述的是明朝派中国公主汉丽宝嫁给马六甲苏丹芒速沙以增进两国外交关系的故事。这个故事发生时,马来驻明朝使节敦波罗砗底补底是中间人,当时他人在中国。这一文献指出,当敦波罗砗底补底即将回国时,"中国罗阇认为自己与马六甲罗阇结盟是合适的",让敦波罗砗底补底"告知马六甲罗阇拜访我,我将我的女儿汉丽宝嫁给他"。敦波罗砗底补底回答:"马六甲罗阇不可能离开国家,因为它被敌人包围,但如果您愿意帮助马六甲罗阇,请允许我,马来的使节,带领您的女儿——公主,前去马六甲。"[39]

当敦波罗砗底补底抵达马六甲时,有人告知苏丹芒速沙,使节已经回国并带来了中国公主。苏丹芒速沙"极为高兴,亲自将公主接到沙佛岛"。这个故事描述了苏丹芒速沙对明朝的求婚喜出望外。"用千百种敬意迎接她,之后他将她带到了宫殿,眼见中国公主的美丽,苏丹惊讶不已,他用阿拉伯语说:'啊,造物中最美之人,愿世界造物主上帝保佑你。'"似乎与提到的苏丹使用阿拉伯语(马来文献中伊斯兰教的神圣语言)的双语能力有着关联,这个故事解释了中国公主如何最终与来自中国的约五百名随从一起成了穆斯林。下面是对这个故事前面提到的两个方面的细致研究——它的视觉线索和中国皇室嫁入边疆王国的历史观念。

当中国皇帝的信抵达马六甲时，使节除了带来"别处"找不到的"大量各色物品"外，还带来了一套有趣的物品作为礼物：针、丝绸、一种锦缎。[40] 叙事中提到的金针礼物表明了历史实际情况，即明代中国工匠确实日益与15世纪之后东南亚的纺织和裁缝业密不可分。诸如针等金属特产出口礼品，加之丝绸、锦缎等，表明中国设计和制造进入了东南亚——尤其是在宫廷圈子里，这一现象与此前横跨南海的唐宋时期的陶瓷和丝绸商品的出口遥相呼应。就金属特产制造而言，中国北方的山西是铁的中心，是包括剪刀在内的铁制品特产出口的主要来源之一，这可以上溯到唐代。[41] 唐代时，从全球来看，山西制造的剪刀是中国主要的出口品，甚至诗歌中也有所反映。中国人使用的剪刀主要来自山西，只是在19世纪后期随着廉价外国剪刀大量涌入中国市场，作为当地出口的产品才遭到了破坏。

这些礼物很有意义，因为它们表明了马六甲与明朝的物质文化联系日益紧密。在一个层面上，根据皇帝本人的说法，金针代表一种权力形式，他解释说每根针都代表一个臣民。也就是说，中国皇帝是统治着众多臣民的强势君主。在另一个层面上，针与丝绸、锦缎一起作为礼物，更能广泛地契合明代中国的历史遗产，既是移居马来苏丹国的纺织工匠的来源地，又是东南亚丝绸生产的特殊金属商品的制造者。汉丽宝与一位马来苏丹结婚的视觉线索，从文学的角度准确地描绘了14世纪和15世纪中国与马来文化

第4章　香料之路沿线的马来与中国贸易

迁移的历史实况。

这一揭示了马来半岛与中国关系变化的特别使团的第二个特点，见于婚姻本身，特别是中国明朝皇帝将公主许配给外国权贵的观念。从汉朝到唐朝，中国公主与外国统治者的婚姻历史悠久且富于传奇色彩，是帝国治理术的正式和非正式的组成部分。这种称为"和亲"的做法是在汉朝与游牧民族匈奴结盟期间（约公元前202年至公元220年）确立的。[42] 在唐代，这种做法旨在确保与各邻国包括中国北方游牧的契丹人的结盟，契丹人最终建立辽朝。元代时，约有七位公主嫁给了朝鲜的王子和国王。明代皇帝没有使用这种政策，但是明朝有皇帝作俘虏的例子，即正统皇帝——他拒绝与瓦剌公主联姻，瓦剌统治者也先欲以一种反向婚姻联盟将公主安置在北京，旨在使边疆王室成员能够进入明朝宫廷。[43]

在这一点上，一位明朝公主被派往马来世界，嫁给一个附属国的国王的事例，让人想到马来半岛是海疆而不是陆疆。不是中国王朝将公主献给游牧民族以维持和平，而是中国王朝将公主献给附属国以巩固其对外联盟。这种帝国建构的方法，让人想起元朝公主与高丽王公的婚姻以及后来的清朝公主与中亚人的婚姻。换言之，这部《马来纪年》提供的画面，是马六甲苏丹国乃明代中国边疆的一部分，是一个强大或有影响力的足以值得和亲的国家。值得注意的是，这一马六甲作为中国边疆的形象于史有征。我们知道，明朝和马六甲之间有一种宗主国-藩属国关系，这种关系在阻止大城（暹罗）王朝征服其南方邻国方面发挥了作用。这一形象也出现在阿里·阿克巴尔的著作中，他将与马来半岛隔马来海峡相望的苏门答腊,描述为中国边疆的一部分。

总之,中亚来访者盖耶速丁、阿里·阿克巴尔关于中国的记述,与马来史诗以及郑和船员马欢的游记有着有趣的相似之处。在占有整个东南亚的室利佛逝、满者伯夷帝国崩溃之后,该地区的核心岛屿——婆罗洲、苏门答腊、爪哇——是崛起的穆斯林诸苏丹国的中心地带,它们与明朝建立了密切的政治和商业联系。在穆斯林和非穆斯林从中国来到该地区之时,马来和中国统治圈可能已经联姻,这不足为奇。在这个中国与马来联系日益紧密的世界里,或许最令人惊讶的是葡萄牙人的形象。到16世纪末,他们在该地区的最初的海盗形象,即将让位于一个雄心勃勃的欧洲大国计划征服东南亚岛屿并与明朝谈判贸易特权的故事。

第5章

欧洲人寻找香料群岛

伊比利亚人到达南中国海的故事,是一个关于心怀奸诈的海上探险、征服世界的宏伟愿望与葡萄牙水手及其家人在中国的澳门半岛不可能长期定居的故事。就起源来说,它是欧洲王室和水手,绕开意大利和中东的富裕港口城市,试图找到一条通向香料群岛新路线的故事。

15世纪后期,伊比利亚君主资助了横跨大西洋和印度洋的海上探险,以到达东南亚利润丰厚的香料群岛。目标之一是排挤掉意大利的一些共和国,这些共和国通过与讲阿拉伯语和希腊语的东地中海港口的密切商业关系垄断了中国和印度的商品。早于伊比利亚人启航前往南中国海整整一百年,威尼斯和热那亚共和国拥有远至黑海克里米亚半岛的港口,商人在那里交易伊尔汗国伊朗和元代中国生产的商品。1492年,随着阿拉贡王冠领地、卡斯蒂利亚政治统一,以及经过其后在经济上有影响力的伊比利亚穆斯林和犹太网络的洗礼,阿拉贡国王斐迪南二世、卡斯蒂利亚女王伊莎贝拉一世同意进行一项新的且可能有利可图的冒险事业：资助一支由热那亚人领导的向西前往亚洲的探险队，该探险队以登陆美洲而闻名。

等到西班牙商人于1571年跨越美洲太平洋到达并征服马尼拉，新的哈布斯堡王朝领导的西班牙主导着一条前人未知的跨太平洋贸易路线，连接西属墨西哥的阿卡普尔科与马尼拉。葡萄牙人是西班牙人在该地区的主要竞争对手，竞争路线是沿着非洲好望角进入南大西洋。到1557年，葡萄牙人与明代中国直接谈判，获得了在澳门的长期定居权。其后，他们在这一地区的亚洲国家间贸易网络中开辟出自己的一片天地，将长崎与葡萄牙控制的马六甲以及更西的喀拉拉邦沿岸的果阿连接起来。[1] 明代中国，并不是没有意识到这些发展，一个世纪前主政者已经展示了他们自己在东南亚的海上抱负。葡萄牙在1511年征服马六甲苏丹国，实际上是直接冒犯了明朝与马六甲的政治关系。虽然强大的暹罗大城王国（1350—1767）选择不在马来半岛挑战中国，但葡萄牙既肆意夺取马六甲又在澳门问题上谨慎行事，这表明欧洲列强还需要数百年的时间，才能挑战中国在这一地区的军事和文化优势。

马尼拉同马六甲等城市一样，处于中国和东南亚苏丹国的政治和商业交汇点，西班牙对它的征服过程同样复杂。值得关注的是，在16世纪，与马尼拉有政治联系的苏丹国——文莱苏丹国——是为数不多的完全避开欧洲征服的苏丹国之一。仔细观察西班牙人和葡萄牙人如何设法开辟通往马尼拉和澳门的海上新航线，可以看出大航海时代对香料群岛的寻找如何迅速转变为对中国的寻找，以及开启了中国文化向欧洲迁移的五百年。

通往中国之路：马德里至马尼拉，里斯本至澳门

西班牙和葡萄牙都着手绕过威尼斯，分别向西和向南探索大西洋航线，寻找通往亚洲的贸易路线。[2] 费迪南德·麦哲伦的职业生涯代表了为两个国王效力的水手的典型故事。就麦哲伦而言，他从葡萄牙转向效力西班牙，以寻找赞助人来投资他的航行。麦哲伦于1480年前后出生在一个葡萄牙贵族家庭。1490年代，他在葡萄牙军队服役，寻找摩鹿加附近的香料群岛。麦哲伦请求政府资助他寻找一条横越大西洋往西通向摩鹿加的更短路线，但葡萄牙国王拒绝了。麦哲伦转向查理一世统治下的西班牙以及德国金融世家富格尔家族，后者向查理一世祖父治下的哈布斯堡出贷巨款，希望对麦哲伦航行的投资能获得回报。[3]

1520年，麦哲伦一行设法通过位于今天智利南部的海峡，船员称之为巴塔哥尼亚海峡，从大西洋进入太平洋，越过海峡后，他们继续穿越公海，希望能在几周或几个月内登陆。1521年3月，这些饱受疾病、饥饿折磨的幸存船员，终于看到了他们几个月前就期望看到的东西：陆地，具体来说是关岛周围的岛屿。根据存活下来的、对这次航行有着最详尽描述的船员威尼斯人安东尼奥·皮加费塔的说法，在穿行关岛后，与当地岛屿的关系变得棘手起来。

皮加费塔（1531年卒）描述，当地查莫罗人乘船给麦哲伦一行带去食物，然后从麦哲伦的船上拿走物品。[4] 这种类似于易货贸

易的海上习俗,在麦哲伦眼中就是盗窃。他的反对迅速升级。麦哲伦粗暴地命令查莫罗人下船。麦哲伦一行随后袭击了该岛,同时也寻找他们失去的、查莫罗人在溃逃中乘坐的小舢板。一场友好的相遇以麦哲伦一行匆忙逃离该岛,继续他们的摩鹿加群岛探险而告终。

1521年初,麦哲伦的一位船员发现地平线上有一艘船,前往香料群岛的旅程又一次绕了道。这艘船来自苏禄安岛,不出几天,麦哲伦的船员们就得到机会与这艘船的船长见了面。[5] 麦哲伦的下一步行动,导致此后一些年西班牙船只在这里不受欢迎。麦哲伦试图卷入当地的对抗,一方是宿务岛上的苏兰人首领,另一方是邻近的麦克坦岛首领。皮加费塔的说法是,船员们袭击了麦克坦岛,并遇到了1 000多名在酋长拉普-拉普领导下作战的岛民。在混战结束时,麦哲伦受伤殒命。[6] 麦哲伦在穿越大西洋和太平洋的未知航行中生存了下来,但一行人在接近菲律宾时的失误让他丢掉了性命。

文莱苏丹

胡安·塞巴斯蒂安·埃尔卡诺(1526年卒)是位探险家,来自西班牙巴斯克地区,他最终接任麦哲伦的职位,向南前往婆罗洲。在那里,他遇到了马坦达,马坦达后来作为罗阇马坦达重新出现在西班牙传说中。罗阇马坦达这一身份更为有名,是环马尼拉地区的三位统治者之一,约五十年后马尼拉被西班牙人占领,他们是亲历者。不过,马坦达第一次与西班牙人相遇时,他是文莱苏丹国海军的指挥官。这次相遇发生于麦哲伦一行的幸存船员在文莱岛王国待了两天之后。

在文莱，皮加费塔记述了西班牙人前去会见国王的途中最早见到中国和印度洋商品的情形：

> 到达这座城市时，我们在帆船上停留了大约两个小时，直到两头有着丝绸装饰的大象和十二名男子来到这里，他们每人都带着一个覆盖着丝绸的瓷罐……以装纳我们的礼物……晚上我们睡在棉床垫上，衬里是塔夫绸的，床单是坎巴亚的。[7]

皮加费塔提到"用丝绸覆盖的瓷罐"，表明他在文莱期间无疑对中国出口品很熟悉。尽管欧洲当地仿瓷陶器制造业在18世纪才发展起来，但15世纪的明代瓷器是意大利城邦宫廷物质文化的组成部分。这些城邦包括皮加费塔的故乡威尼斯，它是威尼斯共和国的都城（697—1797）。马穆鲁克在1461年向威尼斯总督赠送瓷器，它是与意大利更大范围交流历史的一部分，其中包括向佛罗伦萨的美第奇家族赠送的礼物。[8]因此，皮加费塔对中国瓷器和丝绸感兴趣不足为异。

皮加费塔对文莱苏丹国受中国影响的宫廷文化的观察仍在继续，这群人越来越接近这一岛国的王座厅。他们穿过"装饰着丝绸帷幔和两扇窗户"的殿堂，"光线通过窗户射入王座厅，窗户装饰有两个锦缎窗帘"。[9]当他们最终得以觐见国王时，皮加费塔的记述提供了一个窗口，从中可以看到在西班牙和葡萄牙远征进入南中国海期间物质交换类别的外交特色。

73 　　　我们告诉［文莱］国王，我们从西班牙国王那里来，西班牙国王期盼与他和平共处，只是请求同意贸易。国王告诉我们，既然西班牙国王存有交友之心，他也极愿意乐见其成，并说我们可以带上水、木材并进行交易，以遂我们所愿。接着，我们呈进礼物，他接受每一件时都微微点头。我们每人都被赏给一些金线织布和锦缎丝绸，放在我们的左肩，只放了一会儿。他们给了我们丁香、肉桂等提神物。之后，拉上了窗帘，关闭了窗户。[10]

将皮加费塔观察到的锦缎丝绸、丁香、肉桂置于一处，就能感知到婆罗洲是位于中国和印度洋十字路口之上，还能感知到在西班牙远征香料群岛的过程中，中国越来越突显。回到总督府后，这些客人受到宴请，饭菜丰盛，处处用到了瓷器。九个人上前，端着木托盘，每个盘中都有"十或十二个装满小牛肉、阉鸡、小鸡、孔雀等禽类以及鱼的瓷盘"。[11] 每位客人都用"鸡蛋大小的瓷杯喝酒"。

皮加费塔在文莱海岸外开阔水域再次见到瓷器时，思忖着瓷器的历史和文化特点。离开这个岛国后，他们遇到了几支船队，他后来确认是中国式帆船，即在15世纪的马来语和爪哇语中称为jong的古代中国货船。[12]

　　　中国式帆船所载货物与三桅或多桅帆船一样多……他们的瓷器是一种极白的泥土，在加工之前要在地下放置五十年，否则它就不会这么好。父亲为他们的儿子贮藏它。如果将毒液或毒药放入由精美瓷器制成的盘子中，盘子会立即破裂。

皮加费塔琢磨着瓷器的特性。制作过程如此精妙和复杂，需要几十年的时间，做成的瓷器甚至对毒药很敏感，会产生反应。盛了毒药时瓷器会破裂的传说再次出现在皮加费塔年轻亲戚马尔科·安东尼奥的著作中，他指出：波斯使节给奥斯曼帝国苏丹塞利姆二世带来的盘子具有盛了毒药就会破裂的特性。[13]这种对于瓷器的描述以及瓷器不同寻常的性质，与之前阿里·阿克巴尔著作的记载很接近，他在伊斯坦布尔写到，他前往北京旅行，所遇瓷器具有特殊的过滤特性，通过变色或是破碎，可以测出毒药。皮加费塔继续描述帆船及其运营商时，再次确定了16世纪南中国海政治格局中两个常见的因素：穆斯林商人和中国王权。

> 摩尔人在这些地区赚到的钱是铜钱，中间有孔，方便串起来。钱的一面有四个字，由中国伟大君主所书。我们称这种钱为picis。花一个cathil，他们给了我们六个瓷盘，一个cathil相当于我们的两libre（镑）。[14]

皮加费塔描绘了一幅充满活力的亚洲国家间商业图景，包括活跃于中国东南沿海和婆罗洲岛国之间的以中国货币进行交易的穆斯林商人。靠近中国海岸的穆斯林商人的故事历史悠久，但西班牙探险人员识别出了一个新元素：将菲律宾与东南亚崛起的苏丹国联系起来的穆斯林政治网络。他们遇到的第一位马尼拉统治者是曾任文莱海军指挥官的罗阇马坦达。

马尼拉的罗阇以及对菲律宾的征服

罗阇马坦达也称为阿齐,人们说他与马尼拉周边的另外两位统治者有血缘关系。马坦达同时是罗阇苏莱曼的叔叔、罗阇拉坎杜拉的堂兄弟。[15] 阿齐,正如西班牙探险队所认识的那样,也与文莱苏丹有关系。在年轻阿齐马坦达王子活跃的婆罗洲,西班牙人认为他们受到了一队日益靠近的帆船的攻击,并最终俘获了这位将来的罗阇,他们还不知道这位年轻的水手是文莱苏丹的亲戚和苏丹海军的指挥官。当西班牙人俘虏"阿奇王子"时,他们将他描述为马尼拉所在的吕宋岛国王之子。麦哲伦和埃尔卡诺到达这一地区大约五十年后,在米格尔·洛佩斯·德莱加斯皮于1570年代征服菲律宾之时,阿奇王子又出现在西班牙人的著述中,称作"爱尔维欧"。这位罗阇"爱尔维欧"是在西班牙征服期间统治马尼拉及周边的三位统治者之一。罗阇阿奇将在西班牙征服菲律宾期间与德莱加斯皮谈判,而他的侄子罗阇苏莱曼继续抵抗。从埃尔卡诺领导的上次远征中,我们可以知道未来罗阇阿奇马坦达当时极年轻。

在埃尔卡诺麾下船队的先前遭遇中,皮加费塔的船友罗德里戈记录并留下了这位年轻王子的背景以及与该地区统治者包括文莱苏丹的联系的翔实记载。[16] 罗德里戈告诉我们,阿奇的母亲统治马尼拉,而他的堂兄弟是邻近汤都的统治者,就是将来在德莱加斯皮征服期间的罗阇拉坎杜拉。在马尼拉和汤都竞争的背景下,阿奇马坦达寻求他的外祖父文莱苏丹的支持,并成为文莱苏丹国海军的指挥官。[17] 阿奇与文莱的关系包括他计划与婆罗洲的一位亲戚结婚。[18] 麦哲伦的远征队抵达时，阿奇身在婆罗洲的南部海岸附近，以上就是当时的历史背景。

如前所述，阿奇马坦达五十年后才再次现身西班牙文献，是作为一位不愿抗拒德莱加斯皮占领马尼拉计划的老人。在此五十年间，西班牙派出了维拉罗伯斯，他被认为是第一个使用"菲律宾群岛"（*las islas Felipinas*）来称呼这些岛的人，以纪念国王菲利普（Felipe）二世。[19] 菲律宾的实际占领发生在德莱加斯皮远征期间。

德莱加斯皮在墨西哥城生活了三十年后，才开始征服菲律宾。1564年，来自苏马拉加地区巴斯克的水手德莱加斯皮准备踏上穿越太平洋的远征，当时他已62岁。这次远征始于阿卡普尔科，受国王菲利普二世及总督的委派，于1565年到达宿务岛。在接下来的五年里，德莱加斯皮和手下在这些岛屿的周边活动，与一些村庄建立协定，摧毁其他村庄。到1570年，德莱加斯皮开始关注马尼拉湾所在的吕宋岛。萨尔塞多·戈伊蒂是德莱加斯皮的战地指挥官，带领三次远征马尼拉中的第二次。

德莱加斯皮目睹了马尼拉湾周围日本和中国商人的景象，这似乎促使他考虑将自己在菲律宾的业务基地迁至吕宋岛。探险队成员之一埃尔南多·里克尔记录了这群人的所见，包括他们与中国和日本商人的相遇。在第一次相遇中，远征队先头的一队西班牙船在通往马尼拉湾的一条河流上碰巧遇到一队中国大船。里克尔讲述了最前面的这些西班牙人以为中国人即将发动攻击，最终与中国人开战，并俘获了数艘中国船——这令后面的远征船长大为沮丧。

士兵们搜查了中国人存放他们最贵重物品的储藏柜,发现了金线丝绸——编织的以及成束的、麝香、鎏金瓷碗、棉布片、鎏金水壶等奇特物品……土罐和陶器、巨大瓷花瓶、盘子、碗,还有一些精美的瓷罐,这些他们称之为"中国货"。他们还发现了铁、铜、钢以及少量的蜡,都是中国人购买的。[20]

西班牙人发现的是中国外销品的典型组合,有丝绸、瓷器以及黄金。远征队与中国人的相遇是在马尼拉湾附近,这见证了在西班牙征服前夕的中国港口城市和菲律宾岛屿间中国文化迁移的生机与活力。在中国与马来交流的同时,中国与菲律宾的交流也在进行,当地将使用中国制成品,特别是身上饰物、家用贵重物品以及陪葬品,视为政治权力和社会地位的象征。[21] 德莱加斯皮对这些商品很感兴趣,对他们船员与在马尼拉湾所见的中国和日本贸易商人建立密切联系也饶有兴趣。

不出所料,当远征队的首领追上前面的船只,发现他们俘获了几艘中国船时,并不高兴。德莱加斯皮已成人的孙子萨尔塞多和士兵戈伊蒂是远征队领导层的成员,他们尤其不悦。

在士兵将从中国船所得的货物放置到安全的地方之后,船长萨尔塞多乘坐后卫船赶到了。看到对中国人造成这么严重的破坏,他压根儿不高兴。指挥官戈伊蒂,他乘坐着大船断后,听说了发生之事,更为不悦。一旦能够在巴托河与中国式帆船一起抛锚,他第一时间就让中国人明白,他对他们的不幸表示痛心,又说他们错在不该突袭西班牙人。尽管如此,他称将给予他们——除了自由之外——一艘船,让他们能够在没有任何阻碍的情况下返回自己的国家,同时提供他们航行的必需之物。中国人对此特别感激,他们是极谦卑之人,下跪,大声欢呼。[22]

远征队领导层致力于与中国人建立积极关系,这与他们在菲律宾采取的日具侵略性的外交与征服方式,对比鲜明。葡萄牙富有攻击性地征服马六甲苏丹国,也与它和明朝就澳门问题的谨慎外交间有天壤之别,二者可谓异曲同工。这种不同,在一定程度上说明他们认识到了明朝的军事实力以及与它进行贸易联系是有利可图的。与中国和日本商人进行贸易的可能性,是远征队对远至马尼拉湾的吕宋岛产生根本兴趣的主要原因之一。确实,远征队前往马尼拉,菲律宾作为中国、东南亚、西属美洲商业的十字路口的未来,对于像德莱加斯皮这样在墨西哥具有三十年工作经验的人来说,越发清晰可见。

一个有趣的例子很好地解释了西班牙远征队如何想象16世纪中国航运技术的复杂性,因为西班牙人提出要维修船只时发现,中国船只的机械装置超出了他们的维修专业知识范围。

看到船的帆、桅杆和索具与我们的完全不同,他的手下没有一个人了解它们,指挥官认为最好是要求中国人派三四个水手连同这艘帆船一起去班乃岛,也让一些友好的和西班牙人在一起的吕宋摩尔人同行。对此中国人非常乐意接受,提供了所需人员。这艘船出发了,一行有十二个吕宋的摩尔人、四个中国人,还有四个西班牙卫兵。[23]

由于西班牙远征队不掌握中国的航运技术,因此西班牙人、当地穆斯林商人、中国人一行,带着中国货物前往班乃港。这次遭遇发生在前往吕宋岛三次探险中的第二次,马尼拉就位于吕宋岛,溯帕西格河而上可抵达。

文献中关于西班牙人与马尼拉统治者间的关系是如何破裂的记述大相径庭,但在1570年5月,戈伊蒂的手下袭击了马尼拉,随后撤退到德莱加斯皮的船上。[24] 西班牙可能在吕宋岛占有一个利润丰厚的商业基地,这促使德莱加斯皮下令于1751年再进行一次探险,他亲自加入。

如前所述,麦哲伦的手下五十年前在婆罗洲近海遇到的罗阇阿奇马坦达,是德莱加斯皮到来时掌权的三位统治者中的一个。罗阇马坦达、罗阇苏莱曼的基地在马尼拉,而罗阇拉坎杜拉的基地在汤都,此地现在是马尼拉的一个区。到6月,罗阇马坦达、罗阇拉坎杜拉已臣服于西班牙当局。到1572年,阿卡普尔科和马尼拉间的马尼拉大帆船航线业已开通,将这些中国市场与西属墨西哥以及西班牙港口连接起来。

在接下来的几十年里,阿卡普尔科与马尼拉之间大帆船的季节性往来,每次约有40艘,共载重350吨以上。货物包括从马六甲、北大年、摩鹿加群岛、日本等中心地区运往中国的区域商品,也有来自中国的商品。[25] 乘坐阿卡普尔科与马尼拉之间的大帆船西行时,西班牙人载着来自墨西哥的美洲黄金以及来自秘鲁的白银,用来偿付中国商品,利润来自关税。来自广州和厦门的丝绸、瓷器等珍贵中国商品,越过太平洋,到达美洲和西班牙。在美洲的第一批中国移民就是沿着这条路线前往的。大帆船航线持续到1815年,这一年是大帆船从阿卡普尔科到马尼拉的最后之旅。

葡萄牙人抵达亚洲

争夺西班牙在南中国海的成果

当西班牙委派麦哲伦远征队并最终成功开辟了一条从阿卡普尔科到马尼拉的未知跨太平洋贸易路线时,葡萄牙国王曼努埃尔派遣迪奥戈·洛佩斯·德·塞戈拉(1530年卒)由里斯本东南行,朝印度洋进发,以收集在马达加斯加和马六甲的中国商业信息。这些指示是要通过外交途径以确保贸易站点,并避免挑衅,但结果却是1511年与马六甲苏丹国开战,随后是与苏丹的宗主国——明代中国发生冲突。尽管明朝政府起初在数十年间避免与葡萄牙人贸易,但地区商人对此的反应各不相同。位于冲绳的琉球王国(1429—1879)日益转向马来半岛东部的北大年,这座城市因此与许多琉球贸易网络节点的联系更为频繁,包括日本、朝鲜、中国、菲律宾、爪哇、苏门答腊。[26]

在所有这些交流节点中参与私人贸易的中国商人是个混合群体,对葡萄牙人的到来反应不一。包括福建人在内的一些中国商人,似乎已经退出了葡萄牙控制下的马六甲贸易,转而在其他港口与爪哇、马来、古吉拉特商人做生意。[27]一些在暹罗的中国商人,作为马六甲商人的竞争对手,在马六甲苏丹国垮台后,继续在葡属马六甲进行贸易。换句话说,尽管所有贸易网络都受葡萄牙征服马六甲的影响,但它们适应南中国海不断变化的政治格局的方式,反映出它们在被征服前的模式:疏离某些商业网点,并依据安全与进出等条件在一些商业网点双倍押宝。

对葡萄牙人自己来说,他们特别在意如何能安全地出入明代中国港口,因为自征服马六甲以来,葡萄牙人就被正式排除在这些港口之外。不过,到了1557年,为了向葡萄牙人在打击中国沿海海盗上的援助示好,明朝将在澳门进行贸易的权利赋予葡萄牙人。[28] 到1580年,葡萄牙人获得了在长崎的贸易权,开启了葡萄牙介入中日在亚洲国家间的丝绸和白银商品贸易。[29]

葡萄牙能够获得在日本长崎这座沿海城市的行政管理和定居特权,部分得益于长崎封建领主(大名)家族内天主教的短暂兴起。大名与天主教的接触始于葡萄牙所赞助的学者兼外交家耶稣会士的活动。下一章将讲述耶稣会士的作用,包括他们作为中国文化向欧洲迁移的媒介,他们为什么最先是通过果阿—澳门路线到达紫禁城;而他们的教友,同样是由西班牙赞助的方济会和本笃会,却与他们不同,经常走的是阿卡普尔科—马尼拉路线。贸易路线的不同,与西班牙和葡萄牙的商业利益将世界一分为二有关。

将世界一分为二:西班牙和葡萄牙王国的合并与分裂

西班牙、葡萄牙分别越过太平洋和印度洋,成为16世纪明代中国商业世界的一部分。在经济上,他们完成了威尼斯人想要但从未完全做到的事情:绕过中东,直接前往东南亚香料群岛并接触中国的珍贵商品。在外交及其文化成果方面，16世纪出现了类似情况：威尼斯人在伊斯坦布尔接触奥斯曼帝国的政治和社会生活；伊比利亚人在中国沿海地区——甚至北京（其中有耶稣会士）——接触中国的政治和社会生活。

这种交流的结果是，中国的物质文化和思想文化，以及对中国更宏大的想象，回传至欧洲，这是长期且持久的过程。这种中国文化的迁移，沿着的是里斯本—果阿—澳门和塞维利亚—阿卡普尔科—马尼拉这两条贸易返程路线，许多水手、耶稣会士、本笃会士、方济各会士、使节、冒险家，经由这些贸易路线到达中国，就耶稣会士而言，他们在北京紫禁城工作与社交。[30]然而，这种文化西移并不是伊比利亚统治圈的预期目标。他们渴望的是能实现的东西，而英国人在中国和日本的现代化前夕则更接近于实现这一目标：对于这个以中国为中心的亚洲世界进行政治和文化的统治。这一雄心勃勃的条款是在15世纪末西班牙和葡萄牙君主国间签署的条约中提出的，也就是在这两个君主制国家制定了伊比利亚的"全天主教"政策并在半岛各自实行中央集权之后。

根据条约的条款，世界将一分为二：东半部属葡萄牙，西半部属西班牙。让这个计划陷入混乱的是：第一，这两个世界最终在澳门和马尼拉相遇；第二，葡萄牙和西班牙王国在1580年的合并。以下简要介绍的是伊比利亚人野心勃勃地要统治亚洲以及不经意间将亚洲带回了欧洲。

西班牙与葡萄牙的短暂合并及在亚洲的反响

葡萄牙与西班牙的合并是16世纪葡萄牙、阿拉贡、卡斯蒂利亚王室，以及荷兰哈布斯堡王朝间通婚的复杂故事。阿拉贡和卡斯蒂利亚王国分别在斐迪南、伊莎贝拉的统治下，以于1492年联合征服格拉纳达的纳斯里德酋长国而闻名。几十年后，西班牙、葡萄牙、荷兰的合并与一位君主的出现有关，他就是在16世纪后期成为葡萄牙、西班牙、荷兰王室继承人的菲利普二世（1556—1598年在位）。菲利普与菲律宾同名，后者在德莱加斯皮征服后获得了这一新的名称。菲利普的先人包括1492年阿拉贡王国、卡斯蒂利亚王国的斐迪南和伊莎贝拉。15世纪后期，葡萄牙国王曼努埃尔一世迎娶了斐迪南和伊莎贝拉的女儿，即阿拉贡-卡斯蒂利亚公主玛丽亚。玛丽亚和曼努埃尔一世有一个女儿，即葡萄牙的伊莎贝拉公主。同时，斐迪南和伊莎贝拉的另一个女儿——玛丽亚的妹妹——是阿拉贡-卡斯蒂利亚公主伊莎贝拉二世，因此她是玛丽亚的女儿葡萄牙公主伊莎贝拉的姨母。这位姨母，阿拉贡-卡斯蒂利亚公主伊莎贝拉二世，嫁给了哈布斯堡王子菲利普，生子查理五世，在荷兰长大，继承了哈布斯堡的王位。葡萄牙公主伊莎贝拉和查理五世，分别是玛丽亚和伊莎贝拉二世姐妹的孩子，因此是堂兄妹，是著名的斐迪南和伊莎贝拉的孙子。二人——葡萄牙公主伊莎贝拉和皇帝查理五世——结婚，成为皇后伊莎贝拉和皇帝查理五世。

他们的儿子，即卡斯蒂利亚的菲利普二世，由于他的父亲是查理，成为西班牙和荷兰的哈布斯堡王朝的皇帝。就菲利普二世母亲一方而言，当时菲利普二世的祖父、葡萄牙的曼努埃尔一世没有继承人，王位绕过了菲利普二世的母亲伊莎贝拉皇后，菲利普二世得以加冕成为葡萄牙国王，同时他也是哈布斯堡王朝的皇帝。[31]

正是这位葡萄牙、西班牙、荷兰的菲利普二世，受制于1580年西班牙和葡萄牙王国合并的条款，被迫与伊比利亚的贵族谈判，以保护西班牙和葡萄牙对于各自有着数十年历史的包括美洲、印度洋、南中国海的帝国自治权。从法律上讲，菲利普二世对葡属澳门和西属马尼拉之间的贸易和旅行施加了限制。从理论上讲，马六甲和澳门的葡萄牙商人不能向东进入马尼拉，损害西班牙人从中国商业中获得的利润份额。同样地，西班牙商人将从跨太平洋的阿卡普尔科—马尼拉大帆船中获得商业利润，而不会依赖葡属澳门和马六甲。然而，实际上，葡属澳门和西属马尼拉之间的走私活动十分猖獗，葡萄牙人千方百计阻止西班牙人参与当地商业活动。促成葡萄牙商业在亚洲胜出西班牙的原因是，将世界一分为二的条约最终将西班牙排除在南中国海这一利润最丰厚的中心之外，而到了17世纪荷兰人成了这里的主宰。

具体地说，葡萄牙与西班牙两次将世界划分为两个伊比利亚的势力范围，第二次的划分将西班牙排除在南中国海的大部分地区之外。如前所述，在到达亚洲之前，葡萄牙、西班牙于1494年在《托德西利亚斯条约》中率先跨大西洋划分它们的财产。[32]其长期结果是保证了葡萄牙在南美洲的巴西以及大西洋的东岸也就是非洲大部分沿海地区拥有主权。该条约保护了西班牙占有巴西北部和西部，这解释了为何美洲西海岸城市在英国统治之下英语化之前的名字都与西班牙语有关。葡萄牙人在16世纪前期通过海角航线经由果阿、马六甲到达香料群岛，而西班牙船只经由阿卡普尔科和马尼拉通过太平洋航线到达同一岛屿，葡萄牙人抗议西班牙向西越界太多，触碰到了葡萄牙的东方利益。自1521年麦哲伦抵达菲律宾后，西班牙声称占有菲律宾，这构成了对葡萄牙雄心勃勃的统治亚洲的侵犯。同样，西班牙进入东南亚也破坏了这一条约。

到1529年，该条约在萨拉戈萨进行修订。需要经费的查理五世同意接受350 000达克特金币以换取西班牙放弃东南亚大部分地区的一切权利，转让给葡萄牙，而分配给西班牙南太平洋某地以东的所有一切。[33] 依据这一条约，菲律宾理论上是葡萄牙势力范围的一部分。实际上，葡萄牙人不情愿地将他们已有的菲律宾给了西班牙，但葡萄牙人顽固地抗拒西班人进入中国。除了与他们的伊比利亚邻居进行外交谈判之外，葡萄牙人借助垄断，利用他们在长崎和澳门的地位，将竞争对手西班牙排挤出东亚各种商品的市场。

葡萄牙商人通过支付更高的价格将中国的贸易从马尼拉迁移到澳门，并使自己成为非法的澳门与马尼拉走私贸易的中间商。[34] 意识到葡萄牙在南中国海对欧洲的亚洲国家间贸易形成了更广泛的垄断，1591年七名西班牙人在澳门请求贸易特权，以便他们自己能获得这些被迁移的货物，而不是支付被葡萄牙人抬高的走私价格。随着越来越多的葡萄牙商人能够控制马尼拉以西的南中国海的亚洲国家间商业节点，这些努力都徒劳无功。

对西班牙来说，结果是它的全球贸易网络仅限于阿卡普尔科与马尼拉之间的大帆船贸易，这使得美洲成为它跨太平洋和跨大西洋帝国贸易网络的中心。马尼拉位于西班牙的西部边缘，某种程度上成为西班牙帝国的一个专门港口，接待来自福建的中国商人以及丝绸等商品，并将它们带回东部。在马尼拉，商品课税后，如前所述，西班牙商人用带到福建的美洲白银和黄金偿付中国商品。中国商品被迁移到之前讨论过的大帆船上，然后带到墨西哥、秘鲁，有一些带到西班牙。

推动西班牙商业专注于更具排他性的美洲贸易网络，将与南中国海和印度洋更深入接触排除在外的，不仅是葡萄牙在澳门和马尼拉之间的垄断，还有西班牙阻止在美洲的亚洲私人贸易销售的殖民政策，以防止侵害位于大陆的西班牙向美洲出口产业的利润。也就是说，与后来的大英帝国一样，而不同于更加分散和去中心的葡萄牙帝国，西班牙渴望建立一种以西班牙为基地的更加集权的帝国经济，大陆的商品在帝国的市场随处可见。就丝绸而言，西班牙王国从未试图绕过福建丝绸商人在中国建立贸易殖民地，因为王国更愿意将自己的西班牙丝绸出口到美洲，而不是鼓励西属墨西哥的丝绸制造商尝试制造中国丝绸品。[35]

这场伊比利亚人进入亚洲的竞赛最重要的结果之一体现在文化上。虽然16世纪欧洲人大量涌入中国沿海——从南中国海到日本海，但同时也有着文化反方向的重大迁移。在葡萄牙、西班牙于这一地区进行政治扩张的整个时期，商人和行政人员将各种商品、新绘制的地图以及他们在中国各地旅行的书面记录带回16世纪的里斯本和塞维利亚。随着耶稣会学者兼外交官经由澳门抵达北京，这一以中国为中心的东亚世界的文化吸收和接触，扩展到了思想文化领域，从中国语言到儒家伦理。换言之，在伊比利亚人到达亚洲的短短几十年内，这个舞台是为整个欧洲日益复杂和持久的对于中国的想象搭就的，它将中国和南中国海——两边是印度洋和太平洋——置于以中国为中心的全球海洋世界的中心。

第6章

中国耶稣会的科学与地图绘制传统

耶稣会科学家兼神学家前来澳门以便系统地掌握中国语言,这是范礼安(1606年卒)的创意,他借鉴了早期耶稣会联合创始人沙勿略(1552年卒)的文化适应主义方法。范礼安于1539年出生在那不勒斯,1566年27岁时授以圣职,成为新建立的耶稣会成员。[1] 1578年9月,范礼安来到澳门,他请求葡属印度的耶稣会士从果阿到澳门学习中文。罗明坚(1607年卒),一位显露出很强语言学习能力的那不勒斯同胞,前往澳门负责这项任务。[2] 由于范礼安在罗明坚到达之前将启程前往日本,因此他给罗明坚留下了一些关于这项任务的指示,正是罗明坚邀请著名汉学家利玛窦从印度加入。与鲁道夫·阿夸维瓦一起,罗明坚和利玛窦是1578年从里斯本经果阿前往东方的同一批耶稣会士的成员。1579年,罗明坚和利玛窦都在澳门学习中文,而范礼安在日本学习日语。16世纪末,耶稣会士为将与他们长期在中国和日本的经历有关的思想、图像、记述、地图大规模传回欧洲铺平了道路。这种文化迁移将很好地帮助我们理解，在大航海时代和启蒙时代欧洲的物质文化和思想文化中兴起对中国喜爱的阶段。

86 日本耶稣会学问之政治：葡萄牙水手、日本大名及他们共同赞助的耶稣会士

范礼安于1579年首次进入日本，距其前辈沙勿略来到日本已过去了三十年。沙勿略是耶稣会创始成员，在16世纪初遍走葡萄牙的大西洋、印度洋和南中国海贸易路线。沙勿略在语言学习上所遇障碍的教训和记忆令范礼安心生著名的宏愿，要为在澳门的耶稣会士开发专门的日语课程，在这里他们同时要掌握汉语。[3]

沙勿略此前前往日本，是因为在马六甲遇到了一位来自日本萨摩藩、以前是武士现今是逃犯的弥次郎。[4] 巧合的是，大约三百年后，明治时代许多最杰出的学习西方的政治改革者，其职业生涯之始，就是作为这个萨摩藩的武士。然而，在16世纪时，欧洲对于整个日本几乎一无所知。沙勿略对这片土地极有限的知识，来自最近才到达那里的葡萄牙商人。从沙勿略写给欧洲耶稣会同人的游记，可以一窥他最早前往日本的计划。

我近来听说了日本这个国家，它离中国有六百多里之遥。他们告诉我们，这里居民非常聪明，非常渴望学习，不仅是宗教真理，也有作为教育一部分的自然真理。从日本回来的葡萄牙人告诉我们这一点，确实，某些日本人自己也充分证明了这

一点，他们去年和我一起从马六甲来印度，近来在果阿的圣达菲学院成为基督徒。从我们发给您的对日本事务的记述中，您将能够很清楚地看到这一点，这是我们从"日本保罗"那里得到的，他被称为"神圣信仰保罗"，是一位真正具有极优秀美德和完美诚实的人。[5]

"神圣信仰保罗"就是弥次郎，来自萨摩藩的日本武士，他在皈依时采用了受洗的名字。在葡属马六甲，弥次郎已经掌握了足够多的葡萄牙语，可以与沙勿略交流。返回日本途中，弥次郎带着沙勿略，另有两位耶稣会士和两位日本旅行者陪同。沙勿略于1549年抵达日本，但他艰于学习日文，他的外交以及传播他信仰的努力因此鲜有成效。

沙勿略的船于1549年首次抵达日本，但只获准停靠九州岛的鹿儿岛港。到1550年下半年，也就是沙勿略到达一年多后，他来到了弥次郎的家乡山口，山口位于九州岛的北面。1551年3月，沙勿略前往京都，但未能见到天皇，他接近了该国的大名大内义隆（1551年卒）。沙勿略在第二次与大内义隆见面后获准传教，当时他选择伪装成富有的使节而不是恳求者。大内义隆在1551年被推翻，沙勿略转向邻近丰后国的大名大友宗麟（1587年卒）。[6] 大友宗麟允许沙勿略传教，甚至通过沙勿略与果阿的葡萄牙人和教皇国建立联系，并向两国派出使节。大友宗麟外交事业的成果之一是获得了一尊葡萄牙后膛装填旋转炮，此炮现今还在东京。换言之，早期的耶稣会与日本的政治交流，与葡日外交关系的发展以及日本刚开始吸收欧洲军事技术相关联。到1570年代后期沙勿略和大友宗麟交流结束之时，大友宗麟接受了天主教，成为室町时代晚期、江户时代早期大名短暂信奉天主教现象的一部分。

在适应了日本外交礼节之后就是政治上的接触，沙勿略在某种程度上无意中将基督教神学诸方面适应了佛教神学，从而与日本佛教真言宗的僧侣有了交往。沙勿略依靠翻译人员，用日文术语"大日"解释神学中拉丁语的deus（神、天主）。[7]然而，沙勿略后来出尔反尔，拒绝这种说法，这让曾经乐于接受他的佛教对话者震惊不已。沙勿略最初将deus与"大日"混合的意义在于，他努力融入耶稣会士使基督教适应东北亚观念和习俗的长期和持久的模式，而不是试图将他们的日本和中国对话者拉丁化作为使命。沙勿略甚至允许耶稣会士像佛教徒一样穿橙色长袍。这种适应在中国由罗明坚和利玛窦做了进一步发展，但葡萄牙耶稣会士弗朗西斯科·卡布拉尔（1609年卒）在日本短暂任职期间拒斥这种做法。卡布拉尔于1570年抵达后，禁止耶稣会士穿橙色长袍，中止了此前沙勿略的做法。[8]当范礼安于1579年抵达时，耶稣会教团在日本重回沙勿略使耶稣会士和日本学习模式融洽的努力，将新的重点放在耶稣会士学习日语和汉语上。

沙勿略与卡布拉尔对于耶稣会与日本文化相宜碰撞的看法截然不同，揭示了欧洲人关于东北亚文化影响力的更广泛辩论，这场辩论深刻塑就了16世纪亚洲文化向欧洲的迁移。这场辩论的核心是如下问题：耶稣会士是否要将他们的思维习惯和社会活动适应中国和日本的生活和学习方式，这种适应是否意味着承认中国和日本的思想和社会的高度成熟？对于开创西方研究中国和日本的耶稣会士来说，尤其是范礼安，更不用说利玛窦了，答案是肯定的。对于像在马尼拉的西班牙方济各会这样的托钵教派来说,耶稣会士的立场在宗教上存在着问题,将天主教信仰同化为中国和日本的社会语言文化习俗则有损于天主教信仰。[9]

对于驻扎在东北亚的葡萄牙水手和行政人员——这些人实际上是耶稣会的赞助人——来说,这个关于拉丁欧洲和以中国为中心的东北亚文化哪个更有影响力的问题,没有其政治和商业成果重要:葡萄牙与日本大名以及中国皇帝建立了密切的外交关系。耶稣会士沙勿略、范礼安、利玛窦既是科学家兼神学家又是学者兼外交官,他们与日本大名的密切联系,转化为葡萄牙在进入以中国为中心的亚洲政治和商业网络方面优于其西班牙竞争对手的持久优势。然而,随着信奉天主教大名的兴起,这些深厚的联系和文化共生带来了意想不到的结果:一个与葡萄牙结盟的信奉天主教的大名集团崛起了,但败给了兴起的德川家族,德川家族成功将大名及其领地置于东京的新江户时代(1603—1868)德川幕府的中央权威之下。以下将细致考察这些政治结果以及它们是如何在德川家族驱逐葡萄牙人和与新来的荷兰人谈判前夕戛然而止的。

江户时代前夕葡萄牙与日本反目

16世纪耶稣会士与日本各大名外交联系的历史,以及其密切但短暂的葡日商业联系的政治成果,阐释了葡萄牙与日本的相遇是深刻且多方面的,这代表了南欧和东北亚之间长期的双向文化迁移的起点。从欧洲的角度来看,葡萄牙人抵达澳门和长崎标志着中国和日本的视觉、文献和物质的表达不断向西迁移的开始。从日本的角度看,与此不同的是始于室町时代的葡萄牙宗教、语言和军事技术向日本的迁移，在德川家族领导的江户时代突然重新定位。在江户时代的绝大部分时间内，德川政府监管着一个明确的文化过滤过程，这一过程始于驱逐葡萄牙人并禁止新信奉天主教的大名学习天主教知识，并继续发展特定的兰学模式——医学和技术，这是由在长崎的荷兰人于江户时代早期通过成功谈判获得定居特权后提供的。值得关注的是，大约两个半世纪后，荷兰的医学和技术，尤其是军事和工业技术，在江户时代后期的行政以及大众主动接触欧洲的政治和军事改革模式方面发挥了核心作用，这些改革通向了明治时代（1868—1912）。

在耶稣会促成的葡日相遇的最早年代，出现了葡萄牙与特定大名的各种军事联系，许多大名在此联盟的不同阶段皈依了天主教。这些与葡萄牙结盟的大名中最值得注意的是大村纯忠（1587年卒），他控制了长崎，并在与葡萄牙人打交道之初就皈依了天主教。大村纯忠于1580年授予葡萄牙对长崎的部分行政控制权。葡萄牙在东北亚政治关系中一个短暂的里程碑事件，发生在1563年大村纯忠第一次欢迎葡萄牙人来到横濑浦之后的大约十七年，而此前两年发生了当地大名将葡萄牙人逐出平户一事。[10] 大村纯忠早在1563年就皈依了天主教，同年他取消葡萄牙人在横濑浦的贸易关税，为期十年，以发展该港的周边贸易。几个月内，大村纯忠监管的连接横濑浦与葡萄牙在澳门定居点的航运量稳步增长。

横濑浦遭破坏后，大村纯忠将长崎建设为替代港口。1578年，龙造寺家族袭击长崎，葡萄牙人帮忙将他们赶出了大村纯忠的领地。两年后，大村纯忠将部分港口的管理权移交给葡萄牙人，从而提升了该藩相对于其他藩的贸易优势。换言之，对于日本的一

第6章 中国耶稣会的科学与地图绘制传统

些大名来说，他们各自与葡萄牙人的政治联系，在各藩之间激烈竞争的环境中，是与各种长期的经济和军事利益相互依赖的。而这些密切的政治联系又与日益增长的文化联系相互依赖，包括一些大名皈依天主教，这在日本政界并没有立即被认为是不可原谅之事。当这些天主教大名形成了一种政治集团时，它才成为问题，足以激起日本的大规模武装反击，这一集团在葡萄牙人定居长崎几十年后，最终落败于德川家族领导下努力将各藩置于一个新的、位于东京的德川领导下幕府的崛起。使他们成为一种政治集团的，是1560年代和1570年代数个新近信奉天主教的大名同时与葡萄牙人结盟，进而彼此结盟。

这个信奉天主教的大名集团在日语中被称为吉利支丹，如前所述，这些人在与葡萄牙人有了政治关系的不同阶段皈依天主教。[11] 大名大村纯忠——掌控了长崎——在与葡萄牙人的政治和商业结盟开始时的1563年皈依天主教，大名大友宗麟于1578年在结盟的高潮时皈依天主教。大友宗麟是之前提到的耶稣会联合创始人沙勿略的日本赞助人。

有马晴信（1612年卒）是16世纪后期有影响力的与葡萄牙结盟的第三位大名。1570年代，最终在1578年（葡萄牙人防卫长崎并获得贸易特权的那一年）攻击大村纯忠控制下长崎的龙造寺家族，是向有马晴信的日野江藩进军的同一个龙造寺家族。在此家族中，正是肥前国的大名龙造寺隆信，在不知道有马晴信与葡萄牙人有联系的情况下向有马晴信进军。就像大村纯忠倚赖葡萄牙人将龙造寺家族驱逐出长崎一样，有马晴信同样依赖葡萄牙人以求获得武器。1597年，在大村纯忠由他赞助的沙勿略于1563年受洗后的约十六年,有马晴信由范礼安洗礼。

说来也怪,1580年,沙勿略、范礼安在日本社会语言环境下使人接受天主教的方法,促进了葡萄牙人建立各种政治和商业的里程碑事件,而这在16世纪后期却成为日本完全驱逐葡萄牙人的一个主要借口。这场冲突是在丰臣秀吉(1598年卒)和他的盟友德川家康(1616年卒)政治一统力量之下发生的,在此之前,葡萄牙支持的信奉天主教的大名联盟构成了一个敌对的、注定失败的集团。在德川治下的江户时代前夕,丰臣秀吉成功统一了日本,这意味着剩余的信奉天主教的大名摒弃天主教,并驱逐耶稣会士。

到1613年,为了回应包括日本的方济各会与本笃会间摩擦在内的各种紧张局势,并与日本威权的整体巩固相一致,德川家康——东京德川幕府的缔造者和丰臣秀吉的盟友——于1610年颁布基督教驱逐令。新成立的荷兰东印度公司(1602—1799)取代了葡萄牙人,设法就长崎的定居和贸易特权进行谈判,同时也带来了经年累月的荷兰医学和技术迁移至日本,这是由于新井白石(1725年卒)等新儒家士大夫的知识兴趣,而耶稣会教团东北亚的遗产很大程度上在邻近的中国得以延续。在澳门,外交官和科学家兼神学家利玛窦极大地发展了范礼安的文化适应主义方法,明朝邀请他前往北京进行地图和天文学方面的工作,而罗马则因利玛窦主张天主教与儒教融合遭致的争议,完全撤回了对东北亚耶稣会士的支持。与日本的情况一样,耶稣会的葡萄牙赞助人不太关注教廷与耶稣会的复杂关系,而是关心利玛窦文化接触的结果:加强葡萄牙与明朝的关系,特别是鉴于在江户时代之前的几十年中葡日的紧张局势。在利玛窦和他明末清初继任者的职业生涯结

114

束时，随着荷兰长距离运送会多语种的耶稣会士制图师以及翻译人员往来于亚洲，南欧和北欧作为有关中国、日本和以中国为中心的东亚世界的图像和知识重大迁移中的接收方，地位得以突显。

北京的耶稣会士制图师：利玛窦和他紫禁城的继任者

在途经澳门前往中国和日本的众多商人和行政人员中，两位耶稣会学者脱颖而出：罗明坚和利玛窦（中国人尊称他为利西泰）。这两位耶稣会士和继任者留下了不朽的遗产，他们通过各种主要是在荷兰出版的著作将他们的所见及对中国的想象带回了欧洲。[12]

虽然罗明坚和利玛窦在中国的遗产相似，但他们前往中国的道路略有不同。罗明坚是那不勒斯大学民法和教会法的博士毕业生，后来在西班牙和葡萄牙的菲利普二世之子菲利普三世的政府部门工作。罗明坚于1578年授神父圣职，同年与几位耶稣会士一起前往果阿。其中一位是利玛窦，他最终在澳门与罗明坚会合。罗明坚于1579年抵达澳门，而利玛窦应罗明坚之请于1582年抵达。第四位耶稣会士鲁道夫·阿夸维瓦留在印度次大陆，前往莫卧儿帝国。在一个体现耶稣会在整个亚洲的联系有多深厚的故事中，阿夸维瓦甚至应邀到莫卧儿皇帝阿克巴的宫廷，并参加了著名的伊巴达特·汗那礼拜堂的辩论和集会。[13]

罗明坚、利玛窦与天主教和儒家文化的融合

在明代中国的罗明坚和利玛窦的事例中，与日本室町的范礼

安相比,他们的职业生涯值得注意的是,两人与明朝最高权力层是如此接近。耶稣会士在中国和日本的目标也有一定的相似之处,他们各自试图适应耶稣会士想象中的中国和日本文化,从语言、服装到习俗,以及最具争议的价值观。就最后一项来说,鉴于儒家思想在中国塑造了这些价值观,天主教与儒家文化的融合出现在利玛窦的著作中,在罗马引发了同样的神学争论,这激发了此前弗朗西斯科·卡布拉尔对于在日耶稣会士身着橙色佛教徒长袍的责难。如前面所讨论的,沙勿略采用了最早的耶稣会士适应主义方法,在中国和日本传布天主教。与他的批评者卡布拉尔一样,教廷追问沙勿略时代和后来利玛窦时代的天主教与佛教、天主教与儒家文化融合的例子是否损害了天主教的价值观,并将爱过分夸大事实归因于亚洲精神传统。

就罗明坚和利玛窦而言,利玛窦的职业生涯因所处位置——北京明朝皇宫——而在许多方面更引人注目。同样引人注目的是他实施天主教与儒家文化融合的能力,这是他与徐光启、李之藻、杨廷筠等新近信奉天主教的中国士大夫合作实施的项目。[14]

利玛窦在北京的故事始于1582年的澳门,在范礼安的鼓励下,他与罗明坚会合。大约二十年后的1601年,利玛窦在北京为万历皇帝效劳,万历皇帝对利玛窦的天文学知识很感兴趣。[15] 万历皇帝同时聘用了穆斯林天文学家,他们在之前的伊朗伊尔汗国与元代中国之间交流的蒙古时代取得了一定的政治地位。

利玛窦到来后,就像沙勿略和范礼安受到日本佛教徒的爱戴并采用他们的服装和语言一样,他同样尝试使用中国儒家教义的语言作为在中国表达天主教的词汇媒介。沙勿略在日本用"大日"

表示God，利玛窦在中国用的是"天主"，这在词法上与中国宗教的圣天概念有着交叉。这种综合的高潮是利玛窦的十卷本著作《天主实义》，该书认为，相较于佛教，天主教与儒学是和谐的。

利玛窦现存的《天主实义》完成于1603年，展示了他学识之广博深厚。[16] 作为一名数学家，利玛窦提出了以前中世纪拉丁文和希腊-阿拉伯文著作中所见的论点，以证明"造物主"的必然存在，他认为"造物主"等同于儒家的"上帝"以及相关的神圣术语"天"。利玛窦赞同拉丁文中广为流传的天主教和穆斯林的神学立场，反对常见的新柏拉图主义本体论——尤其是个体灵魂乃联合为一体的、先验无所不在之灵魂一部分的认识，这一观点在新儒学和佛教中有所反映，但可能损害对于无中生有、创造世界的造物主的信奉。[17]

利玛窦认为，天主教和儒家思想尤其亲近和谐之处在于伦理，这使得孔子和孟子成为他的文本对话者，以及他在欧洲广泛传播的、将中国描述成为高级文明与历史中心的思想基础。[18] 有的天主教徒对利玛窦将天主教与儒家融合起来的方法提出质疑，尤其是这种融合在仪式上的结果。特别有争议的是关于中国祖先崇拜的问题。利玛窦和他周围的耶稣会士认为，只要将祖先崇拜作为中国文化生活的一部分加以实践和理解，就不一定与天主教教义相冲突。[19] 批评者还质疑他使用其他中文词语来表示God，不能明确划分基督教和中国宗教的界限。批评者认为，特别是有一个词——"天"——应该摒弃，而赞成用"天主"。

就像范礼安领导下的日本耶稣会士一样，耶稣会士的葡萄牙赞助人不太关心教会内部的争议，关心的是利玛窦文化接触的新成果：北京紫禁城的欧洲外交关系。与大权在握的大名丰臣秀吉在16世纪后期与耶稣会士的冲突，以及他突然终止将长崎租给葡萄牙管理者形成鲜明对比的是，丰臣秀吉同时代的中国人——明朝万历皇帝（1572—1620年在位）——与在澳门的葡萄牙商人以及他们所赞助的在北京进行地图绘制的耶稣会士建立了持久的关系。以澳门的葡萄牙人为例，经西班牙马尼拉参与跨太平洋白银贸易，在明朝从纸币转向白银作为一种本位货币约一百年后，葡萄牙人将墨西哥和秘鲁的白银大量输入中国市场。也就是说，澳门的葡萄牙人被认为完全可以满足明朝的经济需求。在经历了一个世纪的国内白银产量低迷之后，明代中国从1530年代开始通过葡萄牙人进口美洲白银，中国商业因此发展了一个世纪，直到明朝在1644年被清朝推翻。[20] 在这一增长发生的同时，一种科学的宫廷文化得到进一步发展，可以上溯至元代的波斯文和中文制图技术，融入了依靠葡萄牙和西班牙百年全球探索成就由耶稣会士所编制的、不断成熟的拉丁文制图传统。[21] 最重要的成果之一，是在文化迁移过程中，与中国学者合作，在中国制作的中文和拉丁文双语地图，被带回欧洲。正是利玛窦的学生们在17世纪初开启了这一翻译和传播时代，包括传播了利玛窦的著作。

利玛窦的科学家兼神学家继任者及地图向欧洲的迁移

利玛窦及其继任者在北京的主要遗产之一，是制作地图和写作地理著作。利玛窦最著名的作品《坤舆万国全图》，是1602年在万历皇帝的赞助下，与几位中国同事合作完成的，包括新信奉天主教、来自杭州的官员李之藻——他的教名是"良"（Loen）。[22] 利玛窦的同事——意大利同胞庞迪我和西班牙人熊三拔,在南京和北京工作过,并与利玛窦合著《职方外纪》一书。

中文地图《坤舆万国全图》,约由八幅图组成,在中国和欧洲历史上都具有重大意义。它是中国第一部全球地图集,在利玛窦世界地图所显示的各地方之上,添加了各种信息和细节。[23] 地图和描述文字在1623年由出生在威尼斯共和国的艾儒略编辑、修订和汇集,由杭州人、官员杨廷筠——教名"弥格尔"(Michael)——刊行。1631年,该地图集出现在朝鲜,由一位名叫郑斗源的朝鲜在华外交人员(1581年卒)介绍到朝鲜。陆若汉是一位葡萄牙耶稣会士,曾担任丰臣秀吉和德川家康的日语翻译,他在为山东巡抚训练一支使用大炮对抗崛起清军的部队时,在山东见过郑斗源。这位巡抚孙元化(1632年卒)皈依了天主教,教名"依纳爵"(Ignatius),当时日本人和中国人都想要接近耶稣会士科学家兼神学家,将欧洲的火器与古老的中国火药技术整合在一起。

到了明末,利玛窦的继任者仍然活跃在中国外交和宫廷的科学圈子,并开始将耶稣会士在中国创作的一些著作带回欧洲。来自杜埃(位于今法国)的金尼阁的事业尤其有影响力。1612年,金尼阁被龙华民任命为中国赴欧洲教团的庶务官,龙华民自1610年以来一直是利玛窦的继任者,担任耶稣会中国教区会长。龙华民本人于1597年抵达韶州,一直到1650年代都在中国,那时他已九十多岁。由龙华民任命为庶务官的金尼阁负责耶稣会中国教团与罗马间的联系,并将耶稣会在中国的著作传回欧洲。

1611年金尼阁首次抵达南京,1628年在杭州去世。作为中国教团的庶务官,他于1613年经澳门前往欧洲,向罗马报告耶稣会的成就，并代表已故的利玛窦（1610年卒）为耶稣会士在中国的工作寻找科学专家。1614年，金尼阁在罗马代表耶稣会完成了一部有影响力的著作：将利玛窦意大利文版的《基督教远征中国史》改写为《利玛窦中国札记》，并译成拉丁文。此书在1615年、1616年分别在德国奥格斯堡和法国出版。[24] 金尼阁在欧洲遇到的人中有邓玉函，金尼阁与他一同置办了一架望远镜带回中国。金尼阁于1619年率领教团返回澳门，邓玉函和汤若望、罗雅谷身在其中。在澳门期间，金尼阁完成了他的《西儒耳目资》，建立在利玛窦用拉丁字母给汉字注音著作的基础之上。1630年，耶稣会在澳门的教团将金尼阁和罗雅谷一同送到北京，致力于中国历法的改革。[25]

金尼阁于1630年代开始在北京工作，这离明朝灭亡还有十多年，明亡时在中国工作的耶稣会士设法成功地强调了他们作为科学家的作用，以便度过政权的更迭。他们超越了明亡清兴不事二主的忠诚问题，结果之一是由明朝发起的他们与人合作、用中文撰写的科学著作能够继续下去，并将这些著作翻译且传回欧洲。特别是两位耶稣会士卜弥格、卫匡国的职业生涯，为了解耶稣会士在中国的科学工作的这些连续性和文化共生本质提供了一个观察窗口。

波兰耶稣会士卜弥格在海南建立了耶稣会传教团，撰写关于中国地理的著作，包括对中国动植物详尽的分析。他也完成了汉语拉丁语字典、汉法字典。清军一到，卜弥格就于1647年抵达位于东南沿海的东京（安南）。他职业生涯的遗产之一是令人称奇地使南明最后一位皇帝——永历皇帝（1646—1662年在位）皈依了天

120

第 6 章　中国耶稣会的科学与地图绘制传统

主教，此时大明（1368—1644）已经失去了北京与南京。随着两都沦落于清朝之手，残存的明朝宗室向西方列强寻求帮助。

具体地说，1649年，在广州的耶稣会中国副会长曾德昭将卜弥格派往永历皇帝统治下的南明都城。在那里，南明皇帝皈依了天主教，并寻求欧洲列强的帮助以对抗清朝。然而，不出几年，清朝抵达南明地盘，耶稣会士被迫逃离或转而效忠清朝。生活在南明的耶稣会士度过了这一政权的转移，卫匡国是其中一员，他的故事展示了直到现代早期，耶稣会士作为政治和文化中间人以及宫廷科学家的政治意义。

在清军向内地推进的过程中，卫匡国在镇江工作，此地靠近南明隆武皇帝（1645—1646年在位）治下的南京，隆武皇帝在永历皇帝之前。据卫匡国自述，为了应对清军的到来，他在自家门上挂了一张大红布告，上写："泰西传布圣法士人居此"。[26] 卫匡国在布告下方放置了一系列科学仪器，包括望远镜和精心装订的图书，士兵们觉得他们碰到的是极重要的大人物。据卫匡国说，清军指挥官邀他投诚，让他继续掌管杭州教会。卫匡国的同事汤若望（1592—1666）同样设法从效忠明朝转变为效忠清朝，最终在钦天监工作。这个传奇故事讲述了卫匡国，如同他的许多在1640年代明清鼎革劫后余生的同人一样，符合一个大的模式，即明代耶稣会士科学家在清代继续他们的工作，作为外交家、科学家兼神学家，最后是文化中介，引发了欧洲日益对中国及更广阔的以中国为中心的东亚世界的着迷与想象。就欧洲而言，这种想象所围绕的轴心是17世纪兴起的荷兰印刷文化，它成为东亚过往的伊比利亚交换与兴起中的荷兰相遇的纽带。

121

荷兰印刷商：绘图中国，想象阿姆斯特丹的耶稣会士孔子

17世纪后期，在阿姆斯特丹、安特卫普这两个荷兰东印度公司的商业中心发展起来的印刷文化，成为欧洲人对于晚明中国印象持久定型的催化剂。从这些印象而来的不断增长的欧洲想象力，最初源于耶稣会士在澳门、杭州和北京的经历，以及越来越多的荷兰商人在通往江户时代长崎的荷兰东印度公司贸易路线上的经历。在阿姆斯特丹和安特卫普印刷的地图，以稀见、昂贵的地图集形式，与糖还有瓷器、茶（接下来两章将讨论）等荷兰东印度公司进口的各种外国商品一样，成了奢侈品。总之，这些商品成为品种日增的商品组合的一部分，构成了欧洲人不断增长的关于葡萄牙与荷兰东印度公司在亚洲错综复杂情况认识的一部分。第一部最具影响力的欧洲注释版本的中国地图集的出版，既有赖于清初经由荷兰旅行的耶稣会士，也有赖于同时期荷兰东印度公司时代的荷兰印刷商，他们对出版耶稣会士注释版的地图感兴趣，因为这些地图可以广泛发行。前面提到了卫匡国，他的科学资历给清军留下的印象极为深刻，就是这些耶稣会士中的一员。

1651年，当卫匡国从中国出发经荷兰前往罗马，报告耶稣会士的亚洲使命时，荷兰制图业如日中天，后者与荷兰东印度公司的迅速崛起密切相关。[27] 自1602年荷兰东印度公司成立以来，由于葡萄牙在整个亚洲尤其是日本的政治上的失意，公司就尾随葡萄

牙人而来，获得了商业上的收益。随着1603年德川幕府的崛起和1635年保护主义锁国令的颁布，葡萄牙人和西班牙人永远失去了在日本港口重新获得任何政治或商业立足点的机会。荷兰东印度公司的成立时间早于锁国令颁布三十年，经过谈判，荷兰东印度公司成为唯一允许在日本特别是在长崎进行贸易的欧洲势力，长崎是1580年代葡萄牙人首先站稳脚跟的地方。[28] 到1641年，锁国令颁布六年后，荷兰东印度公司从葡萄牙人手中夺取马六甲，葡萄牙在东亚只剩下占地很小但长期以来利润丰厚的澳门这一个中国定居点。到了16世纪结束之时，荷兰东印度公司已建立了联系印度洋与南中国海的贸易据点，从霍尔木兹、雅加达到台北、长崎。葡萄牙人的记述和地图开始在南欧传播，与耶稣会士的科学著述和地图一起，促进了荷兰印刷事业的崛起。来自荷兰东印度公司贸易世界的中国和日本物质文化的涌入，同样加速了北欧和西欧在整个17世纪中后期突然对中国的痴迷。这种对中国一切事物的热情，进一步推进了荷兰的印刷业。这些荷兰出版商的第一批委托人中有许多是明末清初的耶稣会士天文学家和制图师，这些人的旅行越来越多的是乘坐荷兰东印度公司的船只，途经阿姆斯特丹等城市。

卫匡国是活跃在旧有葡萄牙贸易网络中的耶稣会士，他的作品在荷兰东印度公司的中心城市印刷，他是研究中国的权威，给整个欧洲留下了杰出的遗产。卫匡国的作品包括《中国新地图集》，这本书成为书店老板、出版人琼·布劳《大地图集》的第10册。[29] 这一多卷本的地图集在1662年至1672年间出版了一部分，是17世纪最昂贵的出版物之一，后来有了法文、荷兰文、德文、西班牙文的译本。

荷兰琼·布劳书店中的地图集和地球仪

琼·布劳是他父亲威廉·布劳所创立家族印刷业的继承者。威廉·布劳最初设想在阿姆斯特丹的达姆拉克运河沿岸建一家书店，既卖书，又出售地球仪和地图。琼·布劳所出版的包含有卫匡国地图的《大地图集》，是他与乃父一同出版的一套早期地图集的最终版本。[30] 第一个版本包括两百多幅地图，于1635年出版，有德文、拉丁文、荷兰文、法文版。而这个版本借鉴的是此前的地图集传统，这可追溯到杰拉德·墨卡托（1594年卒）。

在古老的佛兰芒城市鲁汶，墨卡托在雕刻、印刷、出版以及地理学方面都有所作为。1595年，墨卡托的地图以《地图集：关于宇宙创造及创造后形态的宇宙沉思》为名出版。虽然墨卡托及同事们有古老的模型可资借鉴，特别是托勒密的一组古代地图（Geografia），但墨卡托还是使用了 Atlas 这个词来描述一组地图，依据的是希腊神话人物"阿特拉斯"（Atlas），即被罚要用肩膀扛起世界的泰坦巨神。像托勒密一样，墨卡托也想到将地图整合到一种视觉宇宙学中。当威廉·布劳（1683年卒）在近一百年后进行出版时，此术语 Atlas 就是指地图集，不过有着越来越多对于地理的各种注释。

卫匡国的地图被整合到布劳多卷地图集的最终版本《大地图集》中，其与众不同之处，是他的地图提供了数据的视觉形象化，尤其是大地测量，在与中国地图的对话方面，比他之前的作品更深入。卫匡国的作品大量利用了中国作品中能见到的大地测量，

第6章 中国耶稣会的科学与地图绘制传统

包括罗洪先（1564年卒）中文版的《广舆图》。[31] 这一明代地图部分基于朱思本（1337年卒）绘制的元代（蒙古）地图，是在1311年至1320年间编纂的。

卫匡国的地图集通过布劳之手传播，在马可波罗从威尼斯向东旅行约五百年之后，形成了欧洲人新的对中国的想象和迷恋的基础。这种新想象的关键特点之一是有着大量的细节和准确性，以及表明了究竟哪些构成了"中国"和它具体的位置。具体地说，耶稣会士的报告促进了两个此前中国形象的融合：马可波罗的著作和译成波斯语的记述中称为"Cathay"的中国内陆，还有中国沿海，它在葡萄牙语、西班牙语、阿拉伯语记述中称为"China"。在耶稣会士之前，欧洲作家争辩Cathay和China的边界，并不知道Cathay是波斯语等中亚语言中常用的术语，指的是中国。利玛窦本人怀疑，波斯语和马可波罗著作中的所有Cathay指的就是在东南亚的葡萄牙人所讨论的同一个中国的内陆地区。卫匡国在莱顿证实了这种联系，在那里他遇到了一位阿拉伯手稿研究专家，名为雅各布斯·戈利乌斯（1667年卒）。

戈利乌斯是一位早期的东方学家，他是从在东南亚的葡萄牙和阿拉伯作家的记载中熟悉中国的，在东南亚的马来语中，中国是指代广州迤北的王国。阿拉伯语文献同样说到中国（sin），但阿拉伯语和波斯语的文献在描述中亚大草原之外的、更靠内陆的又一个国家也就是中国有着悠久的历史。马可波罗同样写到了中国，如同学会了波斯语并遍游北印度和中亚的耶稣会士鄂本笃（1562—1607）一样。卫匡国在莱顿见到戈利乌斯时，二人证实了利玛窦的猜测：中亚文献中的Cathay，就是东南亚记述中的

China，指的都是唐宋元时期的中国。

到了18世纪中叶，经过荷兰出版商的不断出版，那些在中国很活跃的耶稣会士不仅促进了欧洲人对于中国内陆和沿海地理的日益熟悉，而且也促进了对中国两位最具影响的早期思想家孔子和孟子的想象。

中国哲学在欧洲的第一波浪潮：孔子与孟子

莱布尼茨（1716年卒）在深具影响的启蒙时代对中国智慧特别是儒家思想大感兴趣，而几十年前，布劳家族的出版商及其继任者就已在工作，让北欧读者第一次可以看到儒家作品。到托马斯·潘恩（1809年卒）写作之时，欧洲哲学家经常在引用亚里士多德的同时引用孔子，声称理性主义伦理学有着跨越了时间和地理的古代先辈。对16世纪和17世纪的耶稣会士来说，为欧洲翻译儒家著作这一事业的目标略有不同。第一是呈现中国的信仰和习俗具有一神论基础，以便向天主教会证明耶稣会士对亚洲神学教育的文化适应主义方法是合理的。第二是促进耶稣会的新人使用儒家著作学习中文。中国文人本身的中国语言和道德教育是基于"四书"的，这使得儒家语言资料库成为耶稣会教团的必备之物。[32]与耶稣会士的地图集一样，耶稣会士的儒学译本通过荷兰和佛兰芒的印刷商（包括前面讨论的布劳家族）传到了欧洲读者手中。

出版卫匡国（1661年卒）地图集的约翰·布劳、琼·布劳（1673年卒）父子，在印刷耶稣会士翻译的儒学著作时，再次大显身手。荷兰东印度公司航运网络将北欧与旧有的葡萄牙路线——耶稣会士活跃其间——的中心城市连接起来，耶稣会士往返亚洲时也乘坐这些船只。殷铎泽是这些耶稣会士中的一员，在1659年与柏应理一起第一次前往中国。在柏应理的指导下，殷铎泽与讲中文的奥地利帝国耶稣会士恩理格、荷兰耶稣会士鲁日满合作，完成了一些中国经典的拉丁文翻译。1671年，殷铎泽返回欧洲，最初计划由布劳出版，但最终应德国耶稣会士、科学家阿塔纳修斯·基歇尔的请求，这些稿子最后被从阿姆斯特丹带到罗马。[33] 它们一直保存在那里，直到数年后的1687年在巴黎出版了完整的译本。

这些作品提供了用欧洲语言翻译的儒学语言资料库的最早译本，它们的内容反映了在耶稣会士中作为语言学习工具的最初用途。它们的最早形式包括汉字以及拉丁文音译、拉丁文释义、拉丁文行间译文、拉丁文注释。这种格式可以在殷铎泽的《中庸》的中文与拉丁文对照译本中见到，它的一半最初于1667年在广州印刷，而另一半于1669年在果阿首次印刷。拉丁文版的《中国的智慧》，最初于1662年在江西出版，同样包括汉字及拉丁文音译、行间译文和注释。

佛兰芒耶稣会士卫方济于1710年完成了关于孟子的作品，这是耶稣会士关于孟子的第一部著作，代表了启蒙时代这个主题写作之前数十年来耶稣会士关于中国智慧的基础工作的顶峰。[34] 卫方济关于孟子的拉丁文著作，在柏应理、郭纳爵、殷铎泽完成《中国哲学家孔子》大约二十五年后出版，已是罗明坚于1580年代从中国回程在萨勒诺从事儒家文献工作一百多年之后了。这些耶稣会士撰写的关于孔子和孟子的拉丁文著作通过荷兰传遍欧洲，同样是这些17世纪的荷兰出版商出版了耶稣会士注释版的中国和日本地图，欧洲在18世纪启蒙运动时代为充分展现对中国喜爱的思想潮流做好了准备，这股思潮迅速转变为19世纪东方研究领域中的汉学。

启蒙运动时代对中国的想象

托马斯·潘恩，1737年出生在英国，他将孔子与耶稣、古希腊时期哲学家一同列入世界历史的道德导师名录。潘恩被人视为启蒙时代或理性时代思想家的核心人物，而他是如此看重中国哲学，令人震惊。为什么一个与启蒙运动——一个被认为颠覆了教会宗教权威的思想时代——有关系的人物，会如此强调一个与中国的精神传统有关的人物，而这一传统从历史上看又与道教、佛教纷繁交错？

部分答案可以在启蒙时代的思想家如何从古代智慧人物那里提取道德原则中找到，而不必采用与他们的追随者相关的所有精神实践和教义信仰。对潘恩来说，这意味着相信耶稣在广义上的伦理和美德方面的表现，而不接受整个基督教教义。关于耶稣，潘恩写道："他是一个道德高尚、和蔼可亲的人，所宣扬和实践的道德最为仁慈。尽管许多年前孔子和一些希腊哲学家、贵格会教徒以及各个时代的许多好人都宣扬过类似的道德体系，但没有人超越过它。"[35] 在这种背景下，潘恩在某种意义上将孔子和耶稣视为智慧的哲学家。伏尔泰（1778年卒）的情况也类似。

在伏尔泰的著作中，人们既看到对中国的历史又看到对孔子故事的描述。前一种情况，伏尔泰在1755年写了一部关于汉人与蒙古人冲突的剧本，该剧将成吉思汗描绘成反派人物。这部名为

第6章 中国耶稣会的科学与地图绘制传统

《中国孤儿》的戏剧,以纪君祥(约1279年卒)的元代杂剧《赵氏孤儿》为基础。伏尔泰通过耶稣会士的介绍知道此剧。1755年,他的这部戏由巴黎最知名剧团——法兰西喜剧院演出。法兰西喜剧院于1680年根据皇家法令成立,由巴黎仅有的两个表演剧团——盖乃古剧团和勃艮第府剧团合并而成。在整个18世纪,观看法国喜剧院演出是法国贵族的重要消遣。法国人因此成为继荷兰人之后最早也是最重要的欧洲人群——他们是耶稣会士所传播的中国政治史和思想史的受众。除了通过剧本创作重新演绎最初由耶稣会士表述的形象之外,伏尔泰还写了其他作品,并根据儒学价值和中国整体文化进步的元叙事来组织安排这些中国形象。

换言之,曾经在16世纪被耶稣会士所认同的中国思想文化,在18世纪正被有影响力的欧洲哲学家和剧作家所认同。伏尔泰的《风俗论:论各民族的风俗与精神》是对世界历史的宏大叙事,他认为中国在伦理哲学方面,尤其是儒家思想方面,具有历史先进性。他声称,孔子"向人类揭示了理性之光",而儒家文人管理政府的例子代表了欧洲尚未实现的可能性,欧洲的哲学家也应该同样担任政治管理者。[36] 伏尔泰对理性思维的可能性和局限性很感兴趣,他对中国历史"没有提到祭司群体"印象深刻,他解释说,那是因为他们的伦理哲学"能使道德臻于完美"。[37]

伏尔泰对孔子和中国政治文化的赞美中最值得注意的一个方面——与经济学家、医生弗朗索瓦·奎因(1774年卒)的同时代评论相似,是它如何突出儒家思想,而将中国同样重要的佛教和道教传统排除在外:一方面,伏尔泰的著述与耶稣会士自己在明代的修养课程遥相呼应,这指明了耶稣会士在这一现象中的作用;

另一方面，耶稣会士以孔子为导向的中国修养课程部分归功于明代中国思想潮流，而这些潮流试图将儒家思想与佛教影响分离开来，这指明了明代中国文人留下的遗产为何在明亡后持续数百年而不朽。

具体来说，将孔子描述为一种原始启蒙理性主义哲学家，是由明代江苏无锡东林书院的学者们提出的，东林书院的明代中国知识分子的选择对耶稣会士自身向西传播儒家思想有着影响。东林书院始建于宋代1111年，明朝万历皇帝复建，反映出文人在中国政治生活中日益重要的作用。[38] 东林党运动中宋代和明代的领军文人，将儒家伦理视为指导政治的新道德原则的来源。1592年至1594年间，东林学者齐聚一堂，讨论政治和社会的道德指引等各种话题。其中两个关键人物是大学士顾宪成（1612年卒）和高攀龙（1626年卒）。二人都相信，在三教（儒释道）之中，儒家思想应该得到士人拥护并优先考虑，反过来，士人应该作为优选的知识分子去引领政治领导层。这些学者明确地批评宋明时代将禅宗融入儒家思想的倾向——这同时发生在日本，他们赞成恢复孟子所写的人性著作，孟子是孔子的关键诠释者之一。

他们转向儒家而排斥佛教和道教时，利害攸关的是明人根据孔子的道德原则进行政治改革的可能性。对于这些新儒家学者来说，这些道德标准既包括关系纽带——君臣、父子、夫妇，也包括恒久不变的美德——仁、义、礼、智、信。在顾宪成看来，儒家原则被认为符合佛教戒律的一个例子是放生，但这大有问题，上述想法表达的是儒家孝道美德，依照佛教不杀生的戒律，扩展到了动物。对这种思路的批判是，将素食主义视为儒家的实践——而被捕获的动物是人类社会关系等级制度的一部分，这实际上是试图披上佛教仪式外衣，装扮为儒家美德，即孝道，以服务于佛教伦理，而不是儒家伦理。

他们的新儒家方法借鉴了王阳明（1529年卒）的思想，王阳明对儒家思想的解释在西方史学中被称作"阳明学"。东林学者与阳明弟子的区别在于，更严格地排除他们所认为的阳明弟子著作中出现的佛教和道教的影响。[39] 例如，冯从吾（1627年卒）是许孚远的学生，许孚远又是王阳明的同人陈若水（1560年卒）的学生。在冯从吾看来，"吾儒自有工夫，佛氏亦自有工夫"。[40]

耶稣会士翻译这些作品与同时代东林学院的活动相关联，尽管确切的关系仍存在争议。像东林文人一样，耶稣会士赞成儒家思想，而对佛教持批评态度。从一个角度来看，耶稣会士这种认可孔子而排斥佛教的做法，可能是对明人批评佛教的一种移用，这种批评比东林书院的批评更为广泛。[41] 无论东林党人和耶稣会士之间的确切联系如何，结果是一样的：耶稣会士传给启蒙运动欧洲的中国知识文化是一种特定的明代新儒家知识文化，这使得中国——在欧洲人眼中——既不是乔达摩的佛教信徒的国度，如一些波斯文著作描述的样子，也不是老子的道教追随者的国度；毋宁说，它是两位超越了时间的哲学家——孔子、孟子——精心规制、人们在思想上所熟悉的国度。随着荷兰人的到来，欧洲人对中国的迷恋在设计、美学和技术创新领域达到了新的深度。

第7章

穿越荷兰帝国的瓷器

17世纪，欧洲为了与中国贸易接触而进行的竞争发生了重大转变，荷兰东印度公司和英国东印度公司逐渐占得上风，强大的葡萄牙和西班牙帝国黯然失色。晚至17世纪，这种转变仍然缓慢且不可预测，因为葡萄牙人和荷兰人都在与南海接触的政治道路上继续取得重大成果。对葡萄牙而言，1557年在澳门开拓殖民地，标志着欧洲通过葡萄牙所赞助的耶稣会士与中国进行外交与文化接触的新开始，持久且达到了前所未有的水平。1601年，活跃在澳门的最有影响力的耶稣会士学者、科学家利玛窦应邀觐见北京万历皇帝，成为明清时代在皇帝赞助下工作的一系列耶稣会士中的第一人。[1]

对荷兰而言，1602年标志着北欧商业在亚洲发生巨大转变的开始。这一年，荷兰政府将亚洲香料贸易的垄断权授予了单个持有者——联合东印度公司，它更为人知的名称是荷兰东印度公司。荷兰东印度公司与伊比利亚前辈的区别，在于它的贸易组合构成中一个与众不同的障碍。尽管荷兰人在南美洲成立了荷兰西印度公司（伊比利亚人在南美洲获取了美洲的白银和黄金），但他们始终无法获得支付东南亚丝绸和香料商品所需的金银。在荷兰东印度公司的发展早期，它的管理人员意识到，他们依赖与伊比利亚人的欧洲国家间交换来获取美洲白银并不是一项可扩展的投机活动。另一种选择是完全依赖亚洲国家间的贸易，包括明代中国对日本白银的需求，以及同一时期江户日本、东南亚市场、伊朗萨法维王朝对中国瓷器的需求。

与葡萄牙人一样，荷兰东印度公司的管理人员也为自己设定了新角色，即在日本和晚明中国之间作为亚洲国家间商人。他们的第一个挑战是通过垄断将葡萄牙人赶出东亚——这是与葡萄牙人以前用来阻止西班牙人从马尼拉向西推进相同的策略。[2] 第二个挑战，尤其在日本，是像以前葡萄牙人那样讨好与他们对话的中国和日本当政者，并展示自己的政治和商业价值。

在日本室町时代（1336—1573），即相当于欧洲的大发现时代，日本大名在与其他东亚中心进行贸易时显然不依赖外国势力；葡萄牙人以及后来荷兰人到来之时，形势依然如故。在葡萄牙人和荷兰人到来很久之后，对日本政治网络影响深远的一个著名例子是山田长政（1630年卒）的职业生涯。山田长政出生于沼津，是泰国大城王朝日本定居点有影响力的商人，甚至被聘为泰国官员。[3] 越南是日本在东南亚的第二大贸易中心。德川初期的所谓红印舰，大部分是前往越南的日本武装船只，持有帝国官方执照，可以得到保护。当时葡萄牙人所能提供的，是在长崎等特定港口加强更大规模的商业交流，而这一时期大名间相互竞争，以寻求增强各藩的政治和商业实力。随着与葡萄牙结盟的新天主教大名集团的失利，崛起的德川家族驱逐了葡萄牙人；新的中央集权的德川政府颁布了1635年的"锁国令"，有利于官方的政府控制贸易而不是私人贸易，这样就保证了荷兰东印度公司管理人员成为长崎葡萄牙人的继任者。葡萄牙人此前将日本的白银带到中国，以换取各种中国商品，尤其是丝绸，而荷兰人利用了全世界对另外两种中国商品——瓷器和茶叶——不断增长的需求；17世纪的阿姆斯特丹对这两种商品的需求可谓贪得无厌，而就在同一时期，荷兰印刷商正在出版耶稣会士创作的关于中国和日本的地图以及纪事。

以白银换取瓷器：荷兰东印度公司的明代亚洲国家间贸易

荷兰东印度公司于明末成立，继葡萄牙人之后参与日本和中国的商业活动。促成荷兰人与日本人做生意以得到日本白银的，是前面所讨论过的大名丰臣秀吉（1598年卒）和大名出身的幕府将军德川家康（1616年卒）与葡萄牙所赞助的耶稣会士的翻脸，与以西属马尼拉为基地的天主教多明我会和方济各会的反目，以及与葡萄牙人结盟的新天主教大名集团的不睦。16世纪最后几十年发生的这些事件与简·皮特斯佐恩·科恩（1587—1629）的职业生涯密切相关，他是荷兰军官，1619年至1623年担任荷兰东印度公司的第四任总督。

皮特斯佐恩是荷兰为确保能获得日本白银而实施亚洲国家间商业战略的设计师，之前葡萄牙人是在与长崎周边幕府的谈判中得到这一权益的。在1619年写给荷兰东印度公司的十七位董事（十七位绅士）的信中，皮特斯佐恩写道，"我们可以用中国商品从日本换得白银"，为了使这种交换成为可能，"我们用檀香木、胡椒、里亚尔银币，以物易物，换得中国商品和中国黄金"。[4] 他的计划包括了古吉拉特、苏门答腊海岸、科罗曼德海岸、万丹。最重要的是，他主张："所有一切都能办到，不需要荷兰人一分钱，只要有船就行。"

正是在这个亚洲国家间的交换体系中，荷兰东印度公司率先开展瓷器贸易，并培养了欧洲人对瓷器的消费。17世纪的荷兰消费者对特定的中国设计情有独钟，尤其是青花敞口大盘和深腹大碗。荷兰人称之为克拉克瓷，可能是指此前葡萄牙人用来转运瓷器的克拉克船。皮特斯佐恩对瓷器尤感兴趣。1616年，他写信给荷兰东印度公司的十七人董事会，指出"瓷器是在中国内陆深处制造的"，这指的是远离海岸的景德镇。[5] 他写道，卖给荷兰商人的各种瓷器，"先签约，提前付款，然后制造"，指出约一百年前，阿里·阿克巴尔曾在伊斯坦布尔提到过"按订单批量采购"。[6] 明代之前的宋元时期，这种瓷器交流的模式在中国和中东之间已很发达。在晚明，随着这种交流扩展到欧洲，它变得更加全球化，首先是在威尼斯共和国，通过地中海与埃及马穆鲁克王朝的交流，然后是通过他们的印度洋航线与葡萄牙的交流。

1461年，在瓦斯科·达·伽马为国王曼努埃尔一世将瓷器带回葡萄牙之前近四十年，埃及马穆鲁克苏丹向威尼斯总督帕斯夸

第 7 章　穿越荷兰帝国的瓷器

莱·马尔皮耶罗赠送了二十多件青花瓷器，作为外交礼物。1487年，马穆鲁克苏丹同样向洛伦佐·德·美第奇赠送青花瓷器。到16世纪初，在达·伽马携青花瓷从亚洲归来后，国王曼努埃尔一世亲自开始将青花瓷作为礼物，赠送欧洲各王室。[7] 1520年代，德国版画家、画家阿尔布雷希特·丢勒正在写作他在安特卫普两次收到的青花瓷器礼物，安特卫普是与里斯本以及冉冉升起的阿姆斯特丹市场相连的主要城市之一。[8]

在丢勒于安特卫普收到瓷器礼物的一百年后，皮特斯佐恩开始计划从景德镇进口瓷器，该计划由荷兰东印度公司主导。1639年，这时离他最初的计划还不到二十年的时间，阿姆斯特丹的荷兰瓷器经销商开始向中国发送特别订单的图纸，要求有两个把手的大口水罐。荷兰东印度公司进口瓷器的关键在于建立了两个贸易基地：一个是台湾，提供了进入中国港口城市的通道，这些港口城市都不受葡萄牙在澳门的定居点的约束；另一个是日本，在出岛（长崎）、平户的工厂提供了瓷器生产的替代来源。

从澎湖到台湾

荷兰东印度公司在南中国海周边活动的最初几十年中，无论是马六甲和澳门的葡萄牙人，还是明代中国东南沿海的福建官员，都没有向荷兰人开放港口。控制苏门答腊南部和爪哇西部接壤地区的万丹苏丹国（1527—1813），给予了荷兰东印度公司定居特权。这与德川幕府允许荷兰东印度公司在日本拥有贸易特权同时发生。1619年，随着双方关系的破裂，荷兰武力占领了雅加达。又过了二十年，荷兰人于1641年以军事手段接管了葡属马六甲。

111

137

在此期间，澎湖列岛和台湾岛是荷兰东印度公司欲进入中国商业世界的两个令人关注的地点。要在南中国海建立港口的事之所以变得复杂不已，是因为荷兰东印度公司的指挥官不同于葡萄牙人，愿意尝试与明代中国在军事上交手——尽管没有成功。

澎湖列岛，葡萄牙人称为Pescadores，位于台湾岛外，长期以来一直是连接印度洋、东南亚商业与东北亚港口的中间海运中心。在宋代，澎湖是中国人的渔场，在元代成为所谓的中国式帆船贸易的中心。[9] 元末明初，澎湖成为商业中心，处于中国政府管辖范围之外，这里活跃着明朝称为倭寇的贸易商人，这些人成分复杂：离群无主的日本武士（浪人）、中国和朝鲜的逃犯、与日本海盗有关系的水手，等等。明军于1603年进驻澎湖，驱逐了这些人。

1622年，也就是荷兰人未能从葡萄牙人手中夺取澳门的同一年，荷兰东印度公司船队抵达澎湖，通过他们招募的当地福建劳工在此建造了一座城堡。科恩是当时荷属东印度的总督（1618—1623年、1627—1629年两度在任），荷属东印度以荷兰控制下的巴达维亚（约1619—1942）和荷兰控制下的马六甲（1641—1825）为基地。科恩在得知西班牙人试图在台湾建立基地后，下令荷兰人占领澎湖，将指挥官雷约生派往这些岛屿。[10]

雷约生到达澎湖后，开展了一系列在明人眼中类似于海盗的行动。为了直接与澎湖往来，雷约生封锁了前往西属马尼拉的中国帆船往来以及从葡属澳门前往日本的交通线。换句话说，荷兰人借鉴了早期葡萄牙的做法，只不过是挟武器之利。几十年前，为了垄断葡属澳门港口的利益，葡萄牙商人将中国在西属马尼拉的贸易引诱到澳门，方法是在中国以高价购买同样的商品，并沿澳

第7章 穿越荷兰帝国的瓷器

门—马尼拉走私路线在马尼拉以高价转售。澳门—马尼拉航线对伊比利亚商人来说之所以非法,是因为它在经济各自独立的葡萄牙和西班牙帝国(1580—1640)合并期间遭到禁止,这在理论上保护了它们各自在葡萄牙的果阿—马六甲—澳门航线以及西班牙的塞维利亚—阿卡普尔科—马尼拉航线的经济利益。

在明朝看来,雷约生的荷兰东印度公司武装部队在澎湖建立基地挑衅的架势,与葡萄牙在中国澳门谈判定居特权的做法大相径庭。与这些类似海盗的活动同时发生的,是断断续续且不成功的谈判,包括1623年四个荷兰代表团前往明代中国。1624年,在荷兰袭击中国海岸后,明朝人派船将荷兰人驱逐出澎湖,这导致了荷兰东印度公司把目光投向了更加远离明朝人活动的地方:台湾。

在荷兰人到来之前,台湾是中日贸易关系的重要中转站,明初居住在台湾的汉人主要是客家人,来自福建。荷兰人在台湾建立的港口热兰遮城成为长期贸易基地。继爪哇的巴达维亚之后,17世纪中叶几十年间的台湾成为荷兰东印度公司的主要东亚基地,公司得以在东北亚和东南亚的数百个办事处和仓库开展贸易业务。[11] 在荷属东印度的荷兰东印度公司管理的等级结构中,热兰遮城长官——雷约生的继任者马丁努斯·宋克——对巴达维亚总督负责,而后者又对荷兰国内的十七绅士负责。

热兰遮港口的战略位置很重要,位于台湾岛西南海岸的大员——今台湾台南安平县。热兰遮为荷兰东印度公司提供了一个中心站,用于建立盈利的、全球性的中国瓷器业务,它的建设时间漫长,耗时数十年。在荷兰东印度公司的亚洲国家间贸易活动的早期,丝绸和香料仍然是欧洲商人开拓与中国贸易可能性的最强大动力。在行政长官马丁努斯·宋克（1624—1625年在任）和后来的继任者彼得·纳茨（1627—1629年在任）的领导下，荷兰人大力发展丝绸和蔗糖贸易，蔗糖在那个时代被认为是一种香料。到1630年，热兰遮已经发展成为连接台湾和位于爪哇的荷属巴达维亚的主要中转港口，这时荷兰东印度公司的亚洲国家间贸易的商品种类也增多了，远不止丝绸。在日本，中国、东南亚、印度洋的丝绸商品需求量很大。1635年，荷兰限制了私人贸易，但在德川幕府的批准下，能够获得日本的白银。从1636年到1667年，荷兰东印度公司购买了超过2000万两白银，大部分运到了热兰遮。其中约一半是从热兰遮运至中国大陆的，用于购买黄金。蔗糖运到印度西北部，从那里再运往伊朗。

如前所述，到17世纪中叶，荷兰东印度公司的商品组合中，增加了一个重要的品种——明代瓷器。荷兰商人最初从中国境外的中国商人那里购买瓷器，并在需求量很大的江户时代的日本出售，以换取日本白银。位于北大年的马来苏丹国（1457年前后建立）、葡属马六甲（1511—1641）北部、大城王国的南部等中心，是17世纪初前往日本的荷兰商人最早的中国瓷器来源地之一。从另一个方向运往荷兰的第一批瓷器于1610年年初抵达，这在荷兰的亚洲国家间贸易历史上尚属早期，但与一个世纪后将日本瓷器运到世界各地有利可图的冒险不可同日而语。那一年，约有9 227件瓷器抵达荷兰，考虑到17世纪初日本瓷器产业刚刚起步，这些几乎可以肯定都是中国瓷器。[12]

随着热兰遮作为东亚新的活动中心的崛起，加之下一节要讨论的与明朝沿海官员的新商业关系的建立，以及之前讨论过的此时

第7章 穿越荷兰帝国的瓷器

北欧荷兰王室和大众对中国地图集、物品和记述的痴迷等的增长，在首次船运瓷器之后的三十年，对荷兰的瓷器出口量急剧增加。到1638年，约有475 000件景德镇制造的瓷器通过热兰遮运往欧洲。到17世纪末，瓷器的出口量巨大，超过1 500万件瓷器通过荷兰船只运往南中国海、印度洋、荷兰北海沿岸各港口。荷兰东印度公司的中国瓷器业务在其亚洲国家间贸易商品中本不起眼，现在变成了盈利丰厚的部分，这既是因为日本正宗瓷器生产的兴起，也是因为荷兰东印度公司在中心产地附近建立了出口工厂。

荷兰与日本的联系，可以追溯到荷兰东印度公司的头十年，这成为该公司以台湾为基地开展业务，度过1640年代明清鼎革的关键因素。在这一鼎革时期，荷兰遇到了供应问题，部分是与中国沿海政权的崩溃有关。在热兰遮，荷兰人在郑芝龙独立权威的阴影下运作，郑芝龙曾是独立的承运人，后来成为明朝官员。清朝攻占北京时，郑芝龙四十岁，在中国福建、澳门、台湾及日本间作为独立承运人的多年经营中，他与欧洲商人熟识。1604年，郑芝龙出生在福建，年轻时曾在他叔叔生活的澳门暂居，他受洗过，教名是尼古拉斯·加斯巴德。郑芝龙甚至会说葡萄牙语，这自然方便他与17世纪活跃在南中国海的各种葡萄牙、西班牙和荷兰商人的交流。[13] 从早年开始，他代表在澳门的叔叔，派商船到日本；到1620年代，他成了有权势的独立承包商人，率领着数百艘中国帆船组成的庞大船队，跻身南中国海最有影响力的人物。郑芝龙曾与荷兰人在热兰遮合作，甚至与一个统称为"十八芝"的海盗团伙合作抢劫了明朝的一支船队，但到1628年，郑芝龙受明朝雇用，对抗荷兰人以及福建沿岸的各种独立势力。

141

明亡清兴，郑芝龙最初为南明效力，直到1646年投降清朝，但很快又与清朝发生冲突。荷兰人越发渴望恢复与中国的贸易联系，同时希望与中国大陆的私商进行直接贸易，最终于1653年从巴达维亚派施合德尔前往广州，与新到来的清军及其盟军会面。与广州总督的一项协议原本允许荷兰人拥有定居权并开办商馆，但协议很快被撤销。虽然与北京政府的官方贸易关系在明清间重大对抗行动开始大约十五年后终于恢复，但荷兰人业已在日本建立了联系，加上当地瓷器业的发展，最终为荷兰东印度公司17世纪后期的全球瓷器业务奠定了基础，而这反过来促进了欧洲人的品味和物质文化的转变。

在日本的扩张

荷兰东印度公司与日本的联系，甚至可以追溯到公司成立之前，当时鹿特丹的一家公司派出一支由五艘船组成的远征队前往香料群岛。这支鹿特丹船队的目标是沿着伊丽莎白时代的探险家、曾经的英国海军中将弗朗西斯·德雷克（1596年卒）所开创的一条航线到达麦哲伦海峡。沿德雷克航线西行的两艘鹿特丹船成功抵达亚洲，分别是"博爱"号和"希望"号。"博爱"号又一路向日本前行，登陆九州岛。代尔夫特的范洛登斯坦（1623年卒）和来自吉林厄姆的英国人威廉·亚当斯（1620年卒）是幸存者中的两个，他们都受到德川家康（1616年卒）的接见。

德川家康是丰臣秀吉的盟友，前面讨论过，德川家康成为幕

第 7 章 穿越荷兰帝国的瓷器

府将军,这标志着江户时代的开始,此时葡萄牙人和耶稣会士也被逐出长崎。范洛登斯坦、亚当斯作为"博爱"号行程的幸存者,很快就担任了新幕府将军的顾问,这预示着荷兰东印度公司能够与执政的德川家族建立特殊关系。这些起初以鹿特丹为基地的船员,成了商人,在平户很活跃,最终成为连接日本与荷兰东印度公司的中间人,这些故事与荷兰东印度公司自己随之而来的兴趣有关:将平户作为瓷器贸易基地。

平户的仓库

1605年,闻知新成立的荷兰东印度公司到来,在平户的"博爱"号的另外两名船员,即雅各布·夸克尔奈克(1606年卒)和梅尔基奥·范桑沃特(1641年卒),获准在大城和葡属马六甲之间的北大年马来苏丹国与荷兰东印度公司建立联系。17世纪初,在荷兰人从万丹苏丹国手中接管位于爪哇的查雅加达(巴达维亚)之前,北大年苏丹国允许荷兰东印度公司和崛起中的英国东印度公司(1600年成立)在马来半岛经营贸易仓库。

平户的统治者对1605年夸克尔奈克、范桑沃特与荷兰人接触能带来潜在丰厚利润的贸易机会很感兴趣。1608年,在他们前往北大年苏丹国之后,荷兰东印度公司向日本幕府将军馈赠外交礼物,其中有六个瓷碗。荷兰东印度公司与日本人接触的结果是,1609年公司获准在平户建立一座工厂,或者更准确地说,是一个贸易仓库。夸克尔奈克最终留在北大年,与来自鹿特丹的亲戚科尔内尔·马特利夫·德容(1632年卒)会合,后者是荷兰东印度公司有着传奇色彩的海军上将,是葡萄牙人在东南亚的竞争对手。

1606年，夸克尔奈克在参加德容围攻葡属马六甲之战时罹难；直到几十年后的1641年，马六甲才落入荷兰人手中。

在平户建成荷兰东印度公司的商馆后，雅克·斯佩克斯成为在日本的首任馆长，任期很短，从1610年到1613年，1615年又增加了一年。在荷兰人出现在平户，以及荷兰东印度公司的平户与巴达维亚交流的早期，瓷器在巴达维亚的日志中居日本所需八种外国物品中的第三位。[14] 到1640年代，当荷兰人获准在长崎湾的出岛这一人工岛上建造新仓库时，一个健全的陶瓷产业正在形成，以完成荷兰的订单。这一产业的大部分产品都途经台湾。正是这个行业在明清易代时日益成为荷兰东印度公司的亚洲国家间贸易商品的核心，当时景德镇的瓷器很难得到，而位于南中国海的荷兰东印度公司商人得到的中国商品也很少。

景德镇地处内陆，大致位于上海和广州的中间，是17世纪初荷兰东印度公司瓷器贸易的两大来源之一。另一个来源是沿海省份福建，阿里·阿克巴尔16世纪在伊斯坦布尔写道，它是瓷器生产的中心地带之一。1640年代，随着明朝的覆亡，荷兰人越来越多地转向福建生产的瓷器。然而，福建窑炉所产的瓷器并不是欧洲市场熟悉的形状和装饰，因为福建陶瓷的目标是东南亚市场。此外，即使是福建的货源也很有限，前面讨论过的荷兰东印度公司和清政府之间的谈判将二者之间的贸易限定为贡品交换，而1656年至1684年间清政府还限制了中国瓷器等商品对欧洲的出口。在明朝末年，换句话说，日本制造的瓷器逐渐成为中国明代式样青花瓷的主要来源，以满足欧洲对中国瓷器市场快速增长的需求。值得注意的是，荷兰东印度公司在清代从中国制造的瓷器向日本制造的瓷器过渡期间,有助于维持它在荷兰瓷器进口激增物流能力的,是荷兰东印度公司已经有一个地方可以得到仿制品:他们在伊朗萨法维王朝新建的仓库。

巴达维亚的困境:伊朗仿制品和日本原产品之间

1622年,这是葡萄牙人占领霍尔木兹港一百一十二年后,也是郑和率领明朝军队到访霍尔木兹约二百年后,萨法维王朝、英国东印度公司联军赶走了葡萄牙人,为英国在整个印度洋更大规模的活动铺平了道路。不出所料,离此并不远的荷兰人很快就填补了空白,并设法利用伊朗港口从事商业活动。国王阿巴斯大帝(1571—1629年在位)下令联军从葡萄牙人手中接管霍尔木兹岛,同时在1623年允许荷兰东印度公司在阿巴斯港建立贸易中心,阿巴斯大帝试图在此建成一个新的商业中心。这发生在荷兰人于平户建立商馆仅仅十四年后,标志着17世纪初从中国进口产品到17世纪下半叶从日本进口产品的转变中间有一段伊朗制造业的插曲。

具体地说,从1652年到1684年,仿瓷大量出口到荷兰东印度公司的亚洲各个中心,包括印度海岸的苏拉特以及巴达维亚的荷兰东印度公司总部。然而,从一开始,就质量堪忧。一边是拉斐尔·杜曼斯的视角,他是位法国旅行者,也是方济各会一个分支嘉布遣会的成员,在《1660年的波斯》这部回忆录中,他叙述道,来自基尔曼的瓷器,质地最佳,与中国的难分伯仲。法国珠宝商、一度是阿巴斯二世珠宝经纪人的让-巴蒂斯特·夏尔丹爵士有着类似看法。另一边是苏拉特的荷兰东印度公司代理商,他们抱怨运输的货物。1656年的一封需求三百件瓷器的信警告说,如果货物品质不好,"请不要发货,这个时候在此地[苏拉特]可以得到货物,是摩尔人带到这里的……我们不想如同去年用人们不要的东西[来自阿巴斯港的]给打发了",这里指的是在整个印度洋的印度沿岸贸易网络中可以得到瓷器,尽管价格很高。[15]

与此类似,1663年,一封来自苏拉特的荷兰文信件表明,一批瓷器非常令人失望,极可能也是波斯的。这种对能感知到的质量上差异的解释,清楚地表明:尽管1650年代之后的日本人能够获得生产地道的高岭土瓷器所需的配料和工艺,但萨法维陶工数百年的创新仿瓷技术——在黏土陶器上涂一层白色泥釉,尽管与瓷器惊人的相似,但在某些方面仍有欠缺。具体而言,一方面,伊朗仿瓷具有令人愉悦的中国和西亚图案组合,包括凤、龙、牡丹、莲花,所有这些都反映了中国、阿拔斯、伊尔汗国、帖木儿风格的精妙综合;另一方面,地道的瓷器至少有三点与众不同:敲击时器皿发出清脆响亮的声音,能抗损坏,与多孔材料相比独特的不生锈和不渗透性。到17世纪末,荷兰东印度公司供应问题的唯一解决方案是加倍购买日本货。对公司有利的是,日本工匠完善了生产瓷器的技艺,同时继续发展旧式明代青花图案设计和新式多彩图案。

1620年代,日本的瓷器制造起初是国内事务,特别是为了迎合中国制造的明代青花瓷市场。日本工匠还制作了上釉仿瓷器皿,类似于萨法维仿瓷陶器,这有助于满足明清易代时期本土对瓷器的大量需求。在荷兰东印度公司看来,日本这种依照真瓷发展仿瓷产业的有益结果是,前一个产业产生了多种设计,这些设计将用于不断发展的国内瓷器产业,这进而扩大了荷兰人对于经典的明代青花瓷之外的东亚瓷器的喜好。日本的瓷器产业通常称为"有田烧",这个名字来源于有田的窑炉。虽然日本制造的青花瓷起初经由伊万里、长崎港口主导着欧洲和东南亚市场的出口量,但借鉴了更早的仿瓷产业的彩瓷在欧洲的需求却在增长。

总之,到17世纪末,随着景德镇对荷兰东印度公司供应的中断以及日本本土瓷器产业的发展,明代青花瓷器向荷兰的迁移,在短暂的伊朗仿瓷的中间插曲之后,让位于日本的明式青花和新的多彩风格。到18世纪,随着荷兰和后来的英国本土仿瓷产业的兴起,北欧的金属器、炻器、陶器的世界,终于见证了白色陶瓷的广泛普及,白色背景表明这些器皿是真正的瓷器或仿瓷结构,就会有瓷器般的耐用性。换言之,构成北欧陶瓷革命的是唐、宋、明时期从中国传到西亚的两个因素——这些进口瓷器在荷兰和后来英国的宫殿和家庭中的兴起,以及本土仿瓷产业的发展,而欧洲的这种情况,在荷兰静物画中以"照相写实主义"得到了记录。

欧洲的瓷器革命

维米尔与绘制中国的技艺

约翰内斯·维米尔(1675年卒),是荷兰历史上最有影响力的画家之一,正是代尔夫特这座生产欧洲最著名仿明瓷器的产业城市使他扬名立万,当地的陶工生产的正是代尔夫特陶瓷。维米尔的画作包括静物作品,与葡萄牙、荷兰东印度公司进口的明代青花瓷属同一时期。时间上同步,其结果是,17世纪的荷兰绘画为观察以下两种现象提供了一个栩栩如生的窗口：一是明代中国和江户时代日本的物品迁移到欧洲；二是反映了一种新产业的"中国风"，即随着仿瓷锡基代尔夫特陶器的发明及其在工业革命期间的大规模生产，这种品味的扩散和商品化。

对于同时代的荷兰观察者来说，丰富的国际奢侈品进口是17世纪的话题。一位荷兰诗人、政治家写道："一切都是从天上掉下来的或从地里长出来的……通过海路进口，来到我们面前。"而一位英国旅行者在1699年指出："在财富以及它广泛的贸易与商业方面，也许［荷兰］不落人后……"[16] 荷兰的绘画，以逼真细节讲述着这一故事，这从承载着每位艺术家对日益全球化世界的诠释作品中的墙壁、架子——就维米尔《倒牛奶的女仆》这一作品来说是荷兰各地家庭和宫殿中的地板——就能够看得出来。

维米尔的《倒牛奶的女仆》是他最著名的作品之一，提供了一个微妙的窗口，我们得以窥见中国的以及受中国启发而生产的青花陶瓷缓慢而稳定地流入荷兰的公共和私人空间。这幅油画完成于1657年至1661年间，特点是既有旧式的粗陶器，也有新的所谓的锡制代尔夫特陶器。[17] 粗陶器位于画作的中心，画作表现的是一名家庭女仆小心翼翼地将牛奶从质朴的土色粗陶壶中倒入类似材质的容器中。画的背景处，墙根镶有一排瓷砖，如同英国建筑中起到类似地板的踢脚线瓷砖的作用，保护墙壁下部，并在墙壁和地面之间有着审美的过渡。这里的瓷砖是代尔夫特瓷砖。一方面，它们的蓝色和白色，与吊篮、粗陶罐、盘子以及面包的棕色和米色形成鲜明对比；另一方面，人们看画时很难会忽视这些瓷砖，因为画面下半部分，从桌布到主人公的围裙，湛蓝色居主导地位。代尔夫特瓷砖与桌布、围裙的这一湛蓝色相得益彰，同时暗示了维米尔和屋子主人的全球品味。代尔夫特瓷砖在17世纪中叶仍然是新鲜事物。现存最古老的工厂——皇家蓝陶工厂——可以追溯到1653年，当时代尔夫特仿瓷的生产工艺和审美，仍然与来自清代中国和江户时代日本的明代和明式青花瓷的品味有着内在联系。一幅悬挂着的地图是维米尔在《倒牛奶的女仆》原画中绘制的——后来在最终版本中被覆盖掉——两件物品之一，这一事实进一步表明维米尔尽管从未踏出过国门，但他与荷兰东印度公司时代荷兰不断扩大的全球联系非常合拍，并且他自己也是流通中的东亚异国情调进口商品的消费者。同样，在他的《拿长笛的女孩》和《画室中的画家》画作中，悬挂的地图——这两张中没有被覆盖掉——反映了他对通过艺术捕捉当时的一些全球品味的持久兴趣。作为塑就了荷兰静物画的几位画家之一，维米尔并不是唯一对此感兴趣的人。

威廉·卡尔夫是那个时代最著名的画家之一，他的作品与维米尔的一样，提供了令人赏心悦目、纪实性的记录，从中国瓷器到土耳其地毯、塞维利亚橙子，各种深刻影响着荷兰和北欧品味的全球商品。在《中国瓷瓶静物画》中，卡尔夫突出地将青花瓷与仿瓷整合在一起。最突出的是他强调了瓷器完全不同于粗陶的光泽和半透明性，这是一种审美品质，解释了近一千年前阿拉伯语作家对瓷器和珍珠的比较。卡尔夫特别使用了一个瓶子，它在蓝色背景上设计白色图案，这种颜色组合不常见，不是普遍的蓝白相间的图案。维米尔的代尔夫特瓷砖突出的是白色背景的蓝色图案，其中包括在整个踢脚线瓷砖上重复出现的用蓝色所画的丘比特。卡尔夫选择了一种不太常见的蓝底白色组合的中国瓷瓶,结果是作品的冷色佛青颜料与用于水果及高大且同样具有异国情调的威尼斯凹槽玻璃的暖色颜料之间形成了鲜明对比,令人注目。他作品中的许多东西都是明朝万历时期的器皿,其中一件甚至表现的是道教人物。换言之,他作品中所画都是中国原产瓷器,与荷兰开始为本土青花瓷消费市场生产的锡基和土基的青花仿瓷不同。[18]

回应精美瓷器市场的代尔夫特瓷器

在维米尔得以扬名的代尔夫特,兴起了一种有利可图的本土仿瓷行业,这既代表了当地制造业创新的可能性,又代表了产业技术创新的前景。真正的瓷器,与拥有一千五百年历史的中国瓷器产业所生产的不相上下,距离使用真正的高岭土、长石和曾经的神秘技术来稳定地高品质批量出产好的瓷器只有几十年的时间。在此之前,代尔夫特和17世纪其他陶器制造和设计中心——哈勒姆、鹿特丹、阿姆斯特丹、米德尔堡——继续完善它们自己用锡和黏土生产仿瓷的方法。这一工艺从将黏土放入大盆开始,直到将它弄得平滑;然后将黏土放入用砖围砌的大盆中,分成小块,用手或轮子进行塑形;接下来将这些成型之物浸入灼热的锡釉中,形成乳白色的表面,再将图案画在上面,最后是烧制;在画图的区域周围另外使用一层白锡釉,然后在器皿的其余部分涂上透明的陶瓷釉。上述步骤完美实施后,工匠们开始在整个容器上使用白锡釉,进行装饰,添加一层清釉,以营造出与真正进口中国瓷器非常相似的效果。

第7章 穿越荷兰帝国的瓷器

　　从技术创新和北欧文化影响力的角度来看，代尔夫特陶瓷在18世纪前后的欧洲大行其道，同时也预示着工业革命期间北欧与中国关系即将到来的变化。代尔夫特的仿明青花瓷尽管在欧洲很受欢迎，但开始被具有特别技术优势的英国工业所超越。英国工匠利用荷兰的创新，能够在短时间内以低成本大量生产这样的仿瓷产品，同时能够通过铁路将它们大批量地进行远距离运输。

　　整个18世纪，是工业革命背景的组成部分，这时代尔夫特陶器黯然失色，英国陶瓷工业开始与工厂系统和大规模生产的兴起相互交织。陶器最初是手工制造的，数百年来一直如此，但在18世纪后期，一位名叫乔赛亚·韦奇伍德的制陶工人通过创建以分工为导向的生产体系和先进的运输系统彻底改变了这个行业。这些发生在1775年之后，当时韦奇伍德刚刚发明了一种使用氧化钴加工碧玉的新方法，使其呈现出迷人的蓝色。韦奇伍德"浮雕玉石"系列是他实验的结果，最初是一种青花仿瓷，在白碧玉上使用了一层蓝色涂层。为了保护商业秘密并增加产量，韦奇伍德雇用了专门生产各部件的工人，甚至为工厂的各部件生产车间单独设门以便出入。鉴于竞争激烈的企业氛围，为了从整体上保护陶器行业并增加产量，韦奇伍德同时创建了一个陶工协会，以游说改善交通，包括修整道路和开挖一条运河。1760年，特伦特-默西运河开通，促成斯塔福德郡长期作为英国的陶器中心。到18世纪后期，法国政府在长达数十年的制造业竞争中，在试图复制英国产业方法方面发挥了主导作用，最终导致作为陶瓷生产中心的代尔夫特在18世纪初黯然失色。德国的迈森、法国的塞福勒、英国的切尔西以及斯塔福德郡构成了工业和制造业强劲的竞争主体，

151

这些竞争越来越多的是围绕航运、水利工程、土地排水设施等进行的创新。

在晚清中国和江户时代的日本，19世纪的改革者注意到了技术创新之下欧洲产业的转型。陶瓷制造和生产上的技术进步，与被带至位于亚洲的英国和荷兰港口的各种产业齐头并进，包括医学和武器技术。虽然早先在荷兰与日本交往期间医学在东北亚激发了人们的兴趣，但在鸦片战争期间英国所谓的炮舰外交中，武器及其使用给19世纪的日本和中国带来了某种紧迫感——向北欧寻找工业改革的模式。虽然该如何进行产业改革是主导19世纪后期中国和日本政治旷日持久辩论的一部分，但两种情况的结果不谋而合：随着大英帝国在亚洲超越了荷兰，加之英国的军事进步使得香港被迫割让给英国，清末中国和江户时代末期日本的行政人员和知识分子都以说明北欧与东北亚文化关系重大转变的方式来讨论北欧的发展轨迹。具体地说，自大航海时代以来，中国要在世界范围内维持文化资本，会在境内以及邻国日本面临某种替代方案的竞争：通过仿效欧洲的工业化，东北亚的前景就是政治上增强自主权并得到复兴。值得注意的是，引发这些争论的火花来自另一种在18世纪和19世纪的欧洲变得流行和受欢迎的中国商品，即大英帝国愿意为之与中国开战的商品：中国红茶。

第8章

茶在大英帝国

荷兰和英国商人重复着16世纪伊比利亚人在东亚的商业成果，之后的一个世纪，他们在以中国为中心的贸易世界中深深扎根，这意味着中国文化向西的广泛迁移。以在澳门和长崎的荷兰人为例，千年之前改变西亚陶瓷、技术上无与伦比的中国瓷器业终于开始彻底改变北欧的物质文化。[1] 除了钟情于真正的进口瓷器以及本土制作的仿瓷外，北欧最新的消遣就是消费荷兰和英国进口的中国红茶。

英国人将中国红茶带到伦敦，它在当地取代了古老咖啡馆中的阿拉伯咖啡，伦敦的英国茶完成了代尔夫特和阿姆斯特丹的荷兰仿瓷未能做到之事：一种欧洲殖民商品来自中国人的日常生活，而这使得进口瓷器在荷兰人中流行开来。到19世纪后期，英国东印度公司已将中国红茶重塑为一种含糖加奶的饮品，饮用它成为在伦敦、英属南亚以及新近英国治下香港自诩为文明、勤奋的大英帝国精英的一种习惯生活。即使在饮用咖啡的中东和北非的中心地带，英国茶也取代了咖啡，这说明世界各地的北欧文化资本正在发生巨大转变。中东跟随欧洲用英国茶代替阿拉伯咖啡的几十年，在东北亚，也是江户时代后期（1603—1868）日本改革者不受约束地转向荷兰科学和英国技术的几十年，而这是学习和政治管理全面改革的一部分。自大航海时代以来，欧洲商人身为中国和日本文化向正在崛起的欧洲西移的代理人，经过了五百年的发展，欧洲的工业革命——尤其是它在英国发动鸦片战争期间的军事成果——激发了一种新的对欧洲现代化和进步的全球想象，而这将完全改变中国和日本自己的政治观点。

中国茶的艰难旅程：从明代中国到大英帝国的伦敦

茶的起源：从食物到饮料

欧洲人将饮用温水所泡红茶作为消遣，将冲泡了茶叶的热水倒入瓷杯和仿瓷杯中——这是明末的做法。确切地说，它是明代文化迁移的产物，由葡萄牙人、荷兰东印度公司，最重要的是英国东印度公司促成。在明代之前，茶有两种常见的饮法：一种是带泡沫的茶水，是在装有热水的杯子中搅拌茶末而成；另一种是泡沫较少的茶水，是在水中煮磨碎的烤制茶叶。在这两种情况下，无论使用的是精细茶末还是磨碎的烤制茶叶，茶最初都是从压缩而成的茶砖上切下或刮下的。相比之下，冲泡散叶茶是明代的创新。[2] 来自明代的这种散叶茶——红茶——的消费也是最常见的消费形式，这是英国东印度公司拼命尝试并成功地将中国先进的栽培技术带到南亚的产物。在中国茶叶出口欧洲的初期，其种植和运输过程包括发酵、烘焙，然后包装，使其踏上从明代中国运到欧洲的漫长海上旅程。

无论在欧洲和中国，还是在中东，中国茶的消费在初始时期极为不同，它是药用食品。中国和泰国最古老的茶叶消费形式是将其作为一种提神的碎末成分添加到食物中。作为一种调制饮料，有证据表明，喜马拉雅山脉南部的傣人最早在大约两千多年前，就开始调制茶，而这种做法通过一条古老的贸易路线向北传入中国。[3] 在栽培技术兴起之前，茶最初是从天然生长的灌木中采摘的。明代时，欧洲人最早接触到的古代茶叶保存和运输方法，包括发酵和烘焙茶叶之间的一个关键步骤：将茶叶装入竹筒，这样就会出现圆柱形茶砖。当成吉思汗在13世纪将茶叶进口到哈拉和林（位于今蒙古国境内），以及17世纪俄罗斯进口市场出现时，作为沿中国西北边境新的双边贸易的一部分，运输的是砖茶：用发酵和烘焙的茶换取中亚马匹，以及随着俄罗斯的崛起，用茶换取俄罗斯出口的中亚毛皮。

佛教和道教僧侣是最早饮用茶这种调制饮料的人群之一。茶的刺激特性有助于冥想和专注；咖啡在15世纪成为穆斯林神秘主义者（苏非派）最喜欢的饮料，也是出于同样的原因。4世纪，随着茶的消费以及佛教的传播，茶的制作方法仍然是把烤制的茶砖掰开，用沸水煮，制成有泡沫的热饮。5世纪，茶叶消费与浙江日益增长的瓷器业联系日益紧密，同时出现了从野生资源获取茶叶到运用植物学和农业技术培育茶叶的明确转变，而英国东印度公司很难复制这些技术，这一直持续到19世纪。唐人陆羽（活跃于733

年之后）被后人尊奉为茶圣，他注意到并评估了这两种发展。陆羽自幼孤寒，由湖北的一位禅宗和尚抚养长大。成年后，他利用年轻时获得的知识完成了一部有着数卷的著作《茶经》。这部著作不长，约七千字，是他对茶的研究与体验的集大成之作。十篇内容包括茶的起源、制茶工具和工艺、器皿、煮制方法、饮茶方式、唐代之前茶的轶事、茶的地理分布以及图示。例如，陆羽指出，茶与生姜、水果等各种咸味和甜味添加剂混在一起，很流行。陆羽认为饮茶应该是一种净化心灵、不掺杂任何功利的形式。对他和其他唐代消费者来说，茶依旧是一种带有泡沫、布满了粉末的饮料。冲泡散叶茶的做法，要经过六百多年，特别是在明代，才成为中国的主要饮茶方式。同时，在陆羽生活的唐代，茶叶的种植和消费都成为国家事务。

唐代饮茶盛行，政府介入了发展中的茶业。唐朝是第一个在中国南方和西南地区建立大片茶园的朝代，茶叶种植管理模式的变化反映了关于各行政机构在整个茶叶的种植、交换和税收中具体职责的政治辩论日益激烈。817年，约30万斤茶叶从国库转入户部，户部与盐铁司在盐池和茶园的管理和税收方面存在重叠。[4] 821年，属于皇室的各茶庄被转交给地方当局，不过地方当局仍然要向皇帝贡茶。到835年，行政长官王涯、郑注试图将所有的茶叶生产归入由新设置的榷茶使所掌管的国有种植园。这一榷茶的规定——命令当地人销毁已有的茶叶库存并将茶树移植到政府种植园——引发骚乱，行政人员的任期由此缩短，使得该计划不太可能大规模实施。到了唐朝末年，虽然国家从茶税中获得的收入仍然很少，但喝茶是一种广泛的消遣，已深入唐朝的宫廷文化和地

第8章 茶在大英帝国

方文化。

在宋代，以茶消费为导向的社会风俗更加雅致。以前，在唐代，茶的制备包括将砖茶的粗茶叶弄碎，然后在壶中煮并倒在瓷杯中。在宋代，这些茶砖也由茶粉制成，而不只是粗茶叶，从而可以将茶粉直接刮下，放入饮用者的茶碗，然后将最后的混合物搅打成泡沫状的绿色饮料。正是这种制茶方式催生了日本的抹茶以及禅宗的茶道。最早的禅宗清修小册子，是1103年的中文文献，题为《禅苑清规》，概述了茶道的礼仪。[5] 12世纪末，日本禅宗荣西大师将茶道带到日本。可以说明在这些发展中中国物质文化重要性的，是宋徽宗（1101—1125年在位）钦命设计各种专门用于喝茶的瓷器。正是在这一时期，著名的宋黑釉杯开始流行起来，其整个内部都带有黑褐色的"兔毫釉"线条，与新粉末茶的泡沫绿色交相辉映。[6] 单色蓝釉器皿也是从这个时期开始流行的。在现代对拿铁泡沫质量的关注出现约九百年之前，徽宗统治时期就出现了关于谁能完美地打出抹茶泡沫的比赛。

宋末也是日本煎茶兴起的时期，即既不压成砖也不磨研成粉且煮成汤的散叶茶。散叶茶是完整的叶子，经干燥处理并用水冲泡。蒙元时期赓续着的饮茶习惯，预示了明代特有的趋势将会传遍世界。在普颜笃汗（1285—1325年在位，即元仁宗）的统治下，蒙古宫廷饮膳太医忽思慧根据他作为宫廷营养师的经验，编写了一部蒙古烹饪的资料汇编。此书名为《饮膳正要》，于1332年完成，记录了元朝统治阶层流行的各种制作茶的方式。[7] 其中有两种方法包括使用牦牛酥油，而另一种则要求将完整的散叶茶在热水中冲泡，这反映出后一种方法的持续发展。在蒙古人的统治下，一

128

157

种炒散叶茶的新方法被开发出来,这种方法使茶叶比传统烘焙的砖茶更不易被烤焦,同时还能炒掉生茶叶的苦味。这种方法称为"炒青",包括用手将叶子压在一个像锅一样的烹饪容器的边上。到了明代,这种方法已臻完善。

明代红茶出口到世界各地

在明代,砖茶、抹茶、煎茶都成为中国的全球出口产品。也是在明代,就精英和大众消费来看,煎茶超过了所有其他形式的茶。沿着海岸港口,在葡萄牙商人到来之前的两百年,茶叶出口促进了日本室町时代(1336—1573)茶文化的兴起,这种文化主导了军事外交和禅宗仪式。明初,北部边疆之外,莫斯科大公国(1283—1547)崛起,影响力在16世纪扩展到突厥-蒙古草原,源于宋代的用中国茶叶交换边疆地区马匹和毛皮的贸易重新兴起。从欧洲的角度来看,结果是,虽然葡萄牙人是最早从16世纪开始进口茶叶的欧洲人,但晚明时中国人将砖茶作为皇室礼物送给俄罗斯统治阶层,俄国上下迅速兴起了饮茶消遣之风。如前所述,在所谓的大航海时代沿海地区通过葡萄牙和荷兰的亚洲国家间交换向欧洲出口兴起之前,明朝人在西北边境开展了以茶换马的贸易,后来发展成为与俄罗斯的以茶换毛皮的贸易。

在明代陆上和海上茶叶出口的所有这些事例中,茶叶的本土生产和对外出口成为明朝行政人员关于国内税收和国外商业交流日益激烈辩论的一部分。就国内而言,洪武皇帝(1368—1398年在位)于1391年下令,所有作为贡品进献给朝廷的中国茶都必须是散叶茶,而不是砖茶。就国外而言,关于将明朝茶叶出口到北部和西部边境以换取作为贡品的马匹的重要性，原本几乎没有争论。明朝急需马匹，马匹是军事防御的核心。历史上，中国各朝代能够从远至阿拉伯的地方采购马匹，在这种商业背景下，于1518年向麦加统治者提供了高贵的四爪龙袍等奢华礼物。[8]然而阿拉伯距离遥远，而且中东对中国商品的兴趣主要集中在中国丝绸、瓷器等小宗奢侈品进口上，这些进口商品在中东与当地纺织品和仿瓷等施釉陶器展开竞争。实际上，茶叶作为中东的大宗进口商品，直到19世纪在英国商业和文化的影响下，才开始将阿拉伯咖啡边缘化，这意味着后起的茶叶进口来自英国控制下的南亚。同时，明朝西北边境各国也养马，距离更近，并已对砖茶情有独钟。关于这种边境茶马交换的政治辩论，集中在私人贸易的作用。

在西北边境茶马贸易日益增长的背景下，明朝行政人员越来越多地就官方控制的朝贡贸易范围之外的私人进出口贸易进行合法性问题辩论。宋朝后期设立了茶马司，沿今天甘肃和青海北部边境每年进行三次贸易。洪武皇帝恢复了这一制度，但到他统治末期的1398年，茶叶出口越来越多地掌握在私商手中。明朝政府在整个15世纪面临的问题是，茶叶出口贸易越掌握在私人手中，边境国家对明朝政府和茶马司的茶叶依赖就越少，这使得明朝用政府提供的茶叶换取马匹越发困难。一个世纪后，正德皇帝在位（1505—1521）之前的几年里，官府形成了一种制度，越来越多地与当地商人合作，让他们将茶叶一路运到山西的边境城市，作为这种努力的交换，他们可以进行私人贸易而不会受到处罚。来自云南的大臣杨一清，于1502年被任命为左副都御史，他在这一制度正式化方面发挥了关键作用，尽管他一直主张帝国全面控制茶马贸易。⁹ 在得到此任命之前，他在山西观察马匹进口管理多年，认为政府对茶马交易的控制可以稳定马匹的价格和进口量。然而，在正德元年（1505）写成的一份六千字奏章中，他承认明朝与当地商人合作是不可能的。边境部落可以从非法出口商那里获得茶叶，这些非法出口商知道私人茶叶贸易比向政府出售茶叶以换取白银更有利可图。与此相关的是，杨一清理政初期，从边境进口的马匹数量很少，每年约五千匹。官方朝贡贸易代价高昂，而私商无论如何都往来于途，同时走私又面临着严厉处罚的风险。结果是，尽管当代史学对元明时代之后中国经济封闭的刻板印象与开放的葡萄牙、荷兰有云泥之别，实际上明朝在整个14世纪和15世纪允许在沿海和边境进行不同程度的私人贸易，而对战马的需求是早期动机之一。¹⁰ 中国与俄罗斯的茶叶贸易实际上是这种私人贸易的一部分。

如前所述，在明代和莫斯科公国时期，明朝控制的以及中俄私人交换的兴起是俄罗斯和中国共同进口需求的产物。在16世纪后期之前，莫斯科公国和明朝同时与在它们之间的强大游牧草原国家进行贸易。到17世纪初，扩张的沙皇俄国（1547—1721）控制了以前蒙古人掌握的大部分草原，为俄罗斯直接进口砖茶等中国商品铺平了道路。1638年，第一批中国茶叶向西运输，具体地说是与沙皇亚历克西斯的使臣瓦西里·斯塔科夫、斯捷潘·聂维耶罗夫一道。这些使臣正身肩前往一位蒙古汗领地的外交任务，这位汗的领地仍未被俄罗斯或明朝征服。汗对使臣所带礼物的微薄价值感到不满。在要求或被迫将他们所拥有的大部分东西交给汗之后，使臣们被送返俄罗斯，带着各种各样的礼物：两百只黑貂、两只海狸、两只豹，还有两百包茶叶。考虑到茶叶在俄罗斯"不为人知"，斯塔科夫最初试图用茶叶换取额外的黑貂。[11]在汗款待他们期间，斯塔科夫自己喝茶，尽管他熟悉类似于茶的草药泡制的饮品，但他并不熟悉这种特别的饮料。斯塔科夫将茶描述为"由叶子组成的饮料，我不知道是来自树，还是一种草药"。[12]使臣将明朝茶叶带到西边去，结果是引起了俄罗斯统治阶层的兴趣，俄罗斯人于1679年与清政府签订贸易协定，规定以毛皮换取茶叶。根据协议，一支载有俄罗斯毛皮的约三百头骆驼组成的商队离开俄罗斯进入中国，在各个贸易站停留。八个月后，商队带回约六百磅散叶茶和砖茶。

起初，明代将中国茶叶运至俄罗斯，不出百年，已经开始完全改变俄罗斯的烹饪习惯和社会习俗，越来越倾向于私人和公共领域中的俄式茶炊的消费。具体来说，1778年，俄罗斯商人费奥多·伊万诺维奇·利西岑的儿子伊万·费奥多罗维奇·利西岑、纳扎尔·费奥多罗维奇·利西岑注册了俄罗斯第一家茶炊制造厂。俄式茶炊，类似蒙古焖罐，成为在俄罗斯沏茶的首选工具。Zvarka（泡、煮的意思），是浓缩茶，放置在茶炊的顶部，而低处的隔间则通过带有燃烧木炭的内管保证常有热水。玻璃杯放置在叫作podstakannik（茶托）的金属托中。在每个玻璃杯中，制备者倒入浓茶并添加热水，添加多少要看所需的口感。与唐代喜爱搭配水果使得砖茶喝起来更甜的做法类似，喝俄罗斯茶要搭配果酱煎饼。到19世纪，随着中俄直接贸易的增长，茶叶价格急速下跌，用茶炊饮茶的场景已经深深植根于俄罗斯文化中，以至茶炊在绘画中随处可见。在这个世纪，茶炊正在穿越俄罗斯南部边境到达世咖啡之都:已经不复存在的奥斯曼帝国。到19世纪末,尽管五个世纪以来咖啡主宰着奥斯曼烹饪的精英和大众传统,但黑海城市里泽已准备好成为一种新的饮茶文化中心,这将使土耳其共和国成为现代世界人均茶叶消费量最大的国家。它的邻国,从伊拉克、叙利亚到黎凡特、埃及,在英国的影响之下,也开始消费这种饮料,而这是与随着明代中国茶叶沿海路向西迁移到现代早期欧洲截然不同的故事。

从葡萄牙的奇特之物到英国的垄断商品

葡萄牙人和荷兰东印度公司商业网络中的茶

　　1599年,葡萄牙人首次报道茶叶抵达欧洲。东亚各地的耶稣会和多米尼加会作家是最早一批在抵达中国和日本港口时表达对茶叶感兴趣的海上航行的欧洲人。葡萄牙的多米尼加修士加斯帕·达克鲁斯(1570年卒)于1560年从中国归来后,以钦佩的方式写道,他在各个家庭目睹了一种习俗:用"瓷器"给来访者奉上一种叫"茶"的饮品,茶"有些红",非常有药用价值,用苦草药浸泡过。[13]达克鲁斯显然是在写关于中国散叶茶的文章,而不久之后范礼安目睹了日本抹茶的兴起。范礼安写道,日本人普遍有这种习惯:饮用由热水和一些草药粉末制成的饮料,他们称之为茶。范礼安对宅院中的茶室特别感兴趣。"在日本,热水叫yu,这种草药叫chaa,他们把这个地方称为chanoyu(茶道)",这里是人们"向客人表达喜爱之情"的最受重视和尊重的地方。[14]1564年,遇见足利义辉的耶稣会士路易斯·弗洛伊斯认为，日本茶室因其洁净而成为举行弥撒的理想场所。

荷兰人从一位名叫扬·哈伊根·范林斯霍滕（活跃期1563—1611年）的荷兰商人那里得知了一些茶和咖啡的消息，此人当时正与葡萄牙舰队一起前往日本。《范林斯霍滕游记》出版于1598年。范林斯霍滕的旅行地域甚广，对于撰写包括咖啡和茶等的各种饮料来说，条件得天独厚。他写道，日本人用热水泡茶，放在杯中，款待客人，杯子看重的不是新，而是年代久远与工艺高超。[15] 令人感兴趣的是，他指出，"土耳其人"几乎用与喝咖啡同样的方式来喝茶（chaoua，阿拉伯土耳其语qahwa）。范林斯霍滕描述了他们如何用某种水果制备咖啡饮料，并提到了结咖啡豆的咖啡树，以及他们每天早上烘烤并最终将其放入热水中饮用以提劲儿。[16] 范林斯霍滕确认了中国茶和土耳其咖啡的制备方法相同，这表明他亲眼目睹过粉末茶即抹茶的制备过程。如前所述，与用热水冲泡茶叶相比，抹茶溶解在热水中成为汤剂，类似于从砖茶上切下或刮下的磨碎的叶子和粉末。

从16世纪后期范林斯霍滕对茶和咖啡的评论来看，喝茶消遣在欧洲姗姗来迟并不令人惊讶，因为当时另有一条来自中东，具体地讲是从摩卡（也门）经由伊斯坦布尔引入咖啡的线路。茶作为款待饮料的消费于17世纪中叶在一定程度上仅限于欧洲精英和皇室成员，而作为药用饮料的使用则更为广泛。1640年，在海牙，喝茶是一种时尚的奢侈行为。荷兰黄金时代的作曲家、诗人康斯坦丁·惠更斯，在一封信中用拉丁语称呼木登文人圈的成员为"杰出的饮茶者"，这既是对他的同事也是对"神茶"的赞颂。[17] 在伦敦，它最著名的消费者——葡萄牙王室的凯瑟琳（1662—1685年在位），查理二世的妻子——甚至都不是英国人。在德国，茶于1657年出现在药剂师的价目表上。[18] 1648年，茶出现在巴黎，被有识的医生和神职人员使用，这些人争论茶的价值。医生菲利伯特·莫里塞特写了一篇题为《对心智有益的中国茶》的拉丁文文章，声称茶对大脑有益，而他的同事盖伊·帕廷却谴责茶，称它是"本世纪荒谬的新玩意儿"。此时，另一种奇异的外来饮料已经在巴黎流行起来：咖啡。

如前所述，咖啡在16世纪几乎与茶同时传入欧洲，只是稍早一点，其来源是邻近的、横跨亚得里亚海和地中海的奥斯曼帝国。这种饮料的迅速流行可能是因为它与同一世纪流行的另一种饮料相似：巧克力。16世纪，西班牙开始从中美洲进口巧克力。巧克力作为一种饮料，最初在墨西哥是一种用巧克力、水、玉米粉、辣椒制作的混合物，在查理五世统治期间（1519—1556）成为西班牙哈布斯堡王朝贵族间的流行饮品。这种饮料很快就传到了法国和奥地利，与茉莉、香草等各种调味香料一起食用。17世纪中叶，第一家巧克力店在伦敦开业，巧克力的价格居高不下，并且甜牛奶巧克力饮料也尚未普及。

这些事态发展的结果是，欧洲巧克力饮用者可能在17世纪中叶因为中国茶的流行而中断了饮用巧克力，受经济和文化的影响，他们率先转向了咖啡，因为可以用更低的价格得到咖啡，且这里更靠近来源地：东地中海的奥斯曼黎凡特。这里是欧洲快速增长的"土耳其风"的来源地，这一时期还输入了来自印度洋的"中国风"以及来自大西洋彼岸的中美洲文化。

咖啡与欧洲茶叶进口的故事紧密相关，背景是荷兰东印度公司如何将其饮料组合在爪哇新种植的咖啡和中国茶之间进行拆分，这一发展与英国东印度公司只是进口茶叶的转向显然不同。提及咖啡的最早和最著名的资料不是来自荷兰商人在荷兰的旅行记录，而是来自威尼斯共和国的警察记录。威尼斯是经由威尼斯共和国的威尼斯和奥斯曼的跨国商人将奥斯曼的喜好进行文化西移的关键节点。1575年，一位名叫侯赛因·切莱比的奥斯曼纺织商人在该市被杀，威尼斯和奥斯曼的资料都记录了他的死讯。咖啡出现在他的财产清单中，这份清单中还有一个finian，即fincan，也就是土耳其咖啡杯。[19] 以土耳其商馆为基地、身在威尼斯的奥斯曼商人为自己制备咖啡，这与身在伊斯坦布尔的威尼斯商人（他们是威尼斯国民的一部分）的做法一样。威尼斯第一家咖啡馆于1683年开业，这里是邻近帕多瓦的时尚之地，帕多瓦大学的教授、学生和访客常来此地。

随着威尼斯商业的衰落以及奥斯曼帝国与法国贸易关系的不断扩大，1669年，苏丹穆罕默德四世（1642—1693年在位）派遣了一名喝咖啡的奥斯曼帝国使臣抵达巴黎，拜见国王路易十四。在这位奥斯曼政要居住在巴黎的几个月里，他和在巴黎临时住所的随行人员成为当地媒体报道的热门话题。使臣在此逗留的部分原因，是为了招待巴黎客人而推出的精致咖啡服务，这与瓷杯和金色刺绣锦缎餐巾纸相得益彰。[20] 到1672年，在威尼斯与奥斯曼以及法国与奥斯曼的贸易关系中出现了大量的亚美尼亚人，一位名叫帕斯卡的亚美尼亚商人在圣日耳曼德佩集市上出售咖啡，而到17世纪末，咖啡在伦敦广受欢迎，并成为18世纪迅速席卷英属美洲殖民地浪潮的一部分。

17世纪，土耳其咖啡和中国茶同时抵达欧洲，其意义在于塑就了荷兰东印度公司贸易的方向。在欧洲茶和咖啡同时消费的早期，在世界各地茶叶价格下降之前，咖啡是欧洲精英和大众容易获得的低价流行饮品，而来自遥远中国的茶叶仍然是在皇室圈子中具有特殊吸引力的物品。荷兰东印度公司顺势而为，押注新的咖啡事业，而英国东印度公司在后来的几年中转向了利润更高的茶。

荷兰东印度公司和英国东印度公司竞争中的咖啡和茶

到17世纪后期，荷兰东印度公司不仅通过主导茶叶进口，而且通过在荷兰控制的爪哇土地上种植咖啡来绕过欧洲的奥斯曼咖啡来源，这是对北欧的喜好这一问题做出的回应。具体地说，在将第一批绿茶从巴达维亚带到阿姆斯特丹的几十年后，荷兰东印度公司经过深思熟虑，于1688年做出决定，将咖啡植物带到爪哇，以避免对印度洋沿岸的奥斯曼摩卡（也门）或地中海沿岸的奥斯曼伊斯坦布尔的依赖。

荷兰东印度公司的咖啡赌博大获成功，至少短期内如此。到1726年，欧洲九成的咖啡进口来自爪哇，只有一成来自摩卡。[21] 就在五年前，这一比例正好相反，这表明荷兰东印度公司的咖啡事业在爪哇迅速成功。荷兰东印度公司从巴达维亚进口茶叶的势头继续增强，但整个南海都存在着竞争。1710年至1720年间，英国东印度公司的船只开始在广州停靠，直接与中国茶叶市场接触，而荷兰东印度公司仍然专注于巴达维亚的帆船贸易。荷兰东印度公司直到1728年才确立到广州的常规路线，英国东印度公司长期领先于荷兰东印度公司。到1740年代，茶叶约占英国东印度公司销售额的二成。

历史永远不会知道荷兰东印度公司在下个世纪会如何发展，因为到1795年，荷兰人和英国人之间发生了一系列战争（1752—1774），位于荷兰的荷兰东印度公司董事会与在荷属东印度群岛的荷兰东印度公司管理人之间发生了管理分歧，之后荷兰东印度公司近乎破产。到1799年，其皇家特许状到期。就荷兰而言，荷兰共和国（1581—1795）已被法国支持的短命巴达维亚共和国（1795—1806）所取代，后者在完全并入拿破仑法兰西帝国之前转变为法国控制的荷兰王国（1806—1810）。就荷属东印度群岛而言，这时英国人入侵爪哇，斯坦福·莱佛士在1811年至1815年间担任此地的总督。莱佛士是1819年在新加坡建立英国殖民地的著名创始人，这发生在英国人于槟城建立贸易站约五十年后。随着荷兰东印度公司逐渐退出茶叶生意和中国商业，英国东印度公司做出了在19世纪主导全球茶叶贸易的重大举措。

从两个故事就可以区别出茶叶在英国与荷兰商业遗产的不同。两者的结果都表明，大英帝国和清代中国在东北亚地区的军事实力和文化资本方面的地缘政治平衡发生了巨大变化。第一个故事是英国东印度公司如何将中国茶叶转变为在英国境内生产和销售的英国皇家殖民商品，从而将中国制造的茶叶排挤在外。第二个故事是，英国对垄断全球茶叶交易的狂热如何升级为对中国港口的全力以赴的征服，这在欧洲与中国关系中前所未有。这两个故事都为了解欧洲与中国交流史上最重要的发展之一提供了阐释性窗口，本章末尾和下一章将对这一发展进行考察：鉴于欧洲军事工业技术的明显进步和政治改革的紧迫性，19世纪清代中国和江户时代日本对欧洲文化重新进行评估。

英国炮舰外交在东北亚的前奏：英国人在日本的第一杯中国茶

英国东印度公司尽管比荷兰东印度公司早成立两年，但在东北亚，它从未达到荷兰同行的地理覆盖范围。自16世纪后期英国与西班牙战争中攻占一艘葡萄牙宽身帆船以来，英国商人就一直渴望进入东北亚商业世界，而在这里，明末中国和室町时代日本占据着重要地位。英国东印度公司仅在1613年至1623年间在后室町江户时代的日本有过短暂的经营，而它关注的重点是努力削弱葡萄牙海洋帝国在葡属印度的南亚存在感。相比之下，荷兰和日本之间的正式关系自1609年首次建立后便深入而持久。荷兰东印度公司在接下来的两个世纪一直在长崎进行贸易。尽管如此，英国东印度公司在日本设立办事处的那几年还是有影响力的。那些年在日本的英国人将chawe（茶）引入了英语，而前面提到的早几十年的耶稣会士和多米尼加会的旅行者称之为cha。

在1613年至1618年担任英国东印度公司在日本的代理人期间，理查德·威克姆给公司在宫古（京都）的一名叫威廉·伊顿的代理人写信，请求"最好的茶"。[22] 在几年后的一次交流中，伊顿写信给威克姆说，他希望威克姆会因为请求过"茶"一事而对自己有好的印象。十多年后，时值明朝行将覆亡，英国旅行家兼商人彼得·芒迪在《芒迪旅行记》中记述，福建的茶"只是用一种药材熬成的水,一定要趁热喝"。[23]到了1657年,咖啡销售商托马斯·加威在他位于英国的咖啡馆里尝试将茶与阿拉伯咖啡一起销售,这是雄心勃勃的事业,因为奥斯曼与意大利的商业交流在几年前才出现在意大利。

18世纪时,英国一夜之间咖啡馆遍地开花,开始销售咖啡以及进口荷兰东印度公司和英国东印度公司的中国茶叶,包括各种绿茶和红茶。[24]为满足帝国需要并在帝国内部生产的茶叶,成为英国皇室成员和行政人员的饮料,还需要一百年的时间。在那之前,整个18世纪后期,英国东印度公司能够满足人们对于中国红茶和绿茶日益增长的需求,依赖于能直接进入广州周围的中国港口,英国东印度公司的谈判越来越成功,推动了此进程,这与17世纪后期荷兰人间歇性地无法进入广州完全不同。

整个18世纪,英国人多次前往广州,有的成为所谓广州体制的一部分,该体制可以追溯到1757年。在过去的两个世纪,清朝将欧洲贸易限制在四个港口:宁波、泉州、厦门、广州。1757年之后,只有广州对欧洲开放贸易,而西班牙则在厦门获得了与菲律宾贸易的专属特权。白银是广州的主要货币和有价值的商品,英国通过广州进行的贸易促进了常见的、源于西班牙的白银大量运输到清代中国。根据第一任美国驻广州领事山茂召少校的日记,英国船只在澳门外几英里处抛锚,以便在中国和葡萄牙当局登记;[25]然后航行于珠江,在黄埔抛锚,接下来将货物转移到较小的中国式帆船上,进行最后十二英里的航程;最后,它们在行商控制的仓库卸货,这些行商获得了清政府掌控下的对外贸易垄断权,他们也要对清政府尽各种义务。

中国在19世纪初对自产茶叶的垄断，显然给英国东印度公司的殖民抱负造成了障碍，英国东印度公司是一家拥有自己军事和安全部队的著名武装公司。尽管大英帝国授予东印度公司对亚洲茶叶贸易的皇家垄断权，并将其他英国公司排除在外，但鉴于清代中国对其自身商品的市场垄断，英国政府授予的垄断在实践中受到限制。对于英国东印度公司和在南海活动的各种私人贸易商来说，这个问题有两种可能的解决方案，它们在收益回报上具有潜在的吸引力，但既不着边际，又可能对英国的利润和安全造成灾难性影响。第一个解决方案是在中国以外的英国所控制的南亚地区大规模种植茶叶，考虑到中国对茶叶种植秘密的严格保护，这么做在技术上似乎不可能。第二个是在与清朝谈判时采取更具军事侵略性的方式，迫使清朝出口茶叶。英国东印度公司拥有自己的安全部队，并时不时得到英国政府的支持，因此它同时从这两种途径着手。

139 英属南亚的中国茶叶种植与炮舰外交的转向

中国茶叶在印度的种植源于英国对皇室垄断政策的改变。为了让英国私商在南亚有更多的贸易机会，英国政府于1813年废除了政府授予东印度公司的对亚洲商品的垄断权，但中国进口商品除外，其中最有利可图的是茶叶。1833年，英国政府彻底废除了英国东印度公司的茶叶专卖。到此时，英国私商正努力在中国南部靠近英国控制的莫卧儿地区种植中国茶叶。

苏格兰冒险家罗伯特·布鲁斯是在这一地区进行贸易的众多非英国东印度公司商人之一，他于1823年在喜马拉雅山附近旅行时，偶遇阿萨姆邦的一个饮茶部落。阿萨姆贵族和后来英国任命的税务官玛尼拉姆·德万将布鲁斯介绍给部落首领，不出十年，布鲁斯的兄弟将几株阿萨姆茶树送到加尔各答进行植物学分析，这些被证实是未知的非中国茶叶。[26] 一直有进取心的英国东印度公司介入，并与罗伯特·福琼等植物学家合作，设法从中国偷窃一些茶树，并聘请福建茶农将他们的茶叶种植商业机密带到阿萨姆邦。长此以往，结果是：中国茶叶在大吉岭的发展；在阿萨姆的新种植园中培育中印茶树杂交品种；茶叶贸易完全绕开中国。同时，尽管对中国茶叶的依赖在减少，但英国商人仍然有兴趣强行进入中国市场。在采取更激进的军事手段与清代中国开战之前，获取更多中国茶叶的短期解决方案，是将鸦片从英属南亚领土走私到清代中国。

18世纪后期，随着中国对欧洲商品的需求减少，英国东印度公司将鸦片作为药用产品销往中国，以此弥补欧洲对茶叶的大量需求。鸦片生长在英属南亚，包括靠近阿富汗的边境地区，出售给将鸦片带到中国的私商。清政府禁烟，没收了黑市上交易的两万箱鸦片，相关的英国卡特尔给英国政府施压，要求向北京索赔损失。当清政府拒绝时，英国人借以发泄的，将占据中国和日本在整个19世纪、20世纪和21世纪政治改革辩论的核心：以臭名昭著的复仇女神号为代表的最先进军事技术，它是英国第一艘蒸汽与风帆动力的远洋铁皮战舰，也是清朝与英国之间的第一次鸦片战争中最臭名昭著的参与者。[27]

复仇女神号的船员以及其余的英国皇家海军，在整个珠江动武所取得的成果，是在1842年终结了广州体制，轰动一时。从中国早期对葡萄牙和荷兰的军事优势来看,这是一个令人震惊的结局。作为结束战争的和平协议的一部分,香港将从清朝割让给英国政府。广州、厦门、福州、宁波、上海五个口岸也被迫对外开放。清朝钦差耆英与英国代表璞鼎查在英国军舰康华丽号上谈判,1842年在南京签署了《南京条约》。

1843年10月,耆英与璞鼎查商定后续的《虎门条约》,规定允许英国军舰在各港口停靠。就该条约的措词而言,尽管中国军事孱弱,但英国仍继续对中国使用外交上的恭顺礼节,英国请求清朝"皇恩"广施,允许英国停靠这些战舰以"保持"其对位于港口的侨民的"控制"。十五年后,英国政府直接控制了英国东印度公司所掌控的南亚领土,并成为殖民势力,直接控制着一系列具有战略意义的领土和港口——英属印度——远远超过了荷兰东印度公司和葡萄牙军队曾经在亚洲控制的地盘。到19世纪末,英国人大量供应中国与印度的红茶,茶叶价格因此低于咖啡,英国超越葡萄牙、荷兰和俄罗斯,成为欧洲首屈一指的饮茶国家,同时在自己的帝国领土内买卖茶叶。

一方面,中印英式茶的故事是一个关于中国人用繁复的社交礼节和精致的瓷杯进行消遣的古老故事,而这正成为在殖民地的英国人的一种消遣方式。另一方面,这是一支欧洲力量的故事,即英国东印度公司,在欧洲人对中国商品的追求日益军事升级的历史上远超葡萄牙和荷兰前辈,取得了前所未有的成果。葡萄牙和荷兰人要求中国的东南亚附属国在与中国的外交中谨慎行事,而英国人则率先将他们对中国商品的追求升级为对清代中国最重要的商业领土之一以及几个港口的强制军事占领。从这个角度来看,茶叶的故事也是欧洲工业军事技术的故事，中国和日本的政治改革者都各自在19世纪后期受西方启发的工业化改革前夕注意到了这一点。

中国文化争辩：关于晚清中国的西化

1997年，当英国政府将香港交还给北京时，一种独特的饮食场所已经遍布全香港：茶餐厅。茶餐厅是在一个邻里乃各色人等的社会环境之中，尤其是第二次世界大战以来，提供快捷、经济实惠菜品和饮料的场所。它们与中国大陆餐饮场所的区别，最知名的在于对食物的兼收并蓄：菠萝包、蛋挞、用淡炼乳制成的奶茶，以及称为"鸳鸯"的奶茶和咖啡组合。[28] 香港的蛋挞是澳门的葡萄牙贝伦蛋挞的近亲，其制备方法同样要求使用不加糖的淡炼乳。[29]

焦糖奶茶以及淡炼乳等配料，到英国将香港归还中国之时，何以在香港的饮食领域变得如此普遍？答案显而易见，香港的文化景观，就像中国沿海地区一样，反映了一个半世纪的英国政治和文化影响。20世纪时，英国人的习惯，如饮用焦糖奶茶——一种源于中国的未加糖的美味饮品，由欧洲人加以衍生而成，随同英语等各种英国文化标志物迁移到中国的港口。香港茶餐厅，以它们的多语种交流以及全球饮食选择，代表了20世纪中国过去与英国现在的结合。这种文化交流最引人注目的方面之一是，它不仅局限于20世纪的英属香港或邻近的葡属澳门，而且塑造了从19世纪末开始的整个晚清中国政治格局。

142　　在与英国同时代发展的对话中，19世纪下半叶，中国的行政人员和士人在国家主权空前丧失的情况下，就改革或重建的可能性展开大辩论。这个时代主角们的简历和活动阐明，看英国在华的文化迁移，既不在于驻扎英国军事力量的特定港口，也不在于英国行政权威对地方治理的职能——而这在邻近的英属南亚是一种普遍现象。从这些辩论的长期历史来看，最重要的两个结果是军队的技术性彻底革新和工业制造业的兴起。

晚清中国的军事和工业现代化

晚清中国发生了技术和思想改革，这是19世纪中国政治和社会重大认知转变的一部分。这一转变体现在清代士大夫的著作中，他们与邻居江户时代的日本人一样，就如何面对欧洲军事进步给中国领土完整造成的危急局面进行辩论。

自欧洲人最早穿越印度洋和南中国海前往香料群岛以来，西欧和北欧的商人及知识分子研究了以中国为中心的东亚世界的地理、商业制度、饮食方式、技术秘密，以获得丝绸、香料、知识、瓷器、茶叶。在这一寻求过程中，这些商人继承了早期中东、南亚以及最后威尼斯、热那亚商人的遗产，他们在整个中世纪，即中国的唐宋元时期，购买这些物品，还有中国的纸与火药。

相比之下，19世纪的情况迥然不同。晚清中国士大夫追求一种过去千年未有的政治和行政改革，即在欧洲启发下的改革，这挑战了明清时期中国政治理论和社会实践的儒家基础。一方面，文化东移进入中国有着悠久的历史。的确，中国官方朝贡贸易和帝国管理的历史悠久而古老，从西面政权那里吸收管理技术和物质文化，包括伊斯兰教创立之前撒马尔罕的古粟特人以及中世纪伊拉克阿拔斯王朝、中亚伊尔汗国讲阿拉伯语和波斯语的商人。另一方面，晚清知识分子和士大夫开始争论中国沿着欧洲路线进行的大规模政治和基础设施转型，热烈程度前所未有，尤其是沿着西欧人和北欧人的路线——他们的军事技术带来了这一改革的紧迫性，而这些人以前被视为海盗。这种认知转变成为争论的原因在于，有一些士大夫不赞成流行的西化模式，甚至那些赞成的人也设法将欧洲改革的概念纳入对儒家政治理论本身的修正之中。以下将细致考察1912年中华民国成立之前的几十年间对西化改革的批评者、倡导者及其共同遗产。

抵制西化改革的重要人物是王闿运、俞樾等士人，他们认为西方制度和思想的输入——从电报线到矿山和铁路——破坏了以风水等概念为标志的形而上和形而下世界的宇宙秩序。[30] 这一论点认为，风水在人丁兴旺、农作物生长等现象中发挥着作用，它会遭到破坏，因为西方工业技术的缺陷及其不可持续性，不适合中国的情况，会对社会公正造成难以预料的负面后果。

欧洲人对于20世纪工业时代的欧洲城市及20世纪后期去工业化城市所出现的社会和环境问题多有争论，从这个角度看，中国反对全盘采用欧洲工业改革的论点不无道理。同时，它是日见失败的一方。清朝损失日多，国家无法控制和管理外国人，这些削弱了更为传统的对于新儒家政治和社会伦理的诠释。到1860年代，清代士人越来越多地接受了各种形式的政治实用主义及其制度成果，包括司法和经济的变化。这一转变的转折点是英法联军对北京的围攻。

1860年，中国人在自己的都城惨败于英法联军。之后，1860年代一股强大的改革和实用主义思潮在士大夫中兴起。1860年，英法联军进入清朝都城北京。围攻北京是第二次鸦片战争的高潮，这是《南京条约》签订后二十年间英中敌对爆发的结果。围攻一直延伸到紫禁城，大约三百年前，利玛窦应邀进入紫禁城，那时皇帝对欧洲人的赞助与现在截然不同。与第一次鸦片战争的情况一样，第二次鸦片战争代表了长期以来国际间关于鸦片进口认识分歧的高潮以及英国在中国的军事行动。法国人以巴黎外方传教会的法国传教士马赖遭处决而要寻求正义为借口，挑起了第二次鸦片战争。[31] 没有向英法联军提供军事援助的俄罗斯帝国，通过外交手段安排了一名特使参与谈判。咸丰皇帝本人逃往热河，皇帝的弟弟恭亲王在北京负责谈判。[32] 结果是签订了《天津条约》及其补充条约，其中包括数个领土变更和贸易协定：将毗邻香港岛的九龙岛划归英国，将中国东北部分地区划归俄罗斯，鸦片贸易合法化，在北京开设包括美国和俄罗斯在内的外国使馆，南京等众多港口对外开埠，长江对所有外国船只开放，还有从美国历史来看很著名的一条，英国有权将签订契约的中国人运往美国。

　　在这之前的十年间，士大夫采取了一种支持改革的治学之道，以重新塑造新儒家关于西方现代化和变革的看法。以王韬为例，在他看来，中国的政治局势终究还是有一线希望的。王韬自己对时事的理论解释是，上天使西方列强汇聚于中国，能够使中国利用西方的创新变得富强。[33] 从对中国政治文化的保守主义防卫到意识形态上实用主义的行政转向，体现在皇帝的弟弟恭亲王身上。

欧洲人进入北京后,恭亲王对政治改革的态度发生了彻底转变。恭亲王和参与北京谈判的顾问文祥,都主张更加宽松的控御策略,目标是与欧洲帝国主义列强维持和平局面并向他们学习"长技"。作为改革的一部分,恭亲王和文祥成立了新的清朝外交机构——总理衙门,它成为清政府与新的欧洲各使馆间的沟通媒介。[34] 总理衙门是自雍正皇帝(1722—1735)成立军机处之后不断壮大的清朝官僚体制中第一个新设立的重要机构,文祥在1850年代是军机处的大臣。他是所谓的"自强运动"的缔造者之一,在整个1860年代和1870年代确立清朝对欧洲列强采取合作的政策上发挥了关键作用。他还协助恭亲王于1863年设立同文馆,规定要挑选满洲青年才俊学习法、英、德、俄等外国语言。

到1870年代,李鸿章身为提倡按照西方路线进行军事和经济改革,以维护帝国主权并防止进一步内乱的众多士大夫之一员,声名鹊起。[35] 随着列强接管沿海和内河航运,1872年李鸿章成立了轮船招商局。1877年,他创办开平煤矿,为船只提供燃料。三年后,他建造了中国第一条铁路,将煤炭运往船舶停靠的码头。1881年,他架设了第一条电报线路。1882年,他创办了中国第一家棉纺厂——上海织布局。李鸿章的整个计划是通过让中国人担任工业领导者来恢复中国对经济的管制,而有此理想抱负者,不止他一人。[36] 同时代的改革者丁日昌,抵制英国在中国经营电报的企图,坚持现代企业应该由中国控制。

总之,长远来看,基于这种单纯适应西方行政和技术实践的理论,晚清的士大夫推动了这些西化改革项目,而他们自己日益成为它的产物。

一个时代的终结：袁世凯、孙中山与宣告建立共和国

19世纪后期，清代中国实行的许多西化改革，都发生在技术和基础设施创新领域。到19世纪结束之时，在对西方政治模式有着深入了解并目睹了邻国日本明治时代（开始于1868年）政治转型的一辈清朝将军和知识分子中间，发展出了另外两种政治主张。这两种政治主张都直接借鉴了欧洲模式：第一种是清朝统治阶层对建立君主立宪制的新的兴趣；第二种是各种革命者之间的目标，不是建立一个君主立宪制国家，而是一个民族主义共和国，这个共和国将根据日益流行的满族、汉族二分法来定义。到1911年，前一种模式的倡导者——军事统帅袁世凯——做出了一个出人意料的决定，即推动君主制的彻底垮台以及革命者孙中山临时领导下的这一民族主义共和国的崛起。

袁世凯是清朝军政官员，也是李鸿章的盟友，李鸿章是前面讨论过的推动工业和军事现代化的官员。身为一位政治改革者，袁世凯在他助力以促成王朝垮台之前的几年里，起初是赞成将清朝统治转变为君主立宪制的。1895年，在清军败给日本现代化军队之后，袁世凯作为强大的北洋军统帅而声名显赫，这是一支半独立的军队，最终形成了清朝现代三十六镇新军的核心。[37]几十年后，随着1912年清朝的崩溃，它分裂成几个军事集团，但在世纪之交，袁世凯拥有权威，新军得以维系在一起，这是因为袁世凯与他任命为指挥官及高级军官的数名门生间有着主仆关系。

袁世凯对北洋军拥有权威，他因此成为清朝最后几年最有权势的人物之一，而他之所以能够大权在握，是因为此前几十年的

中央军事权威全面下移。事实上，晚清中国各种半职业的团练在清政府的统治下松散地运作。一个是湘军，由儒家学者、军事将领曾国藩组织。[38] 湘军的目的是镇压太平天国运动（1850—1864），太平天国运动是反清起义之一，用允诺平均主义吸引了大量农民和工人。湘军大部分并入后来的淮军，淮军由前湘军指挥官和政治改革者李鸿章领导。淮军的营指挥官周盛传鼓动李鸿章购置外国的现代化武器，甚至批评以上海为基地的戈登将军这样的西方顾问，在建议清朝购置西方工业技术作为清朝军事发展的组成部分方面做得不够。到1880年代，李鸿章新组建的海军和部分淮军并入新北洋军，这是中日战争的主要军事力量。到1901年，袁世凯接管了这支军队。

在袁世凯职业生涯的大部分时间内，清朝皇权实际上多半掌握在皇帝的母亲慈禧太后手中，慈禧是先前讨论过的咸丰皇帝的妃子，1860年咸丰皇帝在弟弟恭亲王接手谈判之前逃离了被围的北京。[39] 咸丰皇帝驾崩后，他的儿子即位，在位短短十一年，1875年去世，年仅十九岁。咸丰皇帝的弟弟奕譞在权力斗争中发挥了核心作用，同治皇帝和他的母亲慈禧得以掌权，这意味着在同治皇帝1875年去世且没有继承人的情况下，奕譞的儿子——已故同治皇帝的堂弟——由慈禧太后决定过继给咸丰皇帝为子，成为皇位候选人。奕譞的这个儿子即位，就是光绪皇帝（1871—1908）。1908年，慈禧太后和光绪皇帝去世，随着光绪皇帝之侄溥仪登极成为清朝的末代皇帝，奕譞的另一个儿子，也就是光绪皇帝的弟弟载沣，在清朝面临政治绝境之前掌权三年（1909—1911）。当时反清起义此起彼伏，而袁世凯对它们的态度也摇摆不定。

1908年，由于铁路国有化问题上的分歧，一场武装革命开始从湖北省蔓延开来，摄政王载沣要求袁世凯前去镇压。在小皇帝也就是末代皇帝溥仪时期统治中国的载沣看来，只有袁世凯和他的北洋军才具有平息湖北叛乱的军事力量。然而，清朝将自身利益押宝于袁世凯及其军队的出手，是一场赌博，载沣代表的是清朝一方。冒险的是，袁世凯的军事权威此前在义和团运动中已经证明其独立于清朝皇室，而义和团运动的爆发是为了反对中国领土上的外国人。当慈禧太后支持义和团时，袁世凯帮助平息了叛乱，并没有听从太后之命。李鸿章的例子同样说明了权力下移，他当时在上海与外国列强谈判。

十年后，在慈禧太后的继任者载沣统治期间，武昌起义爆发，袁世凯并没有唯载沣之命是从，而是采取了无赖的做法：反对皇室，与叛军谈判。袁世凯不听命于载沣，其结果在中华帝国历史上令人瞠目。载沣，这位五岁皇帝溥仪的摄政王辞职了。当1911年一批新的反清革命政治家崛起并日益一致地向西方寻求治理改革的模式之时，溥仪注定将成为末代皇帝。这些人中有孙中山，他于1911年载沣辞职之际正在纽约寻求国际上对中国革命的支持。

孙中山是现代汉族民族主义运动的奠基人之一。他出生于英国发动围攻北京的六年后。在清朝的最后几年，许多人构想了一种独创的革命政治哲学，融合了中国和欧洲的政治哲学，孙中山是其中一员，而这就是他的教育背景。孙中山改革理想的发展背景，一是上一代士大夫采用的西化改革，二是他在英属香港和夏威夷王国接受的西式教育。

孙中山从十岁起与哥哥在夏威夷生活了七年，之后于1883年十七岁时就读于香港拔萃男书院。学校由圣公会创办,校长俾士曾任中央书院校长。[40] 接下来几年里,孙中山是中央书院的学生,它的校长在1879年设立校监之前,曾负责监管香港所有的学校。在孙中山就读期间,英国官员将学校迁址,并更名为皇仁书院。主持奠基仪式(孙中山当时在场)的官员,正是英国香港总督宝云爵士。这位年轻的革命者随后在广州博济医院学习医学,师从医生兼传教士嘉约翰,后来获得香港大学前身香港西医书院的执业医师执照。

孙中山在香港作为医生接受教育和培训,这使他处于塑造了晚清政治和社会改革运动的中英相遇的中心之地。对于孙中山和许多批评清朝现代化努力的改革者来说,这种转变的步伐还不够快。1895年的甲午战争证明,日本在江户晚期和明治初期经历了一场重要的现代化运动,其军事和工业转型的速度已经超过中国。甚至曾经的朝贡国朝鲜也处于与清朝在政治上完全分离的边缘。清朝政治改革能走多远,是孙中山在1912年之前政治活动的核心问题。一边是梁启超这样的改革者,他们认为解决清朝灾难的办法是支持诸如光绪皇帝领导的百日维新(1898年6月至9月)等主动的行动。从理论上讲,它的工业化成果和建立君主立宪制,将有助于加快创新步伐,这是扶中国这一东亚政治中心大厦于将倾的要求。另一边是孙中山等众多民族主义者,他们主张废除清朝君主制并建立某种按照语言学家、革命家章炳麟(1936年卒)所定义的由"汉族"选举产生的共和政体。依据章炳麟的民族语言学理论,说汉语的就是本土的汉人,这使得东北的满人成了外国人。在以后的几十年里,为适应清帝国疆域包括了说上海话、广东话等众多语言的各种人群的现实，反清政治理论尝试定义"中华民族"，以期包括汉族之外的那些人群。然而，在1911年这些民族主义者活跃之前的晚清，语言的汉满二分法势头强劲。1912年，袁世凯决定抛弃清朝，孙中山出任中华民国（1912年建立）第一任临时大总统，袁世凯成为第一任正式大总统。

21世纪的全球中国

假如袁世凯仍然忠诚于清朝，推动他之前所倡导的君主立宪制，假如袁世凯依然是一个有着明确继任者的军事人物，而不是追求自命不凡的政治领导，那么中国可能会在20世纪的军事混乱中走向截然不同的方向。尽管如此，至少其中一个结果不会有变：以中国为中心的东亚政治、经济和思想世界的时代，伴随着五百年的文化西移欧洲，已经暂时停止。清朝灭亡之时，蒋介石和毛泽东分别是二十四岁和十八岁，比四十五岁的孙中山和五十三岁的袁世凯年轻一代。在20世纪余下的时间里，延续着孙中山、袁世凯的改革主义观点，现代化模式日益向欧洲和日本寻求思想灵感，并将它们综合起来。中国文化全球迁移的时代已经结束，至少在20世纪的剩余时间里是这样。

只是到了21世纪初，世界才开始注意到中国文化西移的新的故事。在西方作家和政策制定者中间，关于西方文化未来的争论愈演愈烈。深圳等城市在自动化制造和大数据方面的最新进展，是否代表了值得效仿的效率模式，或者它们是否提供了一扇通往高科技未来的窗口，挑战了西方世界部分政治与社会的本质意义？最后，随着从上海到深圳的设计和制造创新持续影响美国的初创企业，随着英国咖啡店越来越多地适应欧洲第二波进口中国茶叶的消费，西方世界与中国新的政治和文化遭遇至少告诉我们一件事——21世纪中国的故事既是关于全球经济变化的故事，也是关于西方创新和品味的新时代的故事，而这些依然处于与亚洲文化生产的对话之中。

第9章

中国的黯然失色与日本的现代化

19世纪后期，在鸦片战争以及英国高科技制造业建立之后，北欧证实了其政治和技术进步最终使中国数百年的创新相形见绌。突显工业革命使中国的全球时代黯然失色程度的，是鸦片战争后邻国日本发生的事情。自明代以来，日本与中国的政治和知识界紧密相连，但到了1840年代，当政者和改革者开始讨论按照英国模式改造日本的可能性。

1853年，佩里准将抵达东京近海，准备入侵日本，这发生在中国第二次鸦片战争开始前不久。这给日本采用西方军事模式带来了前所未有的紧迫感。日本由于与荷兰的长期交流历史从而有了起步前的优势。从德川王朝遵从锁国令向荷兰人提供的种种例外情况来看，日本当政者已经有数百年的时间接触欧洲的政治和社会组织模式。反过来，这种接触也促进日本改革者拥有了对抗日本旧政治和社会秩序以中国为中心的新儒家基础的能力。随着江户时代德川王朝的瓦解和1868年明治时代的开启，日本经历了一场政治和社会转型，这既是日本帝国崛起的基础，也是中国自身漫长工业化道路的基础。

新井白石职业生涯期间的日本、西方以及印度洋的丝绸贸易

1682年，一位名叫新井白石（1725年卒）的年轻日本学者和官僚在大名堀田正俊（1684年卒）手下谋事。大名是地方统治者，位于人数更多的武士阶层之上，他们听命于幕府将军，控制着日本广大的领土，这些土地为私人持有。雇用新井白石的大名堀田正俊是大老，也就是幕府将军德川纲吉（1680—1709年在位）的首席顾问。[1]两年后，新井白石成为德川家宣（1709—1712年在位）的老师，德川家宣是将军的继承人。1709年，德川家宣做了幕府将军，新井白石就成了日本政策的总设计师。新井白石事业的蓬勃发展，上距著名的锁国令，也就是1635年所谓的孤立时期开始限制出入境不到一百年。新井白石去世后，又过了一个多世纪，佩里准将于1853年抵达日本，时值日本江户时代晚期和明治时代早期的政治和军事变革准备时期。

江户时代初期，新井白石留下的遗产包括日本官僚机构、货币改革以及政府对贸易控制的进一步收紧。在新井白石任职期间，江户时代早期最令人感兴趣的方面之一是，尽管有锁国令在，日本仍然是全球金属和纺织品市场的核心参与者。稍早于新井白石生活的时期，全球三分之一的白银供应来自日本，中国人和荷兰

人(荷兰东印度公司)是中间人。荷兰人还参与了促进江户时代日本通过孟加拉进口印度洋丝绸商品的活动，这种模式与室町时代日本的消费趋势保持一致。[2] 17世纪，日本商业出现了几种相互关联情况，使得荷兰在江户时代担当了日本与印度洋贸易的主要中介角色：17世纪初，葡萄牙人退出了与日本的贸易；日本政府颁布了锁国令，将所有商业都归入官方渠道，禁止私人贸易；以及明朝后期对日本贸易的限制。[3] 经由荷兰航运，日本的白银通过南海和印度洋运往科罗曼德、暹罗、东京（安南）、巴达维亚、苏拉特、霍尔木兹等港口。而孟加拉地区，反过来成为向日本出口丝绸的中心。[4] 1640年代和1650年代，孟加拉从日本进口大量生丝，这为前面提到的新井白石所追求的政策提供了重要背景：限制贵金属出口以及发展日本的纺织品贸易。

有意思的是，荷兰东印度公司在促进江户时代日本消费印度洋纺织品方面的作用，与早期葡萄牙的亚洲国家间贸易相似，但这并不预示着在日本明治时代西式工业化运动期间欧洲文化东渐已大兴。事实上，荷兰东印度公司之所以进口印度洋丝绸商品，是因为江户时代之前的日本精英与民众对于波斯、印度-波斯和东南亚纺织品的喜好。从室町时代后期葡萄牙人在南中国海周边遇到的日本城和日本商人群体的案例可以看出，日本商人自己沿着荷兰东印度公司的往来路线进行贸易。

就在锁国令之前的几十年里，来自波斯和印度洋世界的纺织品受到日本军界的高度赞誉，既可用于外交仪式，也可用作公共和私人服装。大名丰臣秀吉（1598年卒）穿的"阵羽织"——一种穿在武士盔甲外面的大衣或无袖外罩——是用萨法维波斯丝绸地毯织料制成的。这种大衣以龙、狩猎场景和其他图案为特色,让人想起在历史上遍及亚洲的军事力量和王权。[5]大名身穿从不同国家进口的明亮面料制成的衣服,大名全球联系的更宏大现象由此可见一斑。直接来自萨法维伊朗纺织品的例子表明,荷兰东印度公司庞大的海上港口网络如何促进了日本与中东、欧洲创新的早期联系。

在使用这些纺织品的外交仪式中,也有上一章所讨论的茶道。在江户时代,印度-波斯纺织品与茶道仪式、视觉文化日益交叉,这些茶道以先前讨论的明代抹茶和煎茶为主。在与禅宗结合之前,茶道与中国士人文化的知识分子聚会以及军事精英外交仪式相关联。例如,加贺藩(今石川县)的大名前田利常是茶道的践行者,他曾于1637年派家臣到长崎采买纺织品。[6]前田家族已经坐拥当时中国、印度-波斯和东南亚的大量纺织品,他们保存至今的藏品中的图案,展示了亚洲商品生产全盛时期和欧洲工业化前夕日本政治文化的历史性全球维度。

在此背景下,日本和中国的仪式践行者在仪式中融入包括印度洋纺织品在内的异国情调视觉装饰,这种做法历史久远。"名物切",是16世纪后期创造的一个术语,在17世纪正式理论化,这个日语是指进口的名贵绣片,这些纺织品给与茶有关的物品和器皿带来价值,包括茶壶套。中国的纺织品在日本是依工艺进行分类的,而中国以外的纺织品是按原产地分类的,从东南亚原产的条纹和格子图案的"间道"到南亚原产的"摩尔"。[7]到了江户时代,具有波斯和印度-波斯图案的纺织品和物品开始用于茶道,不仅用于茶壶套,还用于挂毯和礼仪服装。[8]新儒家士大夫山鹿素行

(1622—1685),与新井白石是同时代的人,他所穿的一件外套是由17世纪南亚为东南亚市场生产的彩绘棉纺织品制成的。[9]

茶道日益流行,甚至商人涉身其间,这些人在江户时代发现了另一个购买和销售纺织品的场合:公共节日。在祇园节系列公共街头节庆活动的邻里花车上使用这些纺织品,提供了16世纪后期和17世纪京都富有的工匠和纺织品经销商与进口的中国、波斯和印度奢侈品相互竞争的机会。[10] 到18世纪,在公共节庆和游行中使用印度洋纺织品一并推动了当地仿品制造业的发展。

在位于长崎的中国、日本和荷兰东印度公司商人的推动下,江户时代进口中国和印度洋纺织品的这些发展,揭示了荷兰人在日本的持久存在,尽管有着锁国令。在19世纪日本向西方列强开放港口之前,荷兰东印度公司绝不是江户时代日本与世界的唯一联系,17世纪和18世纪的荷兰东印度公司加速了日本与萨法维伊朗、莫卧儿、德干地区印度苏丹国,以及东南亚的苏丹国、王国等的物质文化的长期接触。[11] 至迟在19世纪初,在江户时代晚期和明治时代初期的日本军事现代化之前的几十年,欧洲人出现在日本,既不是原始殖民,也不是外国文化迁移到幕府诸都城的主要来源。19世纪伊始,江户时代的日本以其经久不衰的中国中心思想文化和兼收并蓄的物质文化为特征,其中许多吸收了来自印度洋苏丹国的东西。[12] 在此背景下,荷兰文化在长崎的迁移,从江户时代日本整体文化景观的边缘迁移到了其中心,这是在19世纪鸦片战争前夕,医学和技术成为日本早期行政转向政治和社会改革的核心领域之一。

杉田玄白的职业生涯：从"汉学"到"兰学"

在经历了金属和纺织品贸易改革的职业生涯之后，新井白石在新的幕府将军执政几年后于1716年退休。退休后，他将作为儒家哲学家和官僚的博学多才应用到他不断的写作中，其中包括地理、哲学和法律等著作。他最著名的作品之一是五卷本的世界地理著作《采览异言》。此书在日本是这类作品的开风气之先者，利用了各地区和外国的资料，这说明日本在锁国令颁布很久之后仍然与全球保持着联系。[13] 这些资料包括新井白石与耶稣会士乔瓦尼·巴蒂斯塔·西多蒂（1714年卒）的对谈。西多蒂非法进入日本，被捕后带至朝廷，新井白石见到了他。[14] 此书还利用了利玛窦（1610年卒）的中文著作，利玛窦途经澳门在北京工作，接受葡萄牙和明朝的赞助。新井白石世界地理的最后一个来源是在长崎的荷兰人的著作，这些著作在日本统称为"兰学"。

在后来对欧洲思想感兴趣的日本作家眼中，新井白石的《采览异言》是他作为日本"兰学"之父的重要基石。新井白石与兰学的特殊联系在于他可以利用荷兰人的书籍，这些书籍能够在长崎获得，而且越来越多地被翻译成日文。在幕府将军德川家纲（1651—1680年在位）时代，他在新井白石职业生涯的前几十年处于统治地位，长崎荷兰商馆的负责人亨德里克·英迪克赠给这位幕府将军一部译成日文的荷兰人关于动物的著作。后来的一位幕府将军德川吉宗（1716—1745年在位）也得到一本，这成为他从行政上更广泛支持荷兰的原因之一。[15] 德川吉宗是新井白石即将退休之际上台的幕府将军。新井白石的《采览异言》成为日本兰

第 9 章　中国的黯然失色与日本的现代化

形成的标志，尽管此书所利用的中国资料在数量上超过了荷兰资料。人们将新井白石与兰学在日本的逐渐引入联系在一起，部分原因在于18世纪和19世纪的山村松英等日本作家编辑并扩充了新井白石的作品，关于医学等主题的欧洲文献越来越多，可以引发人们广泛的兴趣。然而，新井白石的原创作品大部分利用的是欧洲以外的文献，尤其是中国的著述。不过，当后来一位名叫杉田玄白的管理者写作之时，中国和荷兰文献在地理和自然科学著作中的占比发生了转变，翻译的荷兰文献越来越多。

杉田玄白（1817年卒）是鸦片战争前夕与荷兰医学和技术研究关系最密切的新儒家管理者之一。令人感兴趣的是，他职业生涯漫长，一生目睹了行政上对兰学兴趣的增长，他对此发表的评论，有些令人惊讶。用他自己的话说："'兰学'近来极受欢迎。有远见的知识分子醉心研究兰学，而无知之人也热情洋溢地颂扬它。这种对'兰学'的追求是大约五十年前由我们——我们中的极少数人——在漫不经心间开启的。我们从没想过它会如此时髦。"[16]

杉田玄白的评论说明了两点：第一点，也是极明显的，新生代的日本知识分子越来越着迷于各种医学和技术创新，而这些内容是在他们同时研习的汉学中见不到的；第二点也是更细微的，在杉田玄白眼里，日本没有几十年后那样的紧迫感，要按照西方模式对日本政治、社会和技术进行全面的行政改革。这种紧迫性首先出现在军事技术领域，那已是在他死后几十年，因为此时出现了前所未有的新情况：鸦片战争期间，英国在东北亚的军事活动，包括中国被迫开放港口以及香港割让给英国，随后在1853年准将佩里抵达日本。

杉田玄白在第一次鸦片战争之前约二十年去世，这个时候，他没有意识到，对于日本当政者来说，以自己的军事条件与日益工业化的欧洲大国竞争已迫在眉睫，这一点本不足为奇。1853年，佩里准将的使命是强迫日本港口向西方贸易开放，萨斯奎汉纳号配备了六门巨大的派克森思炮，这是第一批设计用于发射开花弹的海军舰炮。同年，在克里米亚战争期间，奥斯曼帝国在与俄罗斯军舰的遭遇战中见识了派克森炮弹的破坏力。[17] 法国人、英国人与奥斯曼人一样，通常使用木壳战舰。由于预计到了海军武器即将取得进步，法国人和英国人都在1850年代开始试验从木船转变为铁甲舰。法国的光荣号，由斯坦尼斯拉斯·德普伊·德·洛梅于1858年设计，是一艘带有4.7英寸铁板、铁紧固件以及铁甲板的木壳混合战舰。由于英国随后设计了一艘名为勇士号的全铁甲战舰。[18]

　　佩里准将前往日本是在1853年，这个时间有助于说明日本19世纪后期军事改革能够在1853年至1890年间如此迅速推进的两个原因中的一个。第一个原因是日本的快速军事现代化，这始于江户时代后期并延续到明治时代，实际上是与日本兰学的一个特定方面密切互动过程的高潮——就是将兰学扩展到医学之外，包括了技术主题在内，并反过来将这些主题融入行政人员和各藩武士的官方和私人课程中。这个过程早在新井白石的职业生涯时代就开始了。

　　具体地说，正是在前面提到的当权幕府将军德川吉宗的领导下，正值新井白石退休之时，幕府在法律上放宽了对来自长崎的荷兰书籍的翻译和流通的限制。这一时期，江户（东京）、大阪、京都已经发展进入世界最大城市之列，识字率迅速增长。完全文人化的武士或是在中央儒学即昌平坂学问所接受教育，其前身是新儒家学者林罗山（1657年卒）的家塾，或是在以这种模式建立的各藩校里学习。到江户时代末期，多达四分之一的藩校开设西洋的军事、医学和造船等课程。[19] 城市和农村地区都有私塾和密切相关的寺庙学校——寺子屋，这两种学校招收了大量的商人和农民。根据入学的学生来看，城市的私塾比农村的学校更常学习兰学。

在这种背景之下，兰学开始广泛传播，包括医学以外的众多学问。从日本后来工业化的角度来看，最重要的是那些构成了早期现代工业技术的学科。例如，森岛中良1787年的《红毛杂话》，不仅讨论了荷兰人使用的西方医院，还有显微镜、热气球、铜板印刷、静电发生器、大型运输船舶。[20]

在军事改革的紧迫性出现之前的数十年里，对江户时代工业技术兴起产生特别影响的一项荷兰技术领域是蒸汽机。鉴于日本接触荷兰技术的历史，日本工程师在1866年根据欧洲图纸完成了一艘国产蒸汽战舰也就不足为奇了，即千代田形号，这甚至是在明治时代之前。[21]

川本幸民的《远西奇器述》，于二十年前的1845年完成，其中有蒸汽机和轮船的详细图纸和描述。[22] 东芝公司的创始人田中久重，看到了俄罗斯使节叶夫菲米·瓦西里耶维奇·普提雅廷于1853年在长崎所展示的蒸汽机，他成为日本第一个制造可燃燃料动力蒸汽机和机车的人。[23]

总之，到了19世纪，兰学已融入管理者和武士的公私教育中，他们对在日本借鉴欧洲军事技术的重要性上日益达成共识,尽管他们在如下问题上有着分歧:幕府是应该对西方列强采取绥靖政策,重新开放与荷兰以外的欧洲商人的私人贸易,还是利用幕府和大名领导的各藩日益现代化的军事力量对抗欧美列强?后一个问题是日本之所以能够在1853年之后迅速实现军事实力现代化的第二个原因。佩里准将在1853年的到来实际上是在江户(东京)的日本中央集权当局所面临的一系列挑战的顶点,幕府将军在江户设法应对由大名所领导的各藩,而各藩对于幕府之于大名的中央集权的未来,或幕府显然准备通过授予贸易特权和合法的治外法权来安抚新到来的西方列强的做法,还没有达成一致。故此,19世纪中叶,幕府将军和各大名都借由欧洲技术的进步来改革各自的军队,而这些技术部分来自同样的一些欧洲国家。这一过程最终导致德川幕府的垮台,以及明治时代的各种行政官员从先前叛乱各藩中的崛起,它是由第三次思想运动所支撑的,超越了旧的中国新儒家的政治和社会伦理模式("汉学")及新的荷兰医学和技术课程("兰学")。这第三次思想运动是水户藩之学("水户学"),以日本古代帝国史学为导向,与日本经典之学("国学")一道为19世纪的大名、武士和选拔出的士大夫提供了关于复兴日本古代帝国荣耀,拒绝德川幕府专横,以及日益迎合西方政治管理模式必要性的思想主张。到江户时代后期,这一思想主张及其军事化各藩的支持者,为恢复半瘫痪的京都天皇政治权威与各藩领导权威张目。18世纪以降荷兰技术在官方和私人教育中得到广泛吸纳,1853年前后荷兰人从多方面推动幕府和各藩的军事化过程,以及19世纪中叶复兴古代日本帝国史学和文学的思想转向,结果令人震惊：幕府将军的垮台和明治时代日本帝国的崛起，其间行政人员转而反对日本过去的以中国为中心的新儒家政治模式，赞成政治、工业和社会现代化相融合的英日模式。

幕府将军的改革与垮台

德川齐昭、水户学以及关于政治和军事改革的争论

德川齐昭是德川家齐（1787—1837年在位）和德川家庆（1837—1853年在位）幕府时期的一名幕府官员，是少数几个在江户（东京）掌权的德川氏的大名亲戚之一。德川齐昭的遗产之一是他早期倡导幕府军队改革。德川齐昭甚至在佩理准将到来之前就致力于这一事业，他在自己的水户藩着手此事。德川齐昭在水户建立了地方造船和钢铁工业，并根据日本与荷兰的特殊关系，开始引进铸造大炮等西方军事技术。[24] 德川齐昭是幕府统治家族的亲戚，与幕府将军业务联系密切，这意味着其藩地的军事化肯定不会有问题。然而，如果各藩都要军事化，带来的风险就是大名坐大，从而牺牲幕府的中央权威。

德川齐昭对日本军事化的兴趣，始于他自己的水户藩领地，这与他认为武士应该从城市迁移到农村地区的主张齐头并进。德川齐昭认为，他给西方在东北亚的计划敲响警钟，是为了日本中央政府和大名的利益。换句话说，他认为日本的军事化将保护幕府将军的领土并有助于驱逐西方列强。对于包括年轻的老中阿部正弘（1843—1855年在位）在内的批评家来说，德川齐昭的逻辑自

有优胜之处，但风险在于会分散日本的政治和商业权威，并将日本带回到一个不受控制的对外贸易和内战时代。[25]

德川齐昭改革计划的思想基础，除了汉学教育外，还包括更广泛的行政上的推动，汉学是由江户时代日本当政者研究和教授的以中国为中心的新儒家政治和社会伦理体系。除了研究日本经典的国学以及之前讨论过的包含西医、技术的兰学之外，还有其他思想运动促进了当政者和武士在认识上的转变，使其远离了江户时代早期以中国为中心的新儒家思想世界。水户学，由德川齐昭在水户大名中的一位前辈创立，因其在江户时代后期的半本土主义和近乎原始民族主义的政治改革观念中的地位，尤其引人注目。像国学一样，水户学强调对日本经典的研究，最重要的是，复兴一种专门的日本史学世界观，这种世界观不是围绕着中国古代和中世纪的皇帝和精神传统，而是围绕着日本本身的精神传统。这与早期伊斯兰时代波斯《列王纪》的半本土主义特点类似，在那个时代，当地波斯史学传统形成，该传统不是围绕早期讲波斯语的穆斯林或阿拉伯-波斯文化迁移，而是围绕古老的波斯王室传统。水户学学者所写的此类作品包括《大日本史》，它将日本天皇的统治上溯至传说中的神武天皇（公元前660—公元前585年在位），在追溯日本历史时，排除了更为常见的史学编纂中对中国帝系的强调。

《大日本史》是一部有着多面向的史学著作，塑造了日本作为一个帝国的形象，即以天皇为元首的国家。这一图景与总部设在江户（东京）的德川幕府的现实形成鲜明对比，幕府只是理论上由在京都的、实际无权的天皇所领导。在现实中，幕府将军是事

第 9 章　中国的黯然失色与日本的现代化

实上甚至是形式上的日本统治者,这使得江户(东京)的幕府将军而不是京都的天皇成为欧洲外交努力的对象。[26] 在19世纪前期的几十年政治改革和批评中,《大日本史》的日本帝国史学和以它所出自的水户学,为两个改革派立场提供了思想基础:第一个是要求抑制德川幕府的权威,用天皇的职责予以制衡;第二个是对与德川幕府中央集权形成对比的大名权威消散的批评,水户的批评者发现,在上个世纪德川纲吉(1680—1709年在位)时期,幕府将军尤其专制,恣意妄为。

尽管水户学以及《大日本史》等作品,试图挑战以中国为中心的对于日本和更广泛的东北亚史学的理解,但它们并不批评新儒学的基本政治和社会伦理。相反,水户学的作品重新诠释了这些新儒家伦理原则,服务于以日本为中心的世界历史观。例如,《大日本史》的儒家特色,包括此书将伦理上或道德上的正面评价归功于日本古代和中世纪以天皇为首的统治。这种对帝国的领导地位的正面看法,包括它对以天皇为首的政治和社会等级制度所提供的统一与稳定的假设,与中国中心主义儒家文本对中国作为以皇帝为首的国家的历史成功的解释相一致。换句话说,水户学的著作在中日政治和思想层面上有些融合,甚至预示了明治时代后期西方模式的政治和社会改革的融合层面以及它们在语言上所宣称的中日理论的正当性。一方面,反映了江户时代后期日本政治改革运动中中国思想的持久影响,《大日本史》美化这段日本帝国历史所使用的中国语言的新儒家伦理原则,同样是明代知识文化迁移的产物,这种迁移在日本发展出了禅宗佛学。另一方面,突出日本天皇而排斥中国皇帝,与既非儒家也非佛教的独特日本

197

精神传统交织在一起。具体地说,《大日本史》强调古代日本神祇与古代日本天皇之间的联系,书中将其描述为日本王朝近乎神秘的神-人起源。[27]

如前所述,由江户时代前期水户学学者完成的《大日本史》预示了江户时代后期的一些思想发展。德川齐昭在作为水户藩藩主期间(1829—1844年在位),发展了水户学,这种学问与之前讨论过的19世纪日本国学进一步交织互动,同时质疑日本对儒家和佛教经典的思想依赖,呼吁复兴以神道教为主导的日本经典文献——也就是日本传统的神圣信仰和仪式。

在分析德川齐昭的政治活动时,我们可以认为水户学、以神道为导向的日本国学以及兰学分别关照了他的三种政治立场:第一,依据水户学的智慧见解,他认为应该回到日本古代政治的黄金时代,当时即使是在幕府将军继续担任军事领导地位的情况下,天皇在政治上的统一作用更为突出;第二,借鉴了日本国学,他认为日本应该加强其思想或文化精神中更加本土化或半本土主义的非中国中心的维度;第三,根据兰学的教训,他认为日本应该利用西方技术加强军事力量,以对抗西方列强对日本事务的侵犯。

值得注意的是,虽然德川齐昭本人从未主张让幕府下台,但所有这三种立场都是1850年代和1860年代政治运动的核心,这场运动导致德川幕府的终结,赞成恢复天皇的统治——也就是明治维新,这指的是在孝明天皇(1831—1867年在位)的儿子明治天皇的统治下恢复皇权。事实上,德川齐昭的方法与江户时代最后几年流行的政治方法之间存在关键差异,主要是日本应该如何与西方大国建立外交关系。

第9章　中国的黯然失色与日本的现代化

具体地说，在1853年佩里准将的第一次炮舰外交和1868年明治维新之间，幕府和各种批评幕府的政治改革派在他们对国家广泛军事化的共同利益上意见一致，尽管幕府担心这会赋予地方大名反对自己的权力。幕府和改革派最大的分歧是关于一个拥有最新西方军事技术的文化复兴的日本帝国应该如何对待西方大国，这是一场持久的辩论。在欧美军事压力迫使日本向西方贸易开放港口之时，幕府是否应该像德川齐昭和许多大名所主张的那样进行武装抵抗？或是正如各种行政人员所主张的那样，日本应该暂时接受西方国家进入港口并从其政治知识中受益以加强日本政权，即使这一立场会让日本屈服于西方的政治影响？虽然许多大名和数位日益突出的武士——尤其是在萨摩藩——主张前一种立场，但许多士大夫都支持后一种立场，认为完全取消锁国令并在日本港口与西方列强进行更密切的合作将使日本船只重返国际贸易世界，而且还有一个新的原因：现代海军。

推动后一种立场的政府官员之一是之前做过近江彦根藩藩主、后来成为大老的井伊直弼，他提供了一种对西方采取绥靖立场的衍生认识，旨在适应德川齐昭提倡日本拥有主权的反西方侵犯立场。井伊直弼认为，军事发展对维护日本主权至关重要，但这在短期内取决于与西方大国建立更紧密的外交关系，而不是保留旧有锁国令对日本与西方贸易关系的限制。换言之，日本与荷兰的特殊关系及从兰学上的所得不足以建立军队。用他自己的话说，"危机当头，我们仅仅像过去那样固守国家孤立法令，不可能确保我们国家的长治久安"。[28]

在德川齐昭看来，井伊直弼绥靖立场的衍生理论存在着矛盾。

199

反对德川齐昭的立场认为，与西方大国建立外交关系以及全面背离锁国令而转向开放贸易，将会使士气低落，而召唤战斗对日本主权长期存在来说至关重要。在德川幕府的最后几十年里，江户（东京）的幕府开始正式背离锁国令，并采取似乎更安全的方式，在利用西方列强军事知识的同时，在经济上满足西方列强的要求，井伊直弼的绥靖立场势头猛劲。在某种程度上，在佩里准将到来后的十年内，幕府已经做出了结束锁国令的决定，这使得德川齐昭在1853年之前对战斗的号召越来越不可行。引发解除锁国令的直接导火索——也就是说，正式向荷兰之外的西方列强开放日本港口以及日本人追逐国外商业——是日本在1853年之后签署的一系列"不平等条约"。1850年代和1860年代的实际情况，与锁国令日益过时的理念以及与之交织在一起的政治上集权的等级社会秩序相冲突。

对于幕府来说，锁国令的最初理念包括将安全和贸易机构集中在政府手中，从而实现政治和社会稳定。这种方法旨在与之前的室町时代大名治下各藩间的战争形成对比，各藩业已发展成为武装商业领地。如前所述，一些藩在丰臣秀吉和德川家康统一日本前夕与葡萄牙人结盟。[29] 换言之，江户时代的中央集权政治和经济体系，不同于分散权力的大名领导的各政权——它们拥有相互交战的乡村武士组成的军队，通常所获得的资助是通过封建土地来安排的，也有如德川时代之前的长崎这类源于国际财政收入的情况。

打开德川日本理想化政治和社会结构闸门的，是1853年之后"不平等条约"的签署，也就是将荷兰东印度公司在长崎所拥有的

第 9 章 中国的黯然失色与日本的现代化

例外特权扩大到遍布日本各港口的西方诸列强。不过，它的结果并不是回到室町时代后期的所谓战国时代，而是江户时代末期在各种政治改革运动中出现的两个集团之间的零和冲突：一方是东京的幕府，另一方是包括萨摩在内的主要叛乱各藩的大名和武士。值得注意的是，双方在如何应对西方列强方面存在分歧，但在江户时代的最后几年，双方都集中于西式军事改革的紧迫性。在这场冲突之后，后一群体中的江户时代晚期诸武士在日本帝国建设期间作为政治改革者而声名鹊起于明治时代。

江户时代终结时的末代幕府将军：统治阶层与革命集团关于西方改革的趋同

进入 1860 年代江户时代的最后几年，日本的政治格局出现了对幕府绥靖政策的批评势头——无论是在东京政府内部，还是在政治上毫不相干的各藩。过去十年里，包括老中也就是高级顾问阿部正弘、堀田正睦在内的行政人员的名字，因与 1858 年的《友好通商条约》(《哈里斯条约》) 有关而臭名昭著，该条约向美国开放了六个港口并赋予西方列强治外法权。在幕府统治的最后两年，上台的末代幕府将军是德川齐昭的儿子德川庆喜，他在被任命前的几年里一直担任高级官员。说来也怪，德川庆喜在幕府短暂的任期内，实行的是与幕府之下各藩批评者所呼吁的完全相同的改革主义政策。首先，依照前面讨论过的井伊直弼关于利用日本与西方外交关系加强日本军事实力的立场，年轻的幕府将军在西方的帮助下迅速组建了国家陆军和海军。换言之，他的军事改革表明他致力于恢复日本对其边界和港口主权的改革主义理想。其次，

201

幕府将军本人促成了以京都为基地的天皇在日本理论上和实践上权威的恢复，向各藩表明，东京的幕府将军和京都的天皇权力不必有你没我。那么，为什么幕府会倒台呢？接下来将细致考察导致明治维新和现代日本帝国崛起的事件。值得注意的是，这些事件表明，政府和各藩的政治立场在日本军事力量现代化的必要性上趋于一致，以防止进一步丧失主权。

在德川幕府末年对幕府最敢放言反对的大名，是所谓的土佐大名——来自长州、萨摩等在政治上与德川家族断绝关系的各藩大名。德川齐昭是前水户藩主和德川家族的成员，不在这些大名之中。作为一名政治内幕人士，他试图让他的儿子在1858年成为幕府将军，这说明了他的日本帝国主义理想与他对幕府在东京继续存在的承诺携手并进。与此不同的是，长州大名和武士日益脱离幕府制度，于1864年一同倒幕。[30] 而萨摩的继任大名原本采取中间立场。1864年，萨摩大名首先与幕府合作并在军事上击退了长州的全面叛乱，接下来在1868年改变立场，加入长州，导致幕府垮台。

幕府垮台的前几年中，吊诡的是，这两个群体在1850年代——一面是在东京安抚西方、居于统治的幕府行政人员，另一面是批评幕府绥靖政策的内部与外部支持天皇之人——共有着研究和实施西方军事改革以及维护日本对其港口主权的兴趣。鉴于这些共同的目标，他们为什么不按照天皇与幕府联盟的模式达成一项工作安排，并开始利用新学到的西方军事技术来反击西方的入侵？

尽管从1868年幕府倒台的角度来看，这种天皇与幕府联盟的

第 9 章 中国的黯然失色与日本的现代化

模式似有悖于事实,是错失了的机会,但共治的天皇与幕府政府毕竟短暂而令人费解地存在过。1863年和1866年的两个事件突显了这一点。1863年,德川幕府将军德川家茂在约三千名随从的陪同下,从江户(东京)前往京都孝明天皇(1846—1867年在位)的朝廷。上一次德川幕府将军拜谒京都御所是在二百五十多年前,还是德川家光(1623—1651年在位)当政时期,他是与1633年最早的锁国令有关的幕府将军。在德川家光的统治下,幕府任命了一名联络人,称为京都所司代,与天皇和朝廷权贵共事,这些人于整个德川时代(1603—1868)在幕府和大名主导的日本政治事务中声望甚高但行政权力有限。[31] 德川家光时期的前一次觐见,是为了证明幕府将军的权力以及他独立于天皇的朝廷,随之而来的是定居江户(东京),以此作为日本权力新中心。1863年德川家茂最近一次访问京都,其主要目标是与朝廷和解,当时越来越多的大名正从江户转向京都所代表的另一个权力中心。然而,在这位将军离开之前,人们请求他公开拜见天皇以及参加天皇前往古老神社的行幸活动,这一神社是京都供奉日本古代神祇的圣地之一。这种天皇行幸属大规模公务,有着数千名随从。幕府将军在典礼上表现出的顺从和仪式上的谦逊进一步表明,在公众面前,天皇先前已不再起作用的理论权威,与他在幕府制度中日益增长的实际权威之间还是模糊不清。此次活动的独特之处在于,它标志着江户时代后期天皇权威的复兴,上一次这类天皇巡行,是后水尾天皇临幸京都的二条城,当时幕府将军正暂栖于此。此城是德川家茂本人在1863年近期旅行的居住地,最初建造于德川幕府创始人德川家康(1543—1616年在位)统治期间,作为新幕府相对

167

203

于大名和天皇的威望和军事实力的象征。换言之，两百多年后的1863年，天皇和幕府将军参拜神社，标志着天皇与幕府将军的关系发生了变化，天皇凭借与幕府将军本人新的密切联系，其政治威望与实际的政治权力相辅相成。

1863年，公开展示天皇与幕府密切关系的引子是1858年的一个事件。当时德川幕府的老中堀田正睦赞成向西方列强开放日本的港口，并派遣了士大夫、大学头即当时最高学府的山长林复斋去请求天皇批准《哈里斯条约》。为什么堀田正睦觉得有必要寻求天皇的批准并不完全清楚，只知道水户藩的藩主德川齐昭立场坚定，坚持锁国并驱逐西方列强，他与朝廷保持着联系，这与他支持天皇关于日本统一和复兴的水户学观念相关，也与幕府的绥靖政策已经得到了各主要大名的同意这一事实相一致。结果甚至是幕府——它在1840年代批评德川齐昭看似要将大名军事化并将日本统一在一个强大的反西方的以天皇为中心统治之下的破坏性企图——于1850年代后期对天皇日益增强的权力表现出宽容，部分是由于幕府的软弱。鉴于江户（东京）的幕府中心主要是以京都和江户为基地的德川家康作为第一位幕府将军之后建造的，可以说幕府将军在1863年对天皇的觐见史无前例。德川家茂于1866年过早去世，德川齐昭的构想，即一种水户学所追求的天皇领导的天皇与幕府的联盟终于开花结果。德川齐昭出身德川家族，下一任幕府将军是他的亲生儿子。

德川齐昭的儿子德川庆喜在1866年的崛起，本应该可以代表德川齐昭在1840年代对于幕府愿景的最后一幕，即幕府与强大的天皇一起统治一系列军事化的大名诸藩，驱逐西方列强。理论上，

第9章 中国的黯然失色与日本的现代化

这两个派系之间的摩擦本可以解决：一方面是叛乱的长州和水户藩支持锁国和帝国统一，另一方面是现在由支持锁国的前水户藩藩主的儿子领导的幕府政府。而事实上，德川幕府凌驾于长州等强藩之上，这种安排可以追溯到二百五十多年前，是推动叛乱的群体日益关注的核心问题。这个问题让萨摩藩——它与西方列强的关系渊源已久，也有着悠久的西化军事改革的历史——与水户藩对立起来。如前所述，萨摩背叛了与幕府的联盟，转而加入长州的叛乱，而此前叛乱的水户藩在1860年代的新藩主是德川齐昭的另一个有影响力的儿子，也是新将军德川庆喜的亲兄弟德川昭武。

换言之，到1867年，由天皇、将军、大名领导的联合战线以反对西方入侵日本领土的可能性暂时退居次要地位，要紧的是关于德川幕府将军之于各藩大名和武士权力的争论悬而未决。这一事实通过将叛乱团体捆绑在一起的旗帜标语，即"尊皇攘夷"，模棱两可地表达了出来。

从某种意义上说，虽然旗帜标语的前半的"尊皇"与以支持天皇重新掌权为借口而发动的倒幕运动现实相照应，但后半的"攘夷"却与叛乱中的武装各藩已经与西方列强建立了密切联系并实际上放弃了对日本与西方经济交流的锁国限制这一事实相矛盾。在明治维新期间，以长州和萨摩为基地的武士开始掌权，延续了德川庆喜利用日本与西方外交的亲近关系来武装日本政府的政策，这说明"攘夷"对于反叛来说实际上并未构成与幕府将军自己政策的决裂。

因此，从某种角度来看，对于在叛乱各藩间更广泛推动限制幕府在这些藩行使权力，这个口号似乎是一个经不起推敲的借口。事实上，长州、尾张、福井、萨摩、德岛各藩当局只允许尊皇的知识分子和武士——支持天皇权力要大于幕府将军的这些人——随意活动，不受限制，这是因为他们的活动与每个大名以牺牲幕府将军为代价来加强诸藩权威的官僚理想一致。[32] 然而，对于这些官僚集团中的许多人来说，让位于京都的天皇凌驾于大名之上，并不是真正的目标。当更直接的目标是巩固独立的各藩权威时，大名对于用京都的一个更强大的皇室取代东京的一个统治家族并不感兴趣。尽管如此，对大名来说，以牺牲东京幕府将军为代价，恢复京都的日本皇权，这种言辞很有用。它利用了日本以天皇为中心的中国中心政治哲学，结果是提振了地方知识分子和武士转而反对幕府将军的信心。

从另一个角度来看，虽然知识分子和武士的尊皇口号，掩盖了更深层次的幕府与大名竞争以及大名推动倒幕的现实，但这个口号的广泛吸引力说明了日本政治哲学中持久的以中国为中心的维度，即使它从一个以中国为中心的江户时代的幕府转变为一个西化的明治时代的帝国。换言之，即使日本的各藩执政者开始采用英国的政治和社会经济改革，中国思想史的概念仍在继续塑造日本现代化的新政治融合模式。从这个角度来看，1868年幕府垮台时，政治史有着显著的中断，这掩盖了日本在1858年《哈里斯条约》之后与西方列强密切接触的几年里，受西方影响的中央和各藩工业化的真正连续性。日本在1900年代将成为一个令人想起大英帝国的工业化帝国，军事和大众层面的教育差不多完全反映的是英国的教育，但就其以亚洲为中心的政治历史观与长期以中国为中心的地方价值观和文化词汇而言，日本帝国仍将是日本的。中国在日本的文化影响力将受到西方工业化的挑战，但永远不会全然消失。

1868年，德川庆喜在两支现代军队参战的内战中下台：幕府军队和叛乱诸藩的军队。幕府将军辞职而不是平息叛乱，这让人想到清末军事领导人袁世凯在将近半个世纪后的1911年与中国民族主义者的谈判。在过渡时期之后，新的日本帝国政府沿着西方的路线，迅速改变了国家的政治和社会秩序。结果不仅是日本发生了转变，而且日本与其古老的邻国——中国的关系也发生了转变。

明治维新的后果：日本西化改革中中国思想文化的重新定位

欧美改革

1867年11月，依据日本与西方列强的密切外交关系，正指挥着一个正在迅速实现军事机构现代化幕府的德川齐昭之子德川庆喜，宣布辞去日本最后一任幕府将军的职务，从而顺应了他本来可以平息的倒幕叛乱。孝明天皇本人对倒幕叛乱持批评态度，他于当年早些时候因病去世，这一事态对批评幕府、名义上支持天皇的阶层很有利。孝明天皇的儿子明治天皇于1867年2月即位，就在德川庆喜辞职前几个月。令人玩味的是，尽管日本政治在1868年崩溃，但江户时代晚期的东京和最强诸藩正在转向对部分基于西方模式的日本统治方式进行大规模改造。然而，在这种政治上的改革主义趋势的合唱之中，参与从江户时代德川幕府到明治时代日本帝国转变的人物，其与众不同之处，是他们对西方统治方式和社会组织的整体结构饶有兴趣。令人感兴趣的是，明治时代中国思想文化的持久性和饱受争议，可以从日语中的中国思想概念经常成为表达受西方影响的日本新政治和社会秩序的首选词汇中窥得一斑。以下是一些参与这一新秩序形成的关键人物。他们的情况说明了江户时代的政治和军事人物在19世纪末推动日本西化改革是多么疾速，比中国20世纪后期的工业化早了近一百年。

土佐藩的坂本龙马是江户时代最后几年在长州和萨摩藩间斡旋，使之达成停战并结盟的早期权力掮客之一。[33] 在长州和萨摩藩最终开始倒幕之前，坂本龙马试图通过与幕府将军（德川庆喜）谈判，接受将日本政治制度转变为英国式两院制的提议，使幕府继续存在下去。坂本龙马对西方政治的了解，来自一位名叫胜海舟（胜麟太郎）的德川幕府人物，胜海舟是末代幕府将军时期日本海军发展的关键人物。[34] 坂本龙马是《船中八策》这篇短文的作者，此文是1867年他在长崎郊外一艘土佐藩船上与政治改革家、武士后藤象二郎对话后撰写的。[35] 坂本龙马凭借对英美统治方式的兴趣，提出了实施两院制、制定宪法以及建立国家陆军和海军的建议。正是在这种背景下，坂本龙马提议在两院制中继续发挥德川庆喜的作用。坂本龙马提议将幕府将军纳入新的英式政府，其讽刺之处在于，如前所述，在他的穿针引线之下，反叛的长州和萨摩藩领导人达成和解并结盟，但两藩在和解后拒绝了和平建议，

第9章 中国的黯然失色与日本的现代化

进行倒幕,并要求夺得德川的所有政权和土地。

坂本龙马被否决的提议还是值得注意的,因为它预示了日本统治阶层最终在明治时代长州和萨摩出生的各领导人的领导下推行西化政治和社会改革,这些人有许多与后藤象二郎很像——也就是说,在江户时代官私学校中接受教育的年轻武士,在1860年代后期成为政治管理者。

这些武士出身的明治政治家中就有伊藤博文。伊藤博文是江户时代后期长州藩的一位年轻武士,他支持尊皇的倒幕帝国改革。在明治维新前的几年里,他是所谓的长州五杰之一,1863年前往欧洲,在伦敦大学学习。[36] 1870年,他前往美国学习美国货币体系。1882年,他在欧洲学习欧洲宪法。为了弄清楚日本在多大程度上针对中国在东北亚的政治力量取得了进展,伊藤博文在1885年会见了之前讨论过的中国改革者李鸿章,就两国各自支持的朝鲜对立集团——中国支持的朝鲜王朝和日本支持的叛乱团体——展开谈判,并达成了一项和平协议。结果是朝鲜从中国的保护国变为中国和日本的共同保护国,日本和中国的军队最终撤离。中国的撤军由前面讨论过的晚清改革者袁世凯领导,他与孙中山在1911年就清朝灭亡和宣布创立共和国进行谈判。

木户孝允也是来自长州藩的明治时代改革者。他的遗产之一是为废除汉制做出了贡献,这一过程见证了废藩置县,即大名诸藩转变为现代的县。木户孝允于1871年至1873年间前往美国学习西方教育和政治,这是他支持日本立宪政体的主要原因之一。[37]

松方正义是明治时代的政治家、日本银行的创始人,原本是萨摩藩的武士,曾就读于儒学"造士馆"。当前面讨论过的长州伊

209

藤博文于1885年被任命为首相时，松方正义被任命为第一任大藏大臣也就是财政部部长。他最有影响力的改革之一是起草了整个1870年代土地税改革的法律，当时税收的缴纳从大米变为货币支付，赋税是根据土地价格而不是农产品的可能产量进行评定的。[38]到1880年代，政治和经济改革的立场观点扩大后，日本明治时代的政治转型也开始转变为社会转型。值得注意的是，尽管中国文化在明治时代备受争议，但政治和社会改革的话语仍然与日本以中国为中心的思想历史缠绕在一起。

用中文词汇辩论欧洲改革

明治时代头二十年间构想的许多社会改革，为更广泛的日本民众带来了明治时代早期的政治风尚，这种风尚推动了军事、行政、财政领域的西化改革。森有礼，日本首任驻美公使（1871—1873），是明六社的创始成员。该组织是一个知识分子小集团，出版了一本名为《明六杂志》的期刊，其中探讨了包括西方伦理以及霍瑞思·曼普及教育概念在内的主题。首批讨论的主题之一是语言改革，特别是日本是否需要以某种方式对三种文字（汉字、平假名、片假名）的使用进行改革的问题。

明治初期的改革舆论真是无所不有，森有礼对语言的看法甚至在他的美国对话者中间也引起了批评：将简化形式的英语引入日本，以推进其与西方商业、社会的联系。[39]有人呼吁从日语中删除汉字，以利于更多地依赖拼音假名文字，然而也有人呼吁使用罗马字，也就是西欧语言中所使用的罗马（拉丁）文字。所有这些选项在实施中都遇到了挑战。后两种选择尤其问题多多，因为源

210

自中文的复杂日语单词使用了多个汉字,这有助于阐明多字符单词的完整含义。也就是说,汉字可以为一个长的日语单词的意思提供多种视觉线索。这些线索对于理解明治时代的各种新词特别有用,如"哲学"就是专指西方哲学。

西周(1897年卒)创造了"哲学"这个词作为一个新的日语术语,意为"西方哲学"。只要知道这两个汉字的意思,日本读者就知道单个字分别指的是"智慧"和"学问",就会明白这两个字合起来就是"智慧之学"。不过,像西周这样的日本学者在使用这个词指称欧洲的哲学研究时显然不会让人断章取义。完全取消汉字可能会使这种指称西方哲学的难以捉摸的新词更加让人难以辨识。

对废除汉字持批评意见的人士认为,在日本作家同时从旧有汉字中创造各种新词并且改变旧有汉字的语意时,随意用罗马或假名文字替换掉熟悉的汉字的做法会阻碍学习和交流。书面日语新词的例子——旧有汉字的新组合或多字词有了新的意思,包括"主观""客观""现象""心理学""实在""悟性"。[40] 不足为怪的是,最后一个词在明治时代之前即已存在,但它以前是一个佛教的词汇,与智慧等概念有关。从长远来看,对已有汉字进行新的组合,以及使用旧有多字符的中日词汇创造新词以表示新事物,成为扩大日语多功能性以传达西方思想的两种主要工具。

新亚洲

比较中国和日本各自在19世纪后期的思想和社会改革,一个结论既显著又出人意料:明治时代的日本思想改革向晚清中国的文化迁移。到19世纪后期，中国作家通过日本作家设计并赋予新的欧洲意义的汉字组合来研究欧洲概念。奥斯曼帝国和中东卡扎尔王朝的阿拉伯、土耳其和波斯语作家中也有类似的做法，他们赋予旧有词汇以现代欧洲政治的意义，如dawla（帝制王朝、民族国家），这是三种语言在其阿拉伯语书写系统中共享的。

　　日本的语言转变及其在中国的开花结果，为由此产生的新的思想关系提供了一个有用的暗喻。从某种意义上说，尽管中国将日本引入一个极其倚重以中国文字和概念为中心的日语书写体系，尽管中国文化渗透到江户时代日本的政治和思想文化之中，但恰恰是19世纪后期的日本，通过新的、现代的日本文化塑造了中国的现代化，这种文化是明治政府在政治上融合西化改革所培植的。

　　这一发展可能指向的是一些非同寻常的事情。虽然政治家和知识分子愿意实施各种西化改革，但无论是在明治时代的日本还是在清代中国，影响这些日本和中国西化改革的欧洲文化都并非不言自明的。简言之，对于许多明治时代早期的日本改革者来说，尽管欧洲的军事优势为日本进行西式政治和社会改革的必要性提供了一个紧迫的论据，但它仍然没有揭示出欧洲伦理和欧洲世界观优于日本或中国。正是由于这个原因，那些将西化论点推向极端的日本改革者，包括呼吁将多面向的日本书写体系改变为一种罗马化体系，仍然争论不休。日语能包容欧洲政治和社会规范，这一持久性的中国中心维度，诠释了以中国为中心的日本在江户时代如何促成其转向欧洲政治文化和社会改革这一更大范式。由此产生的中、日、西方之综合体是可以转变的，足以让清朝末年中国现代化的中国改革者用作范本。

第9章　中国的黯然失色与日本的现代化

到1890年代，中日战争期间，日本出人意料地战胜了中国，其后日本接待了对中日新的现代政治语言感兴趣的中国知识分子，其中最著名的是青年孙中山。明治时代日本为晚清时代中国的改革者提供的，既有一种活生生的范本，也有一种表达中国现代化的词汇。从上一个千年中华文化跨越东北亚的迁移来看，此次明治时代交流之新奇令人瞠目。一个新的全球秩序于20世纪初正在出现，清代中国以及在东北亚的欧洲列强开始让位给日本，日本崛起为全球帝国。到1912年明治时代末期，日本帝国代表了下面几种情况前所未有的一种融合：西方工业化，欧洲和本国模式下的日本民族主义，以及服务于军事化和日本领导的泛亚洲主义新理论的儒家原则再阐释，这运动朝向亚洲西部，明朝海上将领郑和曾到访过的地方。

日本帝国以及随之而来的战后美洲太平洋地区的崛起向世界发出了一个信号，即大明时代开始的中国全球文化迁移的时代已经结束。关于中国崛起的讨论重新出现在国际政治话语之中，还需一百年。届时，亚洲的地缘政治格局将由中国香港、中国台湾、新加坡、韩国等新兴"亚洲四小龙"经济体以及邻近的马来西亚、印度尼西亚、菲律宾、泰国、越南等"亚洲小虎"主导。在新加坡和吉隆坡的科技创新、首尔的全球软实力、东京的持久经济增长，以及美国对太平洋地区日益增长的兴趣之间，一个新的全球中国的崛起将是有争议的，但并非史无前例。

尾　声

重新转向东方

　　1979年，屡获殊荣的日本艺术总监兼服装设计师石冈瑛子为日本百货公司巴尔可策划了一场令人难忘的广告活动。广告中一位美国女演员披着长袍，头戴翼形头巾，意在让人想到女神肯农。石冈瑛子在论及这次活动时说："日本向西方学习……但情势正在发生变化。今天的趋势表明，西方正开始看东方……'西方人能穿东方人的衣服吗？'正在憧憬着未来的新日本如是寻问。"[1] 数十年前，石冈瑛子的这番话真是有先见之明。石冈瑛子广告活动背后的服装设计师是三宅一生，在他的设计中，有以极简主义的黑色高领衫而闻名者，就是史蒂夫·乔布斯在他职业生涯后期所穿的。

　　欧美时尚界很早就对三宅一生感兴趣，他的同人和设计师川久保玲、山本耀司在1980年代进入巴黎高级时装界，顺理成章。对于当时的西方记者来说，川久保玲与山本耀司的柔软宽松面料和大量使用黑色代表了新的日本前卫派及其后世界末日的抽象概念。

对于川久保玲、山本耀司来说，这些面料不是抽象的，而是成衣时装，黑色不是病态，而是向比西方设计师所提供的更简单、更简约的美学致敬。对于20世纪末的日本历史学家来说，日本前卫派的时尚场景标志着日本文化在西方的登场，而"日本制造"代表的是索尼、任天堂、丰田、三丽鸥的创新。在更微妙、或许更深刻层面上的，是日本电影和动漫以重新改编的英文版形式向西迁移，"卡哇伊"产品，以及受禅宗影响的室内设计与现代精致概念之混合。

然而，在这一新的日本以及更广泛的亚洲文化叙事之下，存在着本书叙事所发现的一个吊诡现象：许多西方观察家没有认识到当代国际对中国和日本文化产品的消费不止可以上溯五十年，而是可以追溯五百年，这赋予中国和日本比当代欧洲历史学家所想象的更多的全球文化遗产，中国和日本对广泛的亚洲和欧洲文化产品的吸纳同样可以追溯到1950年代和1960年代战后重建时代之前很久。几个世纪以来，日本和中国的半保护主义政策都要求限制私人贸易，而赞成国家支持商业交易，两国的行政人员、商人与亚洲和欧洲的各类人士——从耶稣会天文学家、制图师到英国军事专家——持续互动，并成为他们的赞助人。

面对着这种数百年的交流，为什么经济史家认为中国和日本在历史上是孤立的国家，自大航海时代起就落后于欧洲的创新，而事实是大部分前工业化的全球创新都是从东方迁移到西方的？[2] 为什么当代中国和日本文化培养的观察者都类似地写道：东方"向西方学习……但情况正在发生变化"？本书给出的答案包括两个方面：第一，历史学家忽视了欧洲和亚洲之间长达五百年直接交流的活力，这一时期欧洲是中国和日本大部分文化和知识产品的消费方；第二，历史学家忽略了中国和日本在历史上追求现代化的活力以及他们对西方社会政治模式的模仿。在中国鸦片战争和佩里准将在日本的所谓"炮舰外交"（1830年代至1850年代前后）期间，欧美的军事实力在东北亚所向披靡，即使在此之后，关于西方政治和社会组织模式优于本国模式的论点也从未完全站稳过脚跟。更常见的是，中国和日本的官员与知识分子在——具体地讲是——军事和工业技术改革以及维护中国和日本区域港口国家主权的背景下，呼吁按照西方模式进行社会政治改革。吸收西方工业化的文化基础是这一努力的一部分，但用西方传统完全取代本国传统的做法从未发生过。西化的社会改革，尽管受欢迎，但总是通过本国历史的透镜进行调解，使得19世纪后期的东京和上海成为混合了东西方、具有自己特色的社会和审美世界主义。

随着20世纪社会改革的加速，在中国和日本彻底变革的现代化过程中，官员、知识分子和艺术家仍然培养了一种持久的亚洲在世界上的自我中心意识，欧洲在某种程度上也是中心，但仍属边缘。从这个角度看，设计师石冈瑛子的评论"日本向西方学习……但……西方正开始看东方"既新鲜又令人惊讶，而如果没有幕府将军的垮台和日本工业化的开启，就不会如此。端详此前的五百年，当欧洲航海探险队研究中国和日本的创新时，石冈瑛子所说的"看东方"，既让人觉得熟悉甚至让人觉得这是一种预兆：从新加坡到首尔，在比以往任何时候都更加多中心和相互关联的当今世界，亚洲的诸多首都再次成为具有深远影响的创新中心。

致　谢

这本书是我在多所大学教学、研究以及演讲的基础上完成的，特别是贝茨学院、哈佛大学、麻省理工学院、斯坦福大学、乔治城大学、威斯康星大学麦迪逊分校、梨花女子大学（首尔）、延世大学、香港大学、东京大学、纽约大学、哥伦比亚大学、莫纳什大学、马来亚大学、新加坡国立大学。在威斯康星大学麦迪逊分校，我是人文科学研究所的罗伯特·京顿研究员，感谢所长苏珊·弗里德曼博士，她身为领导，鼓励研究人员跨学科合作，建立联系。我还要感谢伊莱恩·费雪博士、安德烈·温克博士、威廉·诺斯沃西博士，感谢他们在数字人文学科和亚洲研究的交叉方面进行了出色而持续的合作。在纽约大学，我以访问学者的身份开展研究，也是这里毕业的博士。我感谢东亚研究系、经济学系、社会学系、历史学系、中东和伊斯兰研究中心的全体职员，曼哈顿再次成为受欢迎的思想家园，我在此开始了我的新项目。在首尔梨花女子大学，我感谢哈里斯·金博士邀请我讲授我的女性运动和工业化的获奖课程，并支持我对经济学和社会学进行交叉研究。我还要感谢纽约市立大学的朴贤熙博士，感谢他在我致力于建立连接太平洋两岸的知识共同体过程中成为一名出色的研究对话者。在东京大学，我感谢长泽荣治博士、后藤博士，他们欢迎并支持我重新发现亚洲与西方之间从古到今的许多联系。在新加坡国立大学，我感谢彼得·博尔施伯格博士展示了全球历史研究如何为当代世界提供真正深刻而富有洞察力的课程。在贝茨，我感谢所有教师的卓越研究和教学，感谢他们创造了一个有利于本书核心的跨学科工作环境。我特别感谢下面各系的师生：亚洲研究、宗教研究、历史和经济学、艺术和视觉文化、古典和中世纪研究、社会学、政治、非洲学、人类学、法国和法语国家研究、欧洲研究、美国研究、人类学、哲学、拉丁美洲研究等。我尤其感谢这些系的现任和前任主任，我与他们就全球历史和当代社会进行了许多精彩的对话，包括马库斯·布鲁斯、辛西娅·贝克、托马斯·特蕾西、约翰·斯特朗、布莱恩·鲁珀特、丹尼尔·里埃拉-克莱顿、琳恩·刘易斯、保罗·谢伊、弗朗西斯科·杜伊纳、凯伦·梅尔文、乔·霍尔、亚历克斯·道格-罗斯、柯克·瑞德、玛丽·赖斯-德福斯、伊丽莎白·伊姆斯、洛林·丹佛斯、丹尼斯·布朗、大卫·乔治、克劳迪娅·阿布托、古兹曼、巴尔塔萨·弗拉-莫利内罗、弗朗西斯卡·洛佩斯、爱德华·哈尔伍德、特里安·阮、瑞内卡·科里、西尔维娅·费德里科、苏珊·史塔克、特利·皮肯斯、迈伦·比斯利、查尔斯·尼罗、史蒂夫·恩格尔、塞内姆·阿斯兰。我还要感谢在本书完成过程中乐意接纳我项目的所有国际研究和档案图书馆和博物馆的工作人员。我非常感谢斯坦福大学出版社，特别是高级编辑玛塞拉·马克斯菲尔德，她承担了这个项目并就项目内容提供了深刻而宝贵的见解。我还要感谢编辑助理逊奈·朱恩、制作编辑吉吉·马克斯、文字编辑凯瑟琳·马伦在整个出版过程中的专业与细心。

注　释

第1章　横跨印度洋和南中国海的五百年

1. Hyunhee Park, *Mapping the Chinese and Islamic Worlds: Cross-Cultural Exchange in Pre-Modern Asia* (Cambridge: Cambridge University Press, 2012), 43-46; Timothy Brook, *The Troubled Empire: China in the Yuan and Ming Dynasties* (Cambridge, Mass.: Harvard University Press, 2013), 179-180.
2. 罗威廉（Rowe）的研究表明，西方对于令其敬畏的清帝国形象的改变已是很晚的事情，这尤其受两次鸦片战争之前的19世纪英国军事现代化的影响。William T. Rowe, *China's Last Empire: The Great Qing* (Cambridge, Mass.: Belknap Press of Harvard University Press, 2009). 167-174; Peter Borschberg, *Journal, Memorials and Letters of Cornelis Matelieff De Jonge: Security, Diplomacy and Commerce in 17th-Century Southeast Asia* (Singapore: National University of Singapore Press, 2015), 6-14.
3. Daniel O. Spence, *A History of the Royal Navy—Empire and Imperialism* (London: I. B. Tauris, 2015), 45-84.
4. Bruno Maçães, *Belt and Road: A Chinese World Order* (Oxford: Oxford University Press, 2019), 9-38.
5. José Luis Gasch-Tomás, *The Atlantic World and the Manila Galleons: Circulation, Market, and Consumption of Asian Goods in the Spanish Empire, 1565-1650* (Leiden: Brill, 2018), 131-139.
6. 毕宗陶（Stacey Pierson）对于明代陶瓷制造的考察，表明景德镇等中心大量生产瓷器，与工业革命时期仿瓷的机器化生产不同。Stacey Pierson, *From Object to Concept: Global Consumption and the Transformation of Ming Porcelain* (Hong Kong: Hong Kong University Press, 2013), 9-14.
7. Borschberg, *Journal, Memorials and Letters of Cornelis Matelieff de Jonge*; Peter Borschberg, *The Memoirs and Memorials of Jacques De Coutre: Security, Trade and Society in 16th- and 17th-Century Southeast Asia* (Singapore: National

University of Singapore Press, 2014); Peter Borschberg, *Hugo Grotius, the Portuguese and Free Trade in the East Indies* (Singapore: National University of Singapore Press, 2011).
8. Andre Gunder Frank, *ReORIENT: Global Economy in the Asian Age* (Berkeley: University of California Press, 1998).
9. Janet L. Abu-Lughod, *Before European Hegemony: The World System A.D. 1250–1350* (Oxford: Oxford University Press, 1998).

第2章 大明王朝的全球北京

1. Jonathan D. Spence, *The Search for Modern China* (New York: Norton, 1991), 189.
2. Dru C. Gladney, "Muslim Tombs and Ethnic Folklore: Charters for Hui Identity," *Journal of Asian Studies* 46 (1987): 495-532.
3. John Chaffee, "Muslim Merchants and Quanzhou in the Late Yuan-Early Ming," in *The East Asian Mediterranean: Maritime Crossroads of Culture, Commerce and Human Migration*, ed. Angela Schottenhammer (Wiesbaden, Germany: Harrassowitz, 2008), 117-118.
4. On the Muslim Yunnanese, see David G. Atwill, *The Chinese Sultanate: Islam, Ethnicity, and the Panthay Rebellion in Southwest China, 1856–1873* (Stanford, Calif.: Stanford University Press, 2006), 34-47.
5. Michael C. Brose, "Yunnan's Muslim Heritage," in *China's Encounters on the South and Southwest: Reforging the Fiery Frontier over Two Millennia* (Leiden: Brill, 2015), 135-155.
6. Yokkaichi Yasuhiro, "Chinese and Muslim Diasporas and the Indian Ocean Trade Network under Mongol Hegemony," in *The East Asian Mediterranean: Maritime Crossroads of Culture, Commerce and Human Migration*, ed. Angela Schottenhammer (Wiesbaden, Germany: Harrassowitz, 2008), 73-102.
7. David C. Kang, *East Asia before the West: Five Centuries of Trade and Tribute* (New York: Columbia University Press, 2012), 115-117.
8. Hyunhee Park, *Mapping the Chinese and Islamic Worlds: Cross-cultural Exchange in Pre-Modern Asia* (Cambridge: Cambridge University Press, 2015), 170-172.
9. Wang Gungwu, "Ming Foreign Relations: Southeast Asia," in *The Cambridge History of China: Vol. 8, Part 2*, eds. Denis C. Twitchett and Frederick W. Mote (Cambridge: Cambridge University Press, 2008), 301-332.

10. Chris Baker, "Ayutthaya Rising: From Land or Sea?" *Journal of Southeast Asian Studies* 34（2003）: 41-62.
11. 见第3章。
12. 见第3章注释5。
13. 见王崇武《明本纪校注》（上海，1948年；香港影印，1967年），第107—108页。
14. 遥相对应的是中国东南亚边境越南的陈朝，它在1369年派遣一使节，承认了明朝。Kathlene Baldanza, *Ming China and Vietnam: Negotiating Borders in Early Modern Asia*（Cambridge: Cambridge University Press, 2017）, 55-56.
15. John D. Langlois Jr., "The Hung-Wu Reign 1368-1398," in *The Cambridge History of China: Vol. 7, Part 1*, eds. Denis C. Twitchett and Frederick W. Mote（Cambridge: Cambridge University Press, 2008）, 165-167.
16. William C. Hannas and John DeFrancis, *Asia's Orthographic Dilemma*（Honolulu: University of Hawai'i Press, 1997）, 48-72.
17. J. B. Palais, *Confucian Statecraft and Korean Institutions: Yu Hyŏngwŏn and the late Chosŏn Dynasty*（Seattle: University of Washington Press, 1995）, 25-60; Ki-Moon Lee, "The Inventor of the Korean Alphabet," in *The Korean Alphabet: Its History and Structure*, ed. Young-Key Kim-Renaud（Honolulu: University of Hawai'i Press）, 11-30.
18. 明朝丞相胡惟庸案及其对明朝与日本关系的影响，见Timothy Brook, *The Troubled Empire: China in the Yuan and Ming Dynasties*（Cambridge, Mass.: Belknap Press of Harvard University Press, 2013）, 89-91; Feng Zhang, "Regionalization in the Tingxia: Continuity and Change in China's Foreign Policy," in *China and the Global Politics of Regionalization*, ed. Emilian Kavalski（London: Routledge, 2016）, 24-26。
19. Wang Yi-t'ung, *Official Relations between China and Japan, 1368-1549*（Cambridge, Mass.: Harvard University Press, 1953）, 21-24, 34-53.
20. Zhang, "Regionalization in the Tingxia," 25-27.
21. Edward Y. J. Chung, *The Korean Neo-Confucianism of Yi T'oegye and Yi Yulgok: A Reappraisal of the "Four-Seven Thesis" and Its Practical Implications for Self-Cultivation*（Albany: State University of New York Press, 1995）, 10-16.
22. Jeffrey L. Broughton, *Zongmi on Chan*（New York: Columbia University Press, 2012）, 57-59.
23. Mary E. Tucker, *Moral and Spiritual Cultivation in Japanese Neo-Confucianism: The Life and Thought of Kaibara Ekken, 1630-1740*（Albany: State University of New York Press, 1989）, 13-30.

第3章　丝绸之路沿线波斯语中的中国形象

1. 盖耶速丁的记述保存在哈菲兹·阿卜鲁（Hafiz-i Abru, 1430年卒）的著述中，他是一位波斯编年史家，服务于沙哈鲁朝廷。撒马尔罕迪（Abd al-Razzaq al-Samarqandi）的 *Matla'-i sa'dayn wa majma'-i bahrayn* 也包含有盖耶速丁的记述。罗茂锐（Morris Rossabi）提供了关于此使团的有用历史语境：这是明朝派往中亚特别是派往女真人所在地区的亦矢哈使团和派往中亚的陈诚使团完全反方向的使团之一。Morris Rossabi, "Two Ming Envoys to Inner Asia," *T'oung Pao* 62（1976）: 15-21.

2. 这一节所使用的波斯文版本，是撒马尔罕迪的抄本，刊行、收录于Etienne M. Quatremère, "Notice de l'ouvrage persan qui a pour titre: Matla-assaadein ou-madjma-albahrein et qui contient l'histoire des deux sultans Schah-Rokh et Abou-Said," *Notices et extraits des manuscrits de la Bibliothèque du roi et autres bibliothèques* 14（1843）: 308-386。萨克斯顿（Thackston）在他的译文中对照了两种抄本：Ghayathuddin Naqqash, "Report to Mirza Baysunghur on the Timurid Legation to the Ming Court at Peking," in *A Century of Princes, Sources on Timurid Art and History*, ed. Wheeler M. Thackston（Cambridge: Aga Khan Program for Islamic Architecture, 1989）, 279-297。

3. 这一章利用的是波斯文版本：Ali Akbar Khitayi, *Khitay namah: Sharh-i Mushahidat-i Sayyid Ali Akbar Khata'i, Mu'asir-i Shah Isma'il Safavi Dar Chin*, ed. Iraj Afshar（Tehran: Markaz-i Asnad-i Farhangi-i Asiya, 1993）。

4. 此书完成于1516年，1582年从波斯文译成了奥斯曼土耳其文，卡蒂卜·切勒比（Katip Çelebi）将它推广开来。Pınar Emiralioğlu, "Relocating the Center of the Universe: China and the Ottoman Imperial Project in the Sixteenth Century," *Osmanlı Araştırmaları/Journal of Ottoman Studies* 39（2012）: 161-187.

5. Rossabi, "Two Ming Envoys to Inner Asia," 109-142.

6. E. Bretschneider, *Mediaeval Research from Eastern Asiatic Sources: Fragments towards the Knowledge of the Geography and History of Central and Western Asia from the 13th to the 17th Century*（London: Kegan Paul, Trench, Trübner & Co. Ltd., 1910）, 283-285.

7. S. F. Starr, *Lost Enlightenment: Central Asia's Golden Age from the Arab Conquest to Tamerlane*（Princeton, N.J.: Princeton University Press, 2015）, 478-514.

8. Sheila Blair and Jonathan M. Bloom, *The Art and Architecture of Islam, 1250-1800*（New Haven, Conn.: Yale University Press, 1996）, 59-61.

9. *Matla-Assaadein Ou-Madjma-Albahrein*, 309-311.
10. *Matla-Assaadein Ou-Madjma-Albahrein*, 309-311.
11. *Matla-Assaadein Ou-Madjma-Albahrein*, 323-324.
12. 本章所利用的 *Matla Al-Sadayn Wa-Majma Al-Bahrayn* 的波斯文版本是由帖木儿编年史家 Abd al-Razzaq al-Samarqandi（1413—1482）所留下来的抄本，刊行、收录于 Etienne M. Quatremère, "Notice de l'ouvrage persan qui a pour titre: Matla-assaadein ou-madjma-albahrein et qui contient l'histoire des deux sultans Schah-Rokh et Abou-Said," *Notices et extraits des manuscrits de la Bibliothèque du roi et autres bibliothèques* 14, no.1（1843）: 308-386。
13. *Matla Al-Sadayn Wa-Majma Al-Bahrayn*, 332.
14. *Matla Al-Sadayn Wa-Majma Al-Bahrayn*, 327.
15. *Matla Al-Sadayn Wa-Majma Al-Bahrayn*, 328.
16. *Matla Al-Sadayn Wa-Majma Al-Bahrayn*, 332.
17. Morris Rossabi, "The Silk Trade in China and Central Asia," in James C. Y. Watt, Anne E. Wardwell, and Morris Rossabi, *When Silk Was Gold: Central Asian and Chinese Textiles*（New York: Metropolitan Museum of Art, 1997）, 7-20.
18. Mary M. Dusenbury and Carol Bier, *Flowers, Dragons and Pine Trees: Asian Textiles in the Spencer Museum of Art*（New York: Hudson Hills Press, 2004）, 104-105.
19. Trudy Ring, Noelle Watson, and Paul Schellinger, *Asia and Oceania: International Dictionary of Historic Places*（Hoboken, N.J.: Taylor and Francis, 2012）, 528-529.
20. 'Ali Akbar Khita'i, *Khitay namah: Sharh-i Mushahidat-i Sayyid Ali Akbar Khata'i, Mu'asir-i Shah Isma'il Safavi Dar Chin*, ed. Iraj Afshar（Tehran: Markaz-i Asnad-i Farhangi-i Asiya, 1993）, 39.
21. Khita'i, 40.
22. Khita'i, 41.
23. Khita'i, 144.
24. Khita'i, 147.
25. Khita'i, 114.
26. Khita'i, 119.
27. Khita'i, 120.
28. Jonathan M. Bloom and Sheila S. Blair, eds. *The Grove Encyclopedia of Islamic Art and Architecture*（Oxford: Oxford University Press, 2009）, 340-342.
29. Khita'i, *Khitay namah*, 118.
30. Khita'i, 114.

31. Khita'i, 116.
32. Alan Chong, Stephen A. Murphy, Michael Flecker, Regina Krahl, and John Guy, eds. *The Tang Shipwreck: Art and Exchange in the 9th Century* (Singapore: Asian Civilisations Museum, 2017).
33. Denise P. Leidy, Mark Polizzotti, and Barbara Cavaliere, *How to Read Chinese Ceramics* (New York: Metropolitan Museum of Art, 2015), 36.
34. Géza Fehérvári, *Ceramics of the Islamic World: In the Tareq Rajab Museum* (London: I. B. Tauris, 2000), 37.
35. Maris Boyd Gillette, *China's Porcelain Capital: The Rise, Fall and Reinvention of Ceramics in Jingdezhen* (London: Bloomsbury, 2016), 21ff.

第4章 香料之路沿线的马来与中国贸易

1. 使用的版本是: A. H. Hill, "*Hikayat Raja-Raja Pasai,*" *Journal of the Malayan Branch of the Royal Asiatic Society* 33 (1960): 1-215; "Hikayat Hang Tuah," in *The Epic of Hang Tuah*, ed. Rosemary Robson, trans. Muhammad Haji Salleh (Kuala Lumpur: Institut Terjemahan Negara Malaysia, 2010); "Sejarah Melayu," in John Leyden, *Malay Annals* (London: Printed for Longman, Hurst, Rees, Orme, and Brown, 1821)。
2. Siti Hawa Haji Salleh, *Malay Literature of the 19th Century* (Kuala Lumpur: Institut Terjemahan Negara Malaysia, 2010).
3. Ma Huan, *Ying-yai Sheng-Lan: The Overall Survey of the Ocean's Shores* [1433], ed. Chengjun Feng, trans. J.V.G. Mills (Bangkok: White Lotus, 1996), 93.
4. David G. Atwill, *The Chinese Sultanate: Islam, Ethnicity, and the Panthay Rebellion in Southwest China, 1856-1873* (Stanford, Calif.: Stanford University Press, 2006), 34-36.
5. 元末明初,从中国前往东南亚(除了马六甲)的穆斯林的情况,见 Alexander Wain, "China and the Rise of Islam in China," in *Islamisation: Comparative Perspectives from History*, ed. A.C.S. Peacock (Edinburgh: Edinburgh University Press, 2017), 419-443。
6. Kenneth R. Hall, "Upstream and Downstream Unification in Southeast Asia's First Islamic Polity: The Changing Sense of Community in the Fifteenth Century Hikayat Raja-Raja Pasai Court Chronicle," *Journal of the Economic and Social History of the Orient* 44 (2001): 198-229; Kenneth R. Hall, "Trade and Statecraft in the Western Archipelago at the Dawn of the European Age," *Journal*

of the Malaysian Branch of the Royal Asiatic Society 54（1981）: 21-47.
7. Anthony Reid, *Southeast Asia in the Age of Commerce, 1450-1680, Vol. 1: The Lands below the Winds*（New Haven, Conn.: Yale University Press, 1988）, 83-96.
8. Alexander Wain, "Chinese Muslims and the Conversion of Melaka to Islam," *Proceedings of Economics Development and Research: Humanities, Society and Culture II* 51（2012）: 35-40.
9. *Hikayat Raja Raja Pasai*, 145.
10. *Hikayat Raja Raja Pasai*, 136.
11. 陈应时考察了遍布东亚和东南亚的西拉等防身术表演中，武术与音乐及舞蹈的一些互动关系。Cheng Yingshi, "A Report on Chinese Research into the Dunhuang Music Manuscript," in *Musica Asiatica*, ed. Allan Marett（Cambridge: Cambridge University Press 1991）, 61-94.
12. *Hikayat Raja Raja Pasai*, 137.
13. orang besar（大人物）、orang kaya（有钱人）等词的起源与意义，见 Anthony J. S. Reid, ed. *Southeast Asia in the Early Modern Era: Trade, Power, and Belief*（Ithaca, N.Y.: Cornell University Press, 1993）, 273-276。
14. 埃雷迪亚（Eredia）对于苏丹国建立之前中国村的描述，可以与后来欧洲人对于马六甲本土商人四个区域（荷兰人称之为 bandar Melaka）之一的中国村的描述进行比较。J. V. Mills, "Eredia's Description of Melaka, Meridional India and Cathay," *Journal of the Malayan Branch of the Royal Asiatic Society* 8（1930）: 18-20.
15. Fei Xin, *Hsing-ch'a-sheng-lan: The Overall Survey of the Star Raft*, ed. Roderich Ptak, trans. J.V.G. Mills,（Wiesbaden: Harrassowitz, 1996）, 91.
16. Yuka Kado, *Islamic Chinoiserie: The Art of Mongol Iran*（Edinburgh: Edinburgh University Press, 2018）, 25-27, 158-160; Sara Kuehn, *The Dragon in Medieval East Christian and Islamic Art*（Leiden: Brill, 2011）.
17. 有一位伊斯兰学者，此书说他盛名远播至撒马尔罕："Tun Abu'l-Fazil，知识渊博的学者，各种知识无不精通。来自西方的许多学人前来与他辩难。但他对答如流，睿智无比。他盛名远播，撒马尔罕的人都知道他。" *Hikayat Raja Raja Pasai*, 135; 关于波斯马，见 *Hikayat Raja Raja Pasai*, 140。
18. *Hikayat Hang Tuah*, 380.
19. *Hikayat Hang Tuah*, 380.
20. *Hikayat Hang Tuah*, 381.
21. *Hikayat Hang Tuah*, 384.
22. *Hikayat Hang Tuah*, 384.
23. *Hikayat Hang Tuah*, 385.

24. *Hikayat Hang Tuah*, 386.
25. *Hikayat Hang Tuah*, 399.
26. *Hikayat Hang Tuah*, 400.
27. *Hikayat Hang Tuah*, 400.
28. *Hikayat Hang Tuah*, 401.
29. *Hikayat Hang Tuah*, 401.
30. *Hikayat Hang Tuah*, 402.
31. *Hikayat Hang Tuah*, 403.
32. *Hikayat Hang Tuah*, 403.
33. *Hikayat Hang Tuah*, 403.
34. *Hikayat Hang Tuah*, 403.
35. *Hikayat Hang Tuah*, 404.
36. Markus Stock, *Alexander the Great in the Middle Ages: Transcultural Perspectives* (Toronto: University of Toronto, 2016), 104-122.
37. *Sejarah Melayu*, 30-31.
38. *Sejarah Melayu*, 32.
39. *Sejarah Melayu*, 172.
40. *Sejarah Melayu*, 175.
41. Joseph Needham and Tsuen-Hsuin Tsien, *Science and Civilisation in China: Vol. 5, Pt. 1* (Cambridge: Cambridge University Press, 1993), 48-57.
42. Michael Dillon, *Encyclopedia of Chinese History* (London, New York: Routledge, 2017), 283-284.
43. Carlos Rojas, *The Great Wall: A Cultural History* (Cambridge, Mass.: Harvard University Press, 2011), 100-102.

第5章 欧洲人寻找香料群岛

1. M.D.D. Newitt, *A History of Portuguese Overseas Expansion, 1400-1668* (London: Routledge, 2009), 184-186.
2. J. H. Elliott, "The Spanish Conquest and Settlement of America," in The *Cambridge History of Latin America, Vol. 1.*, ed. Leslie Bethell (Cambridge: Cambridge University Press, 1988), 149-206.
3. Donald D. Brand, "Geographical Exploration by the Spaniards," in *European Entry into the Pacific: Spain and the Acapulco-Manila Galleons*, eds. Dennis O. Flyn, Arturo Giráldez, and James Sobredo (Cambridge: Cambridge University Press, 2017), 1-54.

4. Antonio Pigafetta, *Magellan's Voyage around the World: Vol. 1.*, ed. trans. James A. Robertson, 2 vols. (Cleveland, Ohio: Arthur C. Clark Company, 1906), 91-92.
5. Pigafetta, *Magellan's Voyage around the World*, 1: 103-104.
6. Pigafetta, 1: 178-180.
7. Pigafetta, 2: 28-30.
8. Stacey Pierson, *From Object to Concept: Global Consumption and the Transformation of Ming Porcelain* (Hong Kong: Hong Kong University Press, 2013), 41-43.
9. Pigafetta, *Magellan's Voyage around the World*, 2: 31-32.
10. Pigafetta, 2: 33-34.
11. Pigafetta, 2: 33-34.
12. Anthony Reid, "Flows and Seepages in the Long-Term Chinese Interaction with Southeast Asia," in *Sojourners and Settlers: Histories of Southeast Asia and the Chinese*, eds. Anthony Reid and Kristine Alilunas-Rodgers (Honolulu: University of Hawai'i Press), 15-50.
13. Pigafetta, *Magellan's Voyage around the World*, 2: 201, f421.
14. Pigafetta, 2: 40-41.
15. 利用了菲律宾国家档案馆所藏档案，尤其是"Descendientes de Don Carlos Lacandola (1748-1885)"，卢齐亚诺·圣地亚哥 (Luciano P. R. Santiago) 已经证明了罗阇阿奇与罗阇马汉达是同一个人。
16. Rodrigo de Aganduru Moriz, *Historia General de las Islas Occidentales a la Asia Adyacentes, Llamadas Philipinas* (Madrid: Impr. de Miguel Ginesta, 1882), v 78-79.
17. 菲律宾与婆罗洲间错综复杂联盟的概述，见 Graham E. Saunders, *A History of Brunei* (London: Routledge, 2015), 49-61。
18. 大家族网络间联姻的习俗，解释了文莱、马尼拉以及苏禄的统治阶层是如何联结在一起的。Laura L. Junker, *Raiding, Trading, and Feasting: The Political Economy of Philippine Chiefdoms* (Honolulu: University of Hawai'i Press, 1999), 106-107.
19. Nicholas Tarling, *The Cambridge History of Southeast Asia—Volume One, Part Two — From c. 1500 to c. 1800* (Cambridge: Cambridge University Press, 1999), 12-13.
20. Hernando Riquel, "Relation of the Voyage to Luzon (Relacion del Viaje a Luzon)," in *The Philippine Islands, 1493-1803: Explorations by Early Navigators, Descriptions of the Islands and Their Peoples, Their History and Records of the Catholic Missions, As Related in Contemporaneous Books and Manuscripts, Showing the Political, Economic, Commercial and Religious Conditions of Those*

Islands from Their Earliest Relations with European Nations to the Beginning of the Nineteenth Century, eds. Emma H. Blair, James A. Robertson, and Edward G. Bourne (Cleveland, Ohio: A. H. Clark Co., 1903), 3: 76.
21. Laura Lee Junker, "The Long-Distance Porcelain Trade," in Raiding, Trading, and Feasting, 183-220, 196-197.
22. Riquel, "Relation of the Voyage to Luzon," 76-77.
23. Riquel, 77-78.
24. Linda A. Newson, *Conquest and Pestilence in the Early Spanish Philippines* (Honolulu: University of Hawai'i Press, 2016), 53-79.
25. M. N. Pearson, "Spain and Spanish Trade in Southeast Asia," in *European Entry into the Pacific*, eds. Dennis O. Flynn, Arturo Giráldez, and James Sobredo (New York: Routledge, 2017), 117-138.
26. Roderich Ptak, "The Fujianese, Ryukyuans and Portuguese (c. 1511 to 1540s): Allies or Competitors?" *Anais de História de Além- Mar* 3 (2002): 447-467.
27. Roderick Ptak, "Reconsidering Melaka and Central Guangdong: Portugal's and Fujian's Impact on Southeast Asian Trade (Early Sixteenth Century)," in Iberians in the Singapore-Melaka Area and Adjacent Regions (16th to 18th Century), ed. Peter Borschberg (Wiesbaden: Harrassowitz, 2004), 1-22.
28. Kangying Li, *The Ming Maritime Trade Policy in Transition, 1368 to 1567* (Wiesbaden: Harrassowitz, 2010), 122-124; Peter Borschberg, *Hugo Grotius, the Portuguese and Free Trade in the East Indies* (Singapore: National University Press, 2011), 155-157.
29. J.S.A. Elisonas, "Nagasaki: The Early Years of an Early Modern Japanese City," in *Portuguese Colonial Cities in the Early Modern World*, ed. Liam M. Brockey (London: Routledge, 2016), 63-104.
30. R. Po-Chia Hsia, *Jesuit in the Forbidden City: Matteo Ricci 1552-1610* (Oxford: Oxford University Press, 2010), 202-223.
31. Jean Berenger, *History of the Habsburg Empire 1273-1700* (New York: Routledge, 2016), 210-215.
32. Colin Jack-Hinton, "The Political and Cosmographical Background to the Spanish Incursion into the Pacific in the Sixteenth Century," in *South East Asia Colonial History, Vol. 1 Imperialism Before 1800*, eds. Peter Borschberg and Paul H. Kratoska (London: Routledge, 2001), 9-41.
33. Peter Borschberg, *Journal, Memorials and Letters of Cornelis Matelieff De Jonge: Security, Diplomacy and Commerce in 17th-Century Southeast Asia* (Singapore: Singapore National University Press, 2015), 6-14.

34. M. N. Pearson, "Spain and Spanish Trade in Southeast Asia," 117-138.
35. José L. Gasch-Tomás, *The Atlantic World and Manila Galleons: Circulation, Market, and Consumption of Asian Goods in the Spanish Empire 1565-1650* (Leiden: Brill, 2019), 150-152.

第6章　中国耶稣会的科学与地图绘制传统

1. J. F. Moran, *The Japanese and the Jesuits: Alessandro Valignano in Sixteenth Century Japan* (London: Routledge, 2014), 2-5.
2. R. Po-Chia Hsia, *A Jesuit in the Forbidden City: Matteo Ricci 1552-1610* (Oxford: Oxford University Press, 2012), 97-115.
3. "Alessandro Valignano: The Jesuits and Culture in the East," in *The Jesuits: Cultures, Sciences, and the Arts, 1540-1773*, eds. John W. O'Malley, Gauvin Alexander Bailey, Steven J. Harris, and T. Frank Kennedy (Toronto: University of Toronto Press, 2009), 336-351.
4. 前往日本的耶稣会教团，见 Ikuo Higashibaba, *Christianity in Early Modern Japan: Kirishitan Belief and Practice* (Leiden: Brill, 2001), 2-28。
5. Henry James Coleridge, *The Life and Letters of St. Francis Xavier* (London: Burns and Oates, 1872), 2: 93.
6. Thomas Conland, "The Failed Attempt to Move the Emperor to Yamaguchi and the Fall of the Ōuchi," *Japanese Studies* 2015 (2): 188-189.
7. Eric P. Cunningham, "A Glorious Exile: The Mission of Francis Xavier and Its Consequences on the Chinese Enterprise" in *Voluntary Exile: Chinese Christianity and Cultural Confluence Since 1552*, ed. Anthony E. Clark (Bethlehem, Penn.: Lehigh University Press, 2015), 21-38.
8. Gauvin Alexander Bailey, *Art on the Jesuit Missions in Asia and Latin America, 1542-1773* (Toronto: University of Toronto Press, 1999), 60-71.
9. 孟德卫（Mungello）指出，在日本方济各会的历史中，的确有神学家尝试对耶稣会士所采用的文化适应办法采取更开放的态度。J. S. Cummins, "Two Missionary Methods in China: Mendicants and Jesuits," *Archivo Ibero-Americano* 38 (1978): 33-108.
10. Jurgis Elisonas, "Christianity and the Daimyo," *The Cambridge History of Japan*, Volume 4, ed. John Whitney Hall (Cambridge: Cambridge University Press, 1988), 301-372, 321-325.
11. Ikuo Higashibaba, *Christianity in Early Modern Japan: Kirishitan Belief and Practice* (Leiden: Brill, 2001), 13-15.

12. 他们各自的职业生涯的概览，可见 R. Po-Chia Hsia, *Matteo Ricci and the Catholic Mission to China, 1583-1610: A Short History with Documents* (Indianapolis: Hackett, 2016), 21-35。

13. Jorge Flor, *The Mughal Padshah: A Jesuit Treatise on Emperor Jahangir's Court and Household* (Leiden: Brill, 2015), 10-20.

14. Xiaochao Wang, *Christianity and Imperial Culture: Chinese Christian Apologetics in the Seventeenth Century and Their Latin Patristic Equivalent* (Leiden: Brill, 1998), 98-106.

15. 关于利玛窦将基督教适应从以佛教以中心转变成以儒家思想为中心的分析，见 Qiong Zhang, *Making the New World Their Own: Chinese Encounters with Jesuit Science in the Age of Discovery* (Leiden: Brill, 2015), 77-85。

16. 现存唯一一册收藏于罗马卡萨纳特图书馆，耶稣会文献研究会于1985年出版的广泛被人参考的版本源于此。2016年的修订本更新了翻译。Matteo Ricci, *The True Meaning of the Lord of Heaven = Tian Zhu Shi Yi*, eds. Douglas Lancashire, Peter K. Hu, and Thierry Meynard (Chestnut Hill, Mass.: Institute of Jesuit Sources, 2016).

17. Ricci, *True Meaning*, 41-196.

18. Matteo Ricci, *Ten Discourses by a Paradoxical Man* (Yanzhoufu: Catholic Press, 1930).

19. 许理和（Zurcher）认为，中国的"边缘宗教"，包括伊斯兰教和基督教在内，为了使得宗教在中国环境中生存，"文化上的当务之急"，就要适应中国的神圣话语。他解释说，中国的礼仪之争，可以从耶稣会士采用早于他们就存在的这一汉化模式中得到理解。E. Zurcher, "Jesuit Accommodation and the Chinese Cultural Imperative," in *The Chinese Rites Controversy: Its History and Meaning*, ed. D. E. Mungello (Nettetal: Steyler Verlag, 1994), 36-41; David E. Mungello, *The Great Encounter of China and the West, 1500-1800* (Lanham, Md.: Rowman & Littlefield, 2013), 96-98.

20. William G. Liu, *Chinese Market Economy, 1000-1500* (Albany: State University of New York Press, 2016), 57-76.

21. Hyunhee Park, *Mapping the Chinese and Islamic Worlds: Cross-Cultural Exchange in Pre-Modern Asia* (Cambridge: Cambridge University Press, 2015), 2-19.

22. D. E. Mungello, *The Forgotten Christians of Hangzhou* (Honolulu: University of Hawai'i Press, 1994), 16-18.

23. Rujivacaharakul Vimalin, "Asia in World Architecture and World Cartography," in *Architecturalized Asia: Mapping a Continent through History*, eds. Vimalin Rujivacaharakul, H. H. Hahn, Ken T. Ōshima, and Peter Christensen

(Honolulu: University of Hawai'i Press, 2014), 17-34; Catherine Jami, *The Emperor's New Mathematics: Western Learning and Imperial Authority during the Kangxi Reign (1662-1722)* (Oxford: Oxford University Press, 2012), 28-30.
24. David E. Mungello, *Curious Land: Jesuit Accommodation and the Origins of Sinology* (Honolulu: University of Hawai'i Press), 46-49.
25. Toby E. Huff, *Intellectual Curiosity and the Scientific Revolution: A Global Perspective* (New York: Cambridge University Press, 2011), 72-114.
26. Mungello, *Curious Land*, 107-108.
27. Elizabeth A. Sutton, *Capitalism and Cartography in the Dutch Golden Age* (Chicago: University of Chicago Press, 2015), 21-72.
28. Adam Clulow, *The Company and the Shogun: The Dutch Encounter with Tokugawa Japan* (New York: Columbia University Press, 2016), 25-58.
29. Donald F. Lach and Edwin J. Van Kley, *Asia in the Making of Europe: Volume III, Book One* (Chicago: University of Chicago Press, 1998), 473-492.
30. Norman J. W. Thrower, *Maps and Civilization: Cartography in Culture and Society* (Chicago: University of Chicago Press, 1999), 58-90.
31. Timothy Brook, *The Troubled Empire: China in the Yuan and Ming Dynasties* (Cambridge, Mass.: Belknap Press of Harvard University Press, 2013), 161-185.
32. 关于历史上儒家思想与士人教育间不断变化的联系，包括在儒家思想有关的政治理论实践环境中士人与君主制的关系，概述见Joseph R. Levenson, "The Suggestiveness of Vestiges: Confucianism and Monarchy at the Last," in *Confucianism and Chinese Civilization*, ed. Arthur F. Wright (Stanford, Calif.: Stanford University Press, 1975), 291-316。
33. Thijs Westeijn, "Encounters between the Middle Kingdom and the Low Countries," in *Reshaping the Boundaries: The Christian Intersection of China and the West in the Modern Era*, ed. Song Gang (Hong Kong: Hong Kong University Press, 2017), 9-34.
34. Thierry Meynard, *The Jesuit Reading of Confucius: The First Complete Translation of the Lunyu (1687) Published in the West* (Leiden: Brill, 2015), 2-18.
35. Thomas Paine, *The Works of Thomas Paine, Secretary for Foreign Affairs to the Congress of the United States, in the Late War. In Two Volumes* (Philadelphia: James Carey, 1797), 8-9.
36. Feng Lan, *Ezra Pound and Confucianism: Remaking Humanism in the Face of Modernity* (Toronto: University of Toronto Press, 2016), 183-199.

37. "François Marie Voltaire," in *The Bloomsbury Dictionary of Eighteenth-Century German Philosophers*, eds. Heiner Klemme and Manfred Kuehn（New York：Bloomsbury，2016），817-821.
38. Frederic Wakeman，*Great Enterprise: The Manchu Reconstruction of Imperial Order in Seventeenth-Century China*（Berkeley：University of California Press，1986），1：90-92.
39. Takehiko Okada，"Neo-Confucian Thinkers in Nineteenth-Century Japan，" in *Confucianism and Tokugawa Culture*，ed. Peter Nosco（Princeton，N.J.：Princeton Univ. Press，1989），215-250.
40. Kai-Wing Chow，*The Rise of Confucian Ritualism in Late Imperial China: Ethics, Classics, and Lineage Discourse*（Stanford，Calif.：Stanford University Press，1994），35-37.
41. Lionel M. Jensen，*Manufacturing Confucianism: Chinese Traditions and Universal Civilization*（Durham，N.C.：Duke University Press，2012），41-43.

第7章　穿越荷兰帝国的瓷器

1. R. Po-Chia Hsia，*Jesuit in the Forbidden City: Matteo Ricci 1552-1610*（Oxford：Oxford University Press，2010），202-223.
2. Jan de Vries and Ad van der Woude，*The First Modern Economy: Success, Failure, and Perseverance of the Dutch Economy, 1500-1815*（Cambridge：Cambridge University Press，1997），382-395.
3. Kenchi Ono，"Ethics and Entrepreneurship in Tokugawa Japan: Social Dimensions of the Maritime and the Domestic Merchant，" in *Maritime Asia: Profit Maximisation, Ethics, And Trade Structure C. 1300-1800*，eds. Karl Anton Sprengard and Roger Ptak（Wiesbaden：Harrassowitz，1994），221-230.
4. Niels Steensgaard，*The Asian Trade Revolution of the Seventeenth Century: The East India Companies and the Decline of the Caravan Trade*（Chicago：University of Chicago Press，1973），406-407.
5. Clare le Corbeiller，*China Trade Porcelain: Patterns of Exchange*（New York：Metropolitan Museum of Art，1974），4-6.
6. 见第2章。
7. Ilda Arez，*Portugal and Porcelain*（Lisbon：Ministerio da Cultura，1984），14-16.
8. Jean M. Massing，"The Quest for the Exotic：Albrecht Durer in the Netherlands，" in *Circa 1492: Art during the Age of Exploration*，ed. Jay A. Levenson（National Gallery of Art：Washington，D.C.，1991），115-119.

9. Shi-shan Henry Tsai, *Maritime Taiwan: Historical Encounters with the East and the West* (New York: Routledge, 2016), 19-44, 20-22.
10. Wei-chung Cheng, *War, Trade and Piracy in the China Seas: 1622-1683* (Leiden: Brill, 2013), 32-34.
11. John R. Shepherd, *Statecraft and Political Economy on the Taiwan Frontier, 1600-1800* (Stanford, Calif.: Stanford University Press, 1993), 47-90.
12. T. Volker, *Porcelain and the Dutch East India Company as Recorded in the Dagh-Registers of Batavia Castle, Those of Hirado and Deshima and Other Contemporary Papers 1602-1682* (Leiden: Brill, 1971), 25-26.
13. Xing Hang, *Conflict and Commerce in Maritime East Asia: The Zheng Family and the Shaping of the Modern World 1620-1720* (Cambridge: Cambridge University Press, 2016), 40-44.
14. Volker, *Porcelain and the Dutch East India Company*, 117-118.
15. Volker, 113-114.
16. Julie Hoshstrasser, "Remapping Dutch Art in Global Perspective: Other Points of View," in *Cultural Contact and the Making of European Art Since the Age of Exploration*, ed. Mary D. Sheriff (Chapel Hill: University of North Carolina Press, 2012), 43-45.
17. Walter Liedtke, "Genre Painting in Delft after 1650: De Hooch and Vermeer," in *Vermeer and the Delft School: The Metropolitan Museum of Art, New York*, eds. Walter Liedtke and Van D. J. Vermeer (New Haven, Conn.: Yale University Press, 2001), 130-169.
18. Walter Liedtke, "Willem Kalf," in *Dutch Paintings in the Metropolitan Museum of Art* (New York: Metropolitan Museum of Art, 2007), 1: 390.

第8章 茶在大英帝国

1. Christopher M. S. Johns, *China and the Church: Chinoiserie in Global Context* (Berkeley: University of California Press, 2016), 51-82.
2. Stephen D. Ouwyang, "Tea in China: From Its Mythological Origins to the Qing Dynasty," in *Steeped in History: The Art of Tea*, eds. Beatrice and Terese T. Bartholomew (Los Angeles: Fowler Museum at UCLA, 2009), 10-53.
3. Martha Avery, *The Tea Road: China and Russia Meet across the Steppe* (Beijing: China Intercontinental Press, 2004), 12-14.
4. Denis C. Twitchett, *Financial Administration under the T'ang Dynasty* (Cambridge: Cambridge University Press, 1970), 63-65.

5. T. Griffith Foulk, "Chanyuan qinggui and Other 'Rules of Purity' in Chinese Buddhism," in *The Zen Canon: Understanding the Classic Texts*, ed. Steven Heine (Oxford: Oxford University Press, 2005), 275-312.
6. Tong Liu, *Chinese Tea* (Cambridge: Cambridge University Press, 2012), 94-96.
7. Eugene N. Anderson and Paul D. Buell, *Soup for the Qan: Chinese Dietary Medicine of the Mongol Era as Seen in Hu Sihui's Yinshan Zhengyao: Introduction, Translation, Commentary, and Chinese Text* (Leiden: Brill, 2010), 11-15.
8. Morris Rossabi, *From Yuan to Modern China and Mongolia: The Writings of Morris Rossabi* (Leiden: Brill, 2014), 61-63.
9. Morris Rossabi, "The Tea and Horse Trade with Inner Asia during the Ming," *Journal of Asian History* 4 (1970): 136-168.
10. 在一种有影响的经济史著作中可以找到明末中国此图景的一个例子，见 Daron Acemoglu and James A. Robinson, *Why Nations Fail: The Origins of Power, Prosperity and Poverty* (New York: Random House, 2012), 230-235。
11. John F. Baddeley, *Russia, Mongolia, China* (New York: Burt Franklin, 1919), 118-119.
12. Baddeley, 118.
13. 乔治·范·德瑞姆给出了原文，见 George L. Van Driem, *The Tale of Tea: A Comprehensive History of Tea from Prehistoric Times to the Present Day* (Leiden: Brill, 2019), 82-84; Gaspar da Cruz, *Tractado Em Que Se Co[m]tam Muito Por Este[n]so As Cousas Da China* (Impresso Evora: Em casa de Andre de Burgos), 1569-1570。
14. Van Driem, *The Tale of Tea*, 274-276.
15. Jan H. Linschoten and Arthur C. Burnell, *The Voyage of John Huyghen Van Linschoten to the East Indies from the Old English Translation of 1598, vol. 1* (London: Writing and Co., Sardinia Street, Lincoln's Inn Fields, Council of the Hakluyt Society, 1885), 156-158.
16. Linschoten and Burnell, *The Voyage of John Huyghen Van Linschoten*, 158.
17. Van Driem, *A Tale of Tea*, 317-318.
18. Bennett A. Weinberg and Bonnie K. Bealer, *The World of Caffeine: The Science and Culture of the World's Most Popular Drug* (New York: Routledge, 2001), 66-67.
19. Cemal Kafadar, "A Death in Venice (1575): Anatolian Muslim Merchants Trading in the Serenissima," *Journal of Turkish Studies* 10 (1986): 191-218.
20. Ina B. McCabe, *Orientalism in Early Modern France: Eurasian Trade, Exoticism, and the Ancien Régime* (Oxford: Berg, 2008), 17-19.
21. Niels Steensgaard, "The Growth and Composition of the Long-Distance Trade

of England and the Dutch Republic before 1750," in *Rise of Merchant Empires: Long Distance Trade in the Early Modern World, 1350-1750*, ed. James D. Tracy (Cambridge: Cambridge University Press, 2011), 102-152.
22. George Birdwood, *Report on the Old Records of the India Office* (London, Calcutta: W. H. Allen & Co., 1891), 25-27.
23. Peter Mundy and John Keast, *The Travels of Peter Mundy: 1597-1667* (Redruth, UK: Dyllansow Truran, 1984), 42-44.
24. Van Driem, *The Tale of Tea*.
25. Kendall Johnson, *The New Middle Kingdom: China and the Early American Romance of Free Trade* (Baltimore, Md.: Johns Hopkins University Press, 2017), 44-46.
26. Erika D. Rappaport, *A Thirst for Empire: How Tea Shaped the Modern World* (Princeton, N.J.: Princeton University Press, 2019), 98-100.
27. Daniel O. Spence, *A History of the Royal Navy—Empire and Imperialism* (London: I. B. Tauris, 2015), 45-84.
28. David Y. H. Wu, "Chinese Cafe in Hong Kong," *Changing Chinese Foodways in Asia*, eds. David Y. H. Wu and Chee B. Tan (Hong Kong: Chinese University Press, 2001), 71-81.
29. Darra Goldstein, *The Oxford Companion to Sugar and Sweets* (Oxford: Oxford University Press, 2015), 243-245.
30. Goldstein, *The Oxford Companion to Sugar and Sweets*, 174-176.
31. Albert M. Wu, *From Christ to Confucius: German Missionaries, Chinese Christians, and the Globalization of Christianity, 1860-1950* (New Haven, Conn.: Yale University Press, 2016), 46-48.
32. Yuanchong Wang, *Remaking the Chinese Empire: Manchu-Korean Relations, 1616-1911* (Ithaca, N.Y.: Cornell University Press, 2018), 113-115.
33. William Theodore De Bary and Richard Lufrano, eds., *Sources of Chinese Tradition: From 1600 through the Twentieth Century* (New York: Columbia University Press, 1999), 251-253.
34. Wang, *Remaking the Chinese Empire*, 114-116.
35. Kwang-Ching Liu, "The Beginnings of China's Modernization," in *Li Hung-Chang and China's Early Modernization* (Abingdon, Va.: Routledge, 2015), 3-16.
36. Yen-P'ing Hao and Erh-Min Wang, "Changing Views of Western Relations 1840-1895," in *The Cambridge History of China: Vol. 11, Part 2*, eds. John Fairbank and Kwang-Ching Liu (Cambridge: Cambridge University Press, 1980), 190-191.

37. Zhang Huateng, "The Qing's Three Armies after the Wuchang Uprising," in *China: How the Empire Fell*, eds. Joseph W. Esherick and C.X. George Wei (London: Routledge 2015), 214-232.
38. Zhuoyun Xu, *China: A New Cultural History* (New York: Columbia University Press, 2012), 527-528.
39. Dorothy Perkins, *Encyclopedia of China: The Essential Reference to China, Its History and Culture* (London: Routledge, 2013), 93-94.
40. FungYee Wang and Chan-Yeung Mo Wah Moira, *To Serve and to Lead: History of the Diocesan Boys' School in Hong Kong* (Hong Kong: Hong Kong University Press, 2009), 22-24.

第9章 中国的黯然失色与日本的现代化

1. 幕府将军德川家康与大名堀田正俊，如学者和官僚新井白石一样，都钟情于儒家思想。德川家康的政治领导模式似乎借鉴了儒家圣君的概念。1682年，堀田正俊聘请了新儒家学者木下顺庵作为幕府顾问，他是新井白石的老师，推动了新井白石的职业生涯发展。詹姆斯·麦克马伦对这个时代的分析突出了儒家思想的各种政治维度。James McMullen, *Idealism, Protest, and the Tale of Genji: The Confucianism of Kumazawa Banzan (1619-1691)* (Oxford: Clarendon Press, 1999), 411-448.
2. Omar Prakash Chouhan, *The Dutch East India Company and the Economy of Bengal, 1630-1720* (Princeton, N.J: Princeton University Press, 1985), 118-141.
3. 到1660年代，随着国内白银储量的下降，日本政府限制了白银出口，并于1668年禁止白银和铜出口。这项白银出口禁令只是四年期的临时做法，1672年后白银得以继续出口，不是荷兰而是中国要求解除禁令。荷兰对解除白银禁令缺乏兴趣，这似乎与他们日益成为日本黄金的向外输出国角色有关系。1664年，日本解除了早先的黄金出口禁令。Yasuko Suzuku, *Japan-Netherlands Trade 1600-1800: The Dutch East India Company and Beyond* (Kyoto: Kyoto University Press, 2012), 1-26; William Philippus Coolhaas, *A Critical Survey of Studies on Dutch Colonial History* (The Hague: M. Nijhoff, 1980); Maurius P. H. Roessingh, *Sources of the History of Asia and Oceania in the Netherlands, Part I: Sources up to 1796* (Munich: Saur, 1982).
4. Rudolph P. Matthee, *The Politics of Trade in Safavid Iran: Silk for Silver, 1600-1730* (Cambridge: Cambridge University Press, 1999), 203-230.
5. 这些军事人物以及他们的着装，见Toh Sugimura, "Japan xi. Collections of Persian Art in Japan," *Encyclopedia Iranica* 14 (2008): 571-574。

6. Joyce Denney, "Japan and the Textile Trade in Context," in *Interwoven Globe: The Worldwide Textile Trade, 1500–1800*, ed. Amelia Peck (London: Thames & Hudson, 2013), 56-65.
7. Denney, "Japan and the Textile Trade in Context," 59-61.
8. Yumiko Kamada, "The Use of Imported Persian and Indian Textiles in Early Modern Japan," in *Textiles and Politics: Textile Society of America 13th Biennial Symposium Proceedings*, Washington, D.C., September 18- September 22, 2012, 3-10.
9. Kamada, "The Use of Imported Persian and Indian Textiles," 3-10; See also Yumiko Kamada, "The Attribution and Circulation of Flowering Tree and Medallion Design Deccani Embroideries," in *Sultans of the South: Arts of the India's Deccan Courts*, eds. Navina Najat Haidar and Marika Sardar (New York: Metropolitan Museum of Art, 2011), 132-146.
10. Sugimura, 571-574. See also Gloria Gonick, *Matsuri: Japanese Festival Arts* (Los Angeles: UCLA Fowler Museum of Cultural History, 2002), 183-209.
11. 关于这种折衷主义，特别是波斯织工将中国和东南亚的设计吸纳到印度的纺织品设计，见John Gillow and Nicholas Bernard, *Traditional Indian Textiles* (London: Thames and Hudson, 1991), 11-13。
12. 从事这一纺织品和金属制品贸易的欧洲海上公司的兴起，见Matthee, *The Politics of Trade in Safavid Iran*, 96-118。
13. 格兰特·古德曼将这部作品置于日本思想史与区域和欧洲学问模式相碰撞的背景下进行讨论。Grant K. Goodman, *Japan and the Dutch, 1600–1853* (New York: Routledge, 2000), 43-65.
14. Henk de Groot, "Engelbert Kaempfer, Imamura Gen'emon and Arai Hakuseki: An Early Exchange of Knowledge between Japan and the Netherlands," in *The Dutch Trading Companies as Knowledge Networks*, eds. Siegfried Huigen, Jan L. Jong, and Elmer Kolfin (Leiden: Brill, 2010), 201-210.
15. 讨论德川吉宗统治时期朝着吸收包括利玛窦在内的欧洲人著作的政策变化，见Goodman, *Japan and the Dutch*, 49-65。
16. Grant Goodman, "Dutch Learning" in *Sources of Japanese Tradition: 1600 to 2000*, eds. W. M. Theodore de Bary, Carol Gluck, and Arthur E. Tiedemann (New York: Columbia University Press, 2005), 361-389.
17. Candan Badem, *Ottoman Crimean War, 1853-1856* (Leiden: Brill, 2010), 109-143, 125- 127.
18. Thomas Brassey, *The British Navy: Its Strength, Resources and Administration* (Cambridge: Cambridge University Press, 2010), 6-8.
19. Masami Yamazumi, "State Control and the Evolution of Ultranational

Textbooks," in *Japanese Schooling: Patterns of Socialization, Equality, and Political Control*, ed. James J. Shields (University Park: Pennsylvania State University Press, 1995), 234-242, 224-226.
20. Margarita Winkel, "Gift Exchange and Reciprocity: Understanding Antiquarian/Ethnographic Communities within and beyond Tokugawa Borders," in *Gifts: Politics and Society in Japan, 1350-1850*, ed. Martha Chaiklin (Leiden: Brill, 2017), 219- 246.
21. Tuvia Blumenthal, "The Japanese Shipbuilding Industry," in *Japanese Industrialization and Its Social Consequences*, ed. Hugh Patrick (Berkeley: University of California Press, 1976), 129-160, 133-135.
22. Brian J. McVeigh, *The History of Japanese Psychology: Global Perspectives, 1875-1950* (London: Bloomsbury Academic, 2018), 74-76.
23. Joshua A. Fogel, *Maiden Voyage: The Senzaimaru and the Creation of Modern Sino-Japanese Relations* (Berkeley: University of California Press, 2015), 215 n. 23.
24. Conrad D. Totman, *Early Modern Japan* (Berkeley: University of California Press, 1995), 538-539.
25. Marius B. Jansen, *Making of Modern Japan* (Cambridge, Mass.: Harvard University Press, 2009), 279-285.
26. Kate Wildman Nakai, "Tokugawa Confucian Historiography: The Hayashi, Early Mito School, and Arai Hakuseki," in *Confucianism and Tokugawa Culture*, ed. Peter Nosco (Honolulu: University of Hawai'i Press), 62-91.
27. Mark J. Hudson, "Tales Told in a Dream," in ed. Michael Weiner, *Race, Ethnicity and Migration in Modern Japan: Race, Ethnicity and Culture in Modern Japan* (London: Routledge, 2006), 119-154.
28. W. G. Beasley, "The Foreign Threat and the Opening of the Ports," *The Cambridge History of Japan. Vol. 5: The Nineteenth Century*, ed. Marius B. Jansen (Cambridge: Cambridge University Press, 1989), 259-307, 273-275.
29. Beasley, 275-257.
30. D. C. Jaundrill, *Samurai to Soldier: Remaking Military Service in Nineteenth-Century Japan* (Ithaca, N.Y.: Cornell University Press), 47-72.
31. Marius B. Jansen, "The Meiji Restoration," in *The Emergence of Meiji Japan*, ed. Marius B. Jansen (Cambridge: Cambridge University Press, 1997), 144-202, 167.
32. Albert M. Craig, *Chōshū in the Meiji Restoration* (Cambridge, Mass.: Harvard University Press, 1961), 153-155.
33. L. M. Cullen, *A History of Japan, 1582-1941: Internal and External Worlds*

(Cambridge: Cambridge University Press, 2003), 195-197.
34. Marius B. Jensen, *Sakamoto Ryoma and the Meiji Restoration* (New York: Columbia University Press, 1961), 153-159.
35. Donald Keene, *Emperor of Japan: Meiji and His World, 1852-1912* (New York: Columbia University Press, 2002), 113-119.
36. Benjamin C. Duke, *The History of Modern Japanese Education: Constructing the National School System, 1872-1890* (New Brunswick, N.J.: Rutgers University Press, 2014), 28-46.
37. Daikichi Irokawa, *The Culture of the Meiji Period*, trans. Marius B. Jansen (Princeton, N.J.: Princeton University, 1985), 51-76.
38. Kären Wigen, *The Making of a Japanese Periphery, 1750-1920* (Berkeley: University of California Press, 1995), 194-201; Wenkai He, *Paths toward the Modern Fiscal State: England, Japan, and China* (Cambridge, Mass.: Harvard University Press), 120-122.
39. Maki Hirano Hubbard, *The Ideology of Kokugo: Nationalizing Language in Modern Japan*, trans. Lee Yoeon-suk (Honolulu: University of Hawai'i Press, 2016), 8-14.
40. Thomas R. H. Havens, *Nishi Amane and Modern Japanese Thought* (Princeton, N.J.: Princeton University Press, 1970), 105-157.

尾声 重新转向东方

1. Kathryn B. Hiesinger and Felice Fischer, *Japanese Design: A Survey Since 1950* (Philadelphia: Philadelphia Museum of Art, 1994), 125-126.
2. Daron Acemoglu and James A. Robinson, *Why Nations Fail: The Origins of Power, Prosperity and Poverty* (New York: Random House, 2012), 230-235.

索 引

Abbasid 阿巴斯，阿拔斯，15，41，42，118，142
Aceh 亚齐，19，50
Acquaviva, Rudolfo 鲁道夫·阿夸维瓦，85，92
Adriatic 亚得里亚海，134
aesthetics 审美，12，29，177
Africa 非洲，2，15，70，124
afterglaze 釉下，43
Americas 美洲，3，8，15，69，78，82-83
Amsterdam 阿姆斯特丹，43，98-99，102，110，121，124，135
Anatolia 安纳托利亚，29，33，64
Antwerp 安特卫普，98，110
Arab 阿拉伯，43，161
Arabia 阿拉伯半岛，129
Ardabil 阿尔达比勒，45
Armenian 亚美尼亚，135
ASEAN 东南盟国家联盟（东盟），6-7，12
Ashikaga 足利，25-26，40，132
Assam 阿萨姆，139
astronomy 天文，19，32，91，93
Atlantic 大西洋，7-8，69-71，82-83，86，134
atlas 地图集，34，95，99-100
Ayutthaya 大城，2，7，20，22，67，70，108，113，115

Baghdad 巴格达，29，42-43
bakufu 幕府，27，109，157，160，163-164，166-168，170-172
Banten 万丹，4，19-20，110
Basque 巴斯克，72，75
Basra 巴士拉，42-43
Batavia 巴达维亚，111-112，114-117，135-136，153
Battista, Giovanni 乔瓦尼·巴蒂斯塔·西多蒂，155
Baysongor 贝孙忽尔，31-33，39
Beijing 北京，2-7，12，14-24，30-32，36-38，40，48，67，74，80，84，91，93-98，107，114，139，143-144，147-148，155，178
Beiyang 北洋，146-147
Belitung 海勿里洞，43，53
Benedictine 本笃会，79，91
Benedictines 本笃会士，80
Bengal 孟加拉，152-153
Bragança, Catherine 凯瑟琳，133
brocade 锦缎，20，34-35，38，55，66，72
Brunei 文莱，2-3，19-20，70，72-75
Buddhism 佛教，27，87，93-94，103-106，126，154，174
Bukhara 布哈拉，18-19，29，39，49
Bukharan 布哈拉的，2，16
calligraphy 书法，32

243

campo 前线，75，77
cannons 大炮，37，95，160
Canton 广州，26，49，78，136，138，140
cartographers 制图师，38，99，178
Castile 卡斯蒂利亚，69，81
Cathay 中国，100-101
Catholicism 天主教，79，87，89-91，93-94，97
celadons 青瓷，43
ceremonial 仪式，35，52-55，57，65，154，167
Chaghatai 察合台，36
Chinoiserie 中国风，33，35，45，54，119，134
chocolate 巧克力，8，134
Choshu 长州，166，168-169，171-172
Christianity 基督教，87，93-95
chronicles 编年史、史书，12，48
church 教会，91，94，101，103，148
coastal 沿海，2，16-17，19-20，24，42，48，50-51，56，79-80，100-101，113-114，116-117，128-129，145
coffee 咖啡，135
colonial 殖民的，83，124，136，140，155
Columbus 哥伦布，12，21
Confucianism 儒家，22，26-27，92-94，101，103-105
constitutional 立宪的，145-146，149，172
Coromandel 科罗曼德，109，153
court 宫廷、朝廷，18，30，32-33，50，55，58-61，63，67，92-93，107，128-129，155，167-168
Crimean 克里米亚，69，157
culinary 烹饪，128，131-132，141
daimyo 大名、藩主，5，79，87，89-90，94，109，152-153，159，162-169，172
dainichi 大日，87
Daoist 道家，105-106，121，126
Darjeeling 大吉岭，139
Deccan 德干，3，51，155

deindustrialized 去工业化，1，11，143
Dejima 出岛，110，116
De Legazpi, Miguel López 米格尔·洛佩斯·德莱加斯皮，3，75-78，81
Delft 代尔夫特，9，12，115，119-124
Delftware 代尔夫特瓷器，9，42，45，119-122
diplomacy 外交，4-7，11，15-16，18，22，27-28，30-31，77，79-80，123，128，140，154，163，178
doge 总督，72，110
Dominican 多明我会的，109，132，137
earthenware 陶器，43，118-119，121
embassies 使节，25，29-31，33，35，87，144
emperor 皇帝，16，24，32-34，44，55，61-64，66-67，87，127，144，147-148，159，161-163，166-170
England 英国，9，102，119，123，137，140
Enlightenment 启蒙运动，85，101-104
extraterritorial 治外法权，16，159，165
Ferdinand 斐迪南，69-70，81
Flemish 佛兰芒，99，101-102
Florence 佛罗伦萨，72
Franciscan 方济各会，79，88，91，109，117
Fujian 福建，16-17，40，44，83，112，114，116，137
galleons 大帆船，8，78，82-83
gems 宝石，54，62
Genghis Khan 成吉思汗，15-16，18，32，103，126，128
Genoese 热那亚的，69，142
German 德国的、德国人，71，99，102，110，145
glass 玻璃，121，131
glaze 釉，43，122，128
Goa 果阿，3，70，79-80，82，85-87，92，102，112

244

索　引

Goryeo 高丽，17，24-27，67
Granada 格拉纳达，8，81
Greek 希腊，69，100，103
Guangdong 广东，16-17，19，44
Gujarat 古吉拉特，109
Gujarati 古吉拉特人的，79
gunboat 炮舰，5，28，123，163，178
gunpowder 火药，4，31，95，142
Habsburg 哈布斯堡，8，70，81，134
Hakuseki, Arai 新井白石，27-28，91，152-157
Hangul 训民正音，25
Hangzhou 杭州，16，96-98
harbors 港口，98，108，111，153，178
Harris Treaty《哈里斯条约》，165，168，170
Harunobu, Arima 有马晴信，90-91
Hellenistic 古希腊时期的，102
Herat 赫拉特，29-32，35-36
herb 草药，131-132，137
Hideyoshi, Toyotomi 丰臣秀吉，91，94-95，109，115，153，164
Hikayat 传奇，48-50，54-56，58，60-63
Himalayas 喜马拉雅，125，139
Hirado 平户，89，110，115-117
Hong 行商，6，123—124，140—141，144，148，157，176
Hongwu 洪武，18，23-24，44，129-130
Hormuz 霍尔木兹，99，117，153
horses 马，38，54，126，129-130
Iberian 伊比利亚人、伊比利亚的，3，8，12，19，21，46，69，80，82-84，98，107，111，124
Ieyasu, Tokugawa 德川家康 91，95，109，115，164，167-168
Ilkhanid 伊尔汗国，18-19，44，69，93，118，142
Ilkhanids 伊尔汗国，18，31
India 印度，4，9-10，21，40，42，45，48，50-51，56-57，60，85-86，91-92，98，101，107，113，115，117，124-125，134，137-140
Indies 印度地方，3，111-112，133，136
indigenous 土著，8-9，41
Indonesia 印度尼西亚，1，19-21，176
Industrial Revolution 工业革命，10，42，119，122，142，151
industrialization 工业化，1，5，9，11，28，123，141，149，152，158，170，176
Iran 伊朗，18，21，29，31，34，42-45，64，69，93，108，113，117，153，155
Iraq 伊拉克，15，43-44，132，142
Isabella 伊莎贝拉，69，81
Ishioka, Eiko 石冈瑛子，177，179
Islam 伊斯兰教，19-21，38-39，42，48-49，66
Istanbul 伊斯坦布尔，19，29-31，36，40，74，80，110，116，133-135
Italian 意大利人、意大利的，2-3，12，15，47，69，72，95-96，137
jade 玉石，29，37-39，41
Japan 日本，3-7，11，14，20，22-23，25-27，38，40，45，78-79，84-89，91-94，98，102，105，108-116，118-120，123，125，127-128，132-133，136-137，142，145-146，149-166，168-179
Japantowns 日本城，3，153
jasmine 茉莉，134
jasperware 浮雕玉石，122
Java 爪哇，2，9，20，43，48，50-52，56，59，68，79，110，112，115，134-136
Jayakarta 查雅加达，111，115
Jesuit 耶稣会士，12，19，32，46，84-99，101-103，105-107，109，132，137，155，178
Joseon 朝鲜，18，25-27，95，172
kampong 村庄，51-53，61
kanji 汉字，25，173-174

245

kaolin 高岭土，118，121
Khitayi, Ali Akbar 阿里·阿克巴尔·希塔伊，30-31，36，67，74，110，116
Khorasan 呼罗珊，19
Khubilai Khan 忽必烈，16，18，24
kilns 窑，42-43，116，118
Korea 朝鲜、韩国 17，20，23-27，37-39，79，95，172，176
Kyoto 京都，87，137，154，158-159，161，166-169
Kyrgyzstan 吉尔吉斯斯坦，29
Latin 拉丁，87-88，93-97，99，102，133，173
leopards 豹，38，131
Li Hongzhang 李鸿章，145
Lisbon 里斯本，79-80，84-85，110
Magellan, Ferdinand 麦哲伦，2，33，70-72，74-75，78，82，115
Majapahit 满者伯夷，56，59，68
Malay 马来，2，7，20，23，36，40，47-53，55-60，62-68，70，73，76，79，100，113，115
Mamluk 马穆鲁克，29，39，72，110
Manchu 满洲、满族，145-146，149
Manila 马尼拉，1-3，8，14，28，47，70，72，74-78，80，82-83，88，94，108-109，111-112
manufacturing 制造、制造业，1，7，9-13，33，36，40-43，66，72，117，121，123，142，150-151
map 地图，95，100，120
maps 地图，53，84-85，91，95，98-100，102，109，120
mariners 水手，13-14，19，21，23，40，69-70，80，88，111
mathematician 数学家，32，93
Mecca 麦加，22，129
Medicis 美第奇家族，110
medicine 医学，5，27，89，91，123，148，155-160

medieval 中世纪，2，44，93，142，161-162
Mediterranean 地中海，15，69，110，134-135
Meiji 明治，5-6，86，89，145，149，151-153，155，157-159，162-163，165-166，169-176
Melaka 马六甲，2，4，9，14，19-20，22，28，47，50，53，56-62，64-67，70，78-79，82，86，98，110-113，115-116
Mesoamerican 中美洲，9，134
Mexico 墨西哥，8，70，75，77-78，83-84，134
military 军事，4-7，9-11，22，28，37，52-53，57，70，77，87，89-90，98，111，123，125，128-130，136，139-147，149，151-155，157-160，163-168，170，173，175，178-179
Ming 明，1-4，7，12-45，47-51，53-56，58，60-63，65-68，70，72，77，79-80，91-94，96-100，104-114，116-122，125-132，137，142，151，153，155，162，176
mitogaku 水户学，159，161-162，168
Mocha 抹茶，133，135
modernization 现代化，4-6，13，80，125，144，146，148-150，153，155，157，160，170，175，178-179
Moluccas 摩鹿加群岛，50，71，78
Mongols 蒙古人，17，31，35-36，39，103，111，128
Moors 摩尔人，74，77，117
Moscow 莫斯科，128，130-131
mosques 清真寺，16，29，60
Mughal 莫卧儿，92，139，155
Muromachi 室町，25-27，87，89，92，108，128，137，152-153，164-165，171
Muslim 穆斯林，2，15-21，32-33，38-39，45，48-49，52-55，63，66，68-69，

索引

74，78，93-94，126

Nagasaki 长崎，3，9，14，70，79，83，89-91，94，98-99，108-110，115-116，118，124，137，154-156，158，165，171

Nanjing 南京，24-25，95-97，140，143-144

Naples 那不勒斯，85，92

Naqqash, Ghayath al-Din 盖耶速丁·纳哈昔，18，30-36，39，45，55，68

Nariaki, Tokugawa 德川齐昭，160-166，168，170

Netherlands 荷兰，9，42，81，98-99，102，109，112-113，116，118-121，134，136-137，140

Oaxaca 瓦哈卡，8

opium 鸦片，4-5，28，42，123，125，139，143，151，157

Ottoman Empire 奥斯曼帝国，2，4，29-33，36，39，41，46，80，132，134-135，137，157，174

paintings 绘画，34-35，119，132

Pasai 巴赛，2，19，48-56，58，60-61，63

Penang 槟城，136

pepper 胡椒，50，109

Persian 波斯，3，15-16，18-19，29-32，36，40，46，57，64，74，95，100-101，106，117，142，153-154，161，174

Peru 秘鲁，8，78，83

Pescadores 澎湖，110-112

Philippines 菲律宾，3，8-9，20，33，71，74-77，79，81-83，138，176

philosophy 哲学，26，103，148，155，169-170，173-174

physician 医生，19，104，128，133，148

Pieterszoon Coen, Jan 简·皮特斯佐恩·科恩，9，109-110

Pigafetta, Antonio 安东尼奥·皮加费塔，33，71-75

polychrome 彩色、五彩，43，118-119

porcelain 瓷器，1，3，8-10，12，19-20，25，29-31，36，38，40-45，72-74，76，98，108-110，112-122，124-129，132，135，140，142

ports 港口，2-5，17，21-22，24，26，28，40，48，69，78-79，110，113，117-118，123，128，132，138，140-141，144，153，155，157，163-166，168，179

Portuguese 葡萄牙人，1，3-4，7-11，14，19，21，23，25，36，46-47，53，56-57，60，68-71，77，79-92，94-95，98-101，107-117，119，125，128-130，132-133，137-138，140-141，152-153，155，164

Puyi 溥仪，147-148

Qajar 卡扎尔王朝，174

Qalmaqs 卡尔梅克人，37-38

Qing 清，1，4-5，13，28，31，37-38，41，48，67，91，95-99，107，113-114，116，118，120，123，131，136，138-150，170，172，174-176，179

Quanzhou 泉州，2，15-18，26，29，49，138

rajas 罗阇，48-50，54-56，58-61，63-64，72，74-75，78

rebellion 反叛，147，159，165-166，168-171

reform 改革，5，23，27，89，96，105，123，125，139，141-145，148-149，152，155，157-158，160-162，165-166，168，172-175，179

Republic 共和国，72，95，110，132，134，136，145，149

revolution 革命，30，41-42，119，125，147

Ricci, Matteo 利玛窦，12，19，30，32，85，87-88，91-96，100-101，107，143，155

Rome 罗马，60，91，93，96，98，102

Rotterdam 鹿特丹，114-115，121

247

Ruggieri, Michele 罗明坚, 85, 87, 92-93, 102
rural 农村, 18, 158, 160, 165
Russia 俄国, 126, 129, 131-132, 140, 144
Russian 俄国人, 14, 126, 129-132, 144-145, 157-158
sacred 神圣的, 18, 23, 34, 45, 48, 63, 66, 162, 167
Safavid 萨法维, 32, 41-42, 108, 117-118, 153, 155
Sakoku 锁国, 98, 108, 151-155, 163-164, 167
Samarkand 撒马尔罕, 18, 29-32, 35-36, 39, 44, 54, 142
samovar 俄式茶炊, 131-132
samurai 武士, 5, 86, 111, 152-153, 157-161, 163, 165-166, 169, 171-172
Satsuma 萨摩, 86, 163, 165-166, 168-169, 171-172
scarlet 猩红色, 37-38, 54
scholars 学者, 26, 92-93, 95, 104-105, 161-162
schools 学校, 148, 158
scientist 科学家, 19, 85, 88, 91, 95, 97, 102, 107
Seoul 汉城（首尔）, 23, 179
Seville 塞维利亚, 8, 80, 84, 112
shahs 沙阿, 32, 65-66, 117
Shanghai 上海, 116, 140, 145-147, 150
shipbuilding 造船, 158, 160
ships 舰船, 3, 17, 21, 40, 73, 76-78, 101, 108-109, 112-115, 138, 145, 157
shogunate 幕府、幕府将军, 4-5, 7, 26-27, 88, 90-91, 98, 110, 113, 155, 159-161, 163-168, 170-171
Siam 暹罗, 51, 67, 70, 79, 153
silat 西拉, 51-52
silk 丝绸, 1, 6, 8, 10, 14, 16, 19-20, 25, 29-31, 33-35, 38-40, 42, 44-45, 54-55, 66-67, 72-73, 76, 79, 83-84, 107-108, 112, 129, 142, 152-153
silver 白银, 1, 3, 7-8, 25-26, 50, 61, 78-79, 83, 94, 107-109, 112-113, 130, 138, 144, 152-153
Singapore 新加坡, 43, 136, 176, 179
Sinocentric 以中国为中心的, 3, 28, 42, 80, 84, 88, 92, 97, 124, 142, 150-151, 155, 159-163, 169-170, 173, 175
slipware 施釉陶器, 41, 118, 129
smuggling 走私, 26, 37, 82-83, 111
Song 宋, 2, 15-18, 24, 35, 41, 44, 66, 101, 104-105, 110-111, 119, 127-129, 142
Southeast Asia 东南亚, 2-4, 6, 9-10, 12, 14, 16-17, 19-24, 33-34, 37, 39-40, 43, 45-50, 52-54, 66-70, 74, 77, 80, 82, 100-101, 108, 111-112, 116, 118, 140, 153-155, 176
Spain 西班牙人, 8-9, 70, 73, 75, 78-83, 88, 92, 95, 107, 134, 138
spice 香料, 1-2, 20, 47, 50, 69-71, 73, 80, 82, 114, 142
Srivijayan 室利佛逝, 64, 68
sugar 糖、蔗糖, 40, 98, 112
Sultanate 苏丹国, 2, 4, 20, 49-50, 53-54, 56, 59-60, 65, 67, 70, 72, 77, 79, 110, 113, 115
Sumatra 苏门答腊, 2, 37-40, 48-52, 56, 64, 68, 79, 109-110
Tang 唐, 2, 16, 41, 43-44, 66-67, 101, 119, 126-127, 132, 142
tea 茶, 4, 9-10, 12, 25, 98, 109, 123-142, 150, 153-154
technology 技术, 4-5, 10, 28, 31, 36, 77-78, 87, 89, 91, 95, 121, 123, 125, 136, 139-140, 142-143, 145-146, 155-160, 163, 166, 179

248

索　引

textiles 纺织品, 3, 8, 10, 20, 29-30, 34-35, 40, 42, 50, 55, 129, 152-155

texts 文献, 19, 31, 35, 47-48, 50-51, 56, 64, 66, 100-102, 106, 162

Thailand 泰国, 2, 7, 15, 20-22, 40, 50-51, 108, 125, 176

theologians 神学家, 85, 88, 95, 97

Timurid 帖木儿, 18, 29-36, 39, 41, 44-45, 54-55, 118

Turkish 土耳其的, 30-34, 46, 121, 133-135, 174

Ulugh Beg 乌鲁伯格, 31-32, 39

uprisings 起义, 146-147

Uzbekistan 乌兹别克斯坦, 18, 29

Valignano, Alessandro 范礼安, 85-86, 88, 91-94, 132

velvet 天鹅绒, 8, 38

Venetian 威尼斯人、威尼斯的, 21, 33, 37-38, 69-72, 95, 110, 121, 134-135, 142

Vermeer, Johannes 约翰内斯·维米尔, 119-121

Vietnam 越南, 21-22, 108, 176

villages 村庄, 48, 53, 75

VOC 荷兰东印度公司, 98-99, 101, 107-120, 132, 134-137, 140, 152-155, 165

warehouses 仓库, 112, 115-117, 138

wares 器皿, 20, 35, 43-44, 110, 117, 119, 121, 126, 128

warrior 勇士, 48, 51-52, 56, 62, 152

warship 战舰, 139-140, 157-158

Westernization 西化, 86, 143, 145, 148, 168, 172-173, 175

Xavier, Francis 沙勿略, 85-88, 90-91, 93

Xian 西安, 2, 29

Xianfeng 咸丰, 144, 147

yellow 黄色, 33-35, 54-55, 58

Yemen 也门, 21, 133, 135

Yokoseura 横濑浦, 89-90

Yongle 永乐, 18, 22, 30, 32-34

Yoshimitsu, Ashikaga 足利义满, 25-27

Yoshimochi, Ashikaga 足利义持, 26-27

Yoshimune, Tokugawa 德川吉宗, 156-157

Yoshinobu, Tokugawa 德川庆喜, 165, 168-171

Yuan 元, 2, 15-18, 20, 24-25, 31, 33-35, 37, 44, 49, 54, 67, 69, 93, 95, 100-101, 110-111, 128, 142, 145-147, 149-150, 170, 172

Yunnanese 云南人, 15-16, 18-20, 33, 49, 130

Zeelandia (Fort) 热兰遮（城）, 4, 112-114

Zen 禅, 23, 26-27, 105, 126-128, 154, 162

Zhangzhou 漳州, 49

Zhejiang 浙江, 19, 126

Zheng He 郑和, 2, 12, 15-16, 18-22, 33, 48-49, 53, 68, 114, 117, 128, 176

图1.1 1975年12月3日，中国领导人邓小平在北京会见美国时任总统福特

北京与西方在1970年代达成了贸易协定，这让人想到19世纪晚期的那些条约，只是制造出口者的角色整个颠倒了过来。回到19世纪，随着鸦片战争的结束以及《南京条约》的正式生效，中国变成了在美国和英国生产的各种西方机制品尤其是纺织品的进口者。《南京条约》之后，英国和美国在上海设立了中国的治外领地，也就是上海租界（1863—1941），里面都是西方人的法庭。在租界正式关闭三十年后，连续有三位美国总统——理查德·尼克松、杰拉尔德·福特、吉米·卡特奠定了新时期与中国政治、经济关系的基础。在这一新时期，中国将成为一个新的满足西方进口市场的高科技产业制造者。这种新的关系是通过与中国领导人邓小平（中）的一系列外交会晤发展起来的。美国国务卿亨利·基辛格（1973—1977年在任）曾任国家安全顾问（1969—1975年在任），是这一政策举措和这些会议的重要设计者之一。杰拉尔德·福特（左）和第一夫人贝蒂·福特（右）于1975年赴北京进行国事访问；英国首相玛格丽特·撒切尔于1979年访华。就美国和英国而言，这些会面的成果之一，是具有争议性的西方去工业化的加速和离岸劳动力外包，这依据的是有利于全球化和扩大服务业的经济理论。四十年后，随着中国成为世界上最重要的制造业大国，那个时代的政策成为政策制定者和经济学家激烈论争的话题。一方面，中国的角色并非史无前例，这让人想到16世纪和17世纪明清前工业制造时代。当时，西方商业网络进口中国的纺织品、茶叶、陶瓷、香水，然后新兴工业化的欧洲才学会用机器制造同样的物品。另一方面，中国的作用至少在一个关键方面前所未有：中国当前制造技术的迭代，特别是高科技机械以及机器人技术的日益普及，就源于1970年代和1980年代知识的东移。推动中国当前崛起的中间角色是日本，其工业化历史要悠久长远得多，可以追溯到现代日本帝国时期。

图1.2 清代广州十三行商总伍秉鉴（1769—1843）

19世纪初，伍秉鉴（浩官）等中国商人，在进出口城市广州积累了巨额财富。所谓的"广州体制"限制了官方与往来广州的西方国家的进出口交流，在广州十三行每个都指派一位中国行商以促进贸易。两次鸦片战争间期的数十年，伍秉鉴是这些人中最具权势者。对西方贸易的限制，在第二次鸦片战争之后彻底解除。英国及其他西方列强在上海等港口城市获得租界及司法特权。例如被称为外滩的海滨地区，曾经包括1845年专门为西方人划定的区域，一直以不同的形式存在着，直到1941年。西方对这个区域的控制，在二战期间日本帝国与美国冲突最激烈的时候以及中国内战的最后几年戛然而止。上海最近与西方人的联系，与现代上海自1970年代以来作为中国技术、电信和制造业中心的崛起有关。

图 1.3　世界最大的公共交通电动汽车进口城市：哥伦比亚的波哥大

　　自从 1970 年代经济转型以及与美国、欧盟建立贸易伙伴关系以来，中国已成为电动汽车等出口商品的领先制造国。哥伦比亚的波哥大（上图），是世界上最大的公共交通电动汽车进口城市。比亚迪，就是制造这些车辆的公司，也在业已工业化的城市如斯德哥尔摩生产大众交通车辆。邻近的东南亚也同样成为全球电器出口地，从 1970 年代以来，如同中国一样，是生物技术和再生能源等产业创新中心。从 21 世纪开始，这些产业已经赶上了日本与西方的同行，这使得一些美国企业家向东寻求创新之路。总之，中国的崛起，以及"亚洲四小龙"（新加坡、韩国、中国台湾、中国香港）和"亚洲小虎"（马来西亚、印度尼西亚、菲律宾、泰国、越南）重新燃起了人们从以亚洲为中心的视角了解全球经济的广泛兴趣。从全球历史的角度看，西方与东盟成员国的贸易和安全协定，在很多方面使人们想到早期欧洲人在大航海鼎盛时期与东南亚王国和苏丹国进行的谈判。

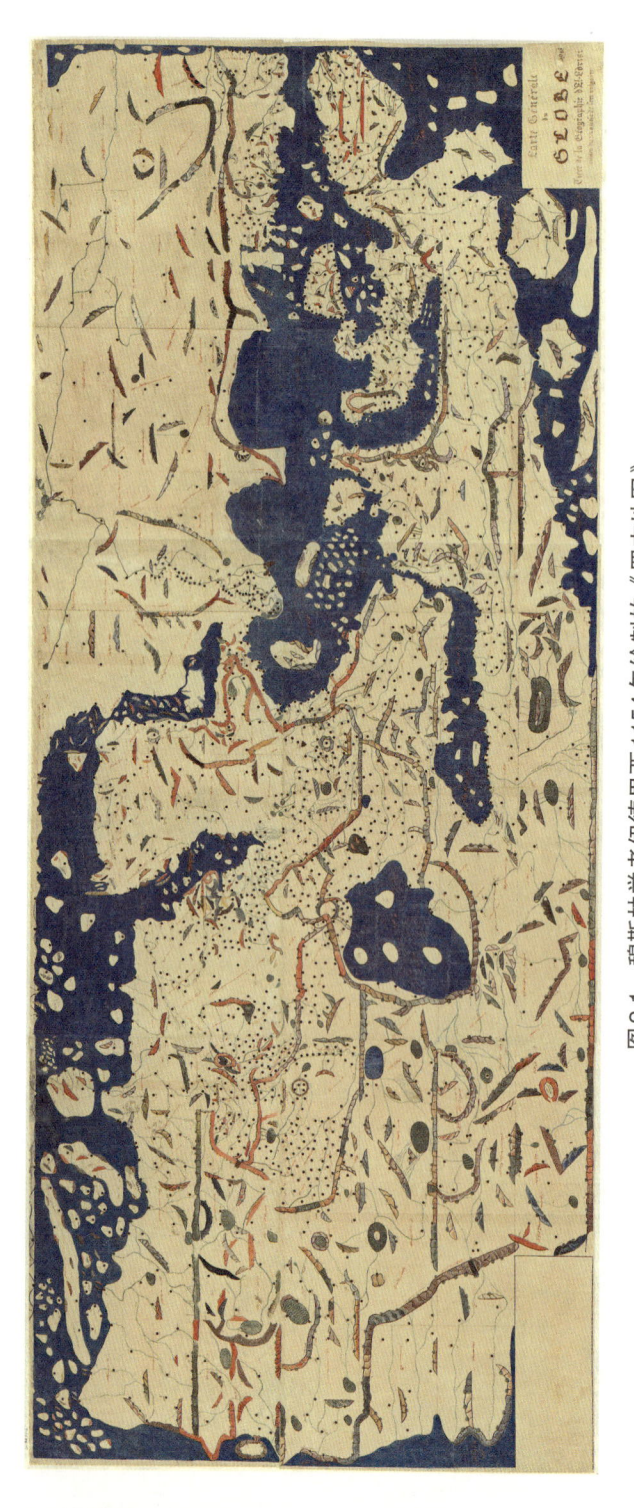

图2.1 穆斯林学者伊德里西1154年绘制的《罗杰地图》

世界——欧洲和中国的制图师在15世纪所知的——仿如同中东制图师在12世纪绘制它时所想象的那样:大西洋东沿岸、地中海、印度洋是主要海域,与中国进行贸易只可能通过陆上丝绸之路以及海上香料之路。在大航海时代之前,少有欧洲商人直接前往中国,那些到过中国之人经由中亚的陆路。威尼斯商人马可·波罗沿陆上丝绸之路前往大都(今北京),1269年他在那里遇到了蒙古皇帝忽必烈。对他旅行的描述出现在马略卡制图师亚伯拉罕·克雷斯克的作品中(《加泰罗尼亚地图集》,1375年)。还有第三条向西横穿大西洋的路线,不过当时不为人知,即大西洋和太平洋判然有别,这一事实人们同样并不知晓,至少在中美洲帝国之外是这样。12世纪最先进的地图,是德军默兹·伊德里西·毛罗尼修士弗拉一度使用到1450年代大航海时代前夕。威尼斯修士弗拉·毛罗的地图与他很相似,但它试图同相当于二维的球体来直观地表示世界是一个球形。中国、朝鲜、日本的地图同样基于中东的制图学,但使用更大比尺来表示中国和印度洋。《罗杰地图》(上图),它成为欧洲地图的基础,一直使用到1450年代大航海时代前夕。威尼斯修士弗拉·毛罗的地图与他很相似,但它试图同相当于二维的球体来直观地表示世界是一个球形。中国、朝鲜、日本的地图同样基于中东的制图学,但使用更大比尺来表示中国和印度洋。人在东南亚和中国海岸有着丰富的旅行经验,但用阿拉伯语所制地图中的地中海岸线远比中海和南亚东南亚的海岸线、印度洋、东非、中东等港口的一些观察。以及他们的船员马欢(效力明朝的大航海水手)于15世纪下西洋时在东南亚、印度洋、东非、中东等港口的一些观察。

图2.2 一对峇峇娘惹夫妻的婚礼

海上将领、云南籍穆斯林郑和的下西洋,是明代外交和商业在整个南中国海、印度洋、阿拉伯海的扩张。在东南亚尤其是爪哇岛,父亲是中国人而母亲是日本人的家庭日见增多,这些家庭逐渐为人所知,有着各种称呼,最近的包括"土生华人""峇峇娘惹""侨生"。尽管今天绝大多数土生华人家庭不是穆斯林,但历史证据显示最初他们中许多是穆斯林,他们被东南亚现代早期日见发展的、中国影响下的穆斯林文化所吸纳。这幅照片是一对来自槟城的新人结婚场面:Chung Guat Hooi(左),甲必丹郑大平之女;Khoo Soo Beow(右),Khoo Heng Pan之子。

图2.3 朝鲜王朝李成桂(太祖)

朝鲜王朝(1392—1910)在明初取代高丽王朝,一直存在到20世纪。朝鲜王朝同日本德川幕府一样,与明朝建立了密切的政治和文化联系,吸收了中国新儒学政治和社会伦理以及它的禅宗(日文Zen,朝鲜文Seon)。上图所绘的李成桂(太祖),在一位朝鲜学者的协助下取得大权,这位学者建立了朝鲜早期的现代治理制度。他名叫郑道传(1398年卒),是最高学府成均馆的毕业生,成均馆专门面向朝鲜文职中的士大夫。作为改革朝鲜法律和政治伦理的重要人物,郑道传在朝鲜王朝初期,依照新儒学路线,写了数部开创性的新儒学著作,包括《朝鲜经国典》《经济文鉴》。这些体现明朝与朝鲜关系特征的作品,在普及具有朝鲜特色的儒家社会伦理方面发挥着关键作用,影响持续至20世纪。该地区此前蒙元时代文化遗产的一个显著标志,是太祖时代在朝鲜生活着穆斯林,而朝鲜的地图绘制传统同样借鉴了中国的中国-伊斯兰制图遗产。今天,在韩国工业化以及佛教和儒家传统转向新教之后,儒家的遗产在有关社会改革的争论中显得特别突出。

图3.1 明太祖朱元璋

　　洪武皇帝（上图）是明朝的开国皇帝，在蒙古政权衰落后，他在维持北京与中亚、中东国家的联系方面发挥了关键作用。他还培植了15世纪海上将领、云南籍穆斯林郑和的事业。郑和与同为穆斯林的船员马欢一起，前往东南亚苏丹国，这成行于永乐皇帝时代，永乐皇帝欢迎长城之外帖木儿汗国的使者。在帖木儿与明朝外交往来期间，中亚旅行者盖耶速丁在北京的紫禁城觐见了永乐皇帝。他对明黄色丝绸和挂毯的观察与现存明朝皇帝以及徐皇后等皇后画像中的衣着相符。金色也是现存紫禁城中各种宝座的主色调，而紫禁城就建于明代。正是这位皇帝钦派海上将领、云南籍穆斯林郑和的远航队前往东南亚和印度洋。郑和作为一名穆斯林效力明朝，这与盖耶速丁观察到的在北京朝廷中担任外交职务、会多种语言的穆斯林遥相呼应。中亚、南亚、东南亚穆斯林统治者对于外交往来的兴趣在明代绘画中有所展现，这些画描绘了中国接受来自国外的礼物。例如，一幅带有中文释义的画描绘的，是榜葛剌（今孟加拉）统治者赛义夫·阿尔丁·哈姆扎赫·沙阿将一头来自马林迪的非洲长颈鹿作为礼物献给永乐皇帝。这礼物让人想到差不多同时代的埃及马穆鲁克王朝，将一头长颈鹿作为礼物送给佛罗伦萨的美第奇动物园。在那个时代，也就是郑和前往东南亚各地和印度洋的时期，长颈鹿被认为是中国古代神话中的麒麟。换言之，明代边疆的文化对中国的塑造，同中国文化影响边疆地区不分伯仲。

图3.2 明长城

　　北京与中亚、东南亚的联系显示，尽管明朝转向海洋，但与中亚各国的贸易、外交仍是明朝对外政策的核心。明朝对于西部边疆地区的安全关切，促成了长城（上图）的建造。今天可见的几乎所有长城的砖石都可以上溯到明代。中亚的旅行者，如阿里·阿克巴尔，就是最早描写长城的作家之一，这些作家用的是波斯、土耳其、阿拉伯等语言。长城以西的土地在清代成为现代中国的一部分。

图3.3　9世纪写有钴蓝色"幸福"字样的伊斯兰仿瓷陶器

明初，盖耶速丁等中亚穆斯林旅行者对中国物质文化尤其是丝绸和陶瓷兴趣浓厚。经由帖木儿时期的撒马尔罕（1370—1507），这些物品的西移对于占领伊斯坦布尔（1453）之后的奥斯曼人的物质文化产生了巨大影响。在"蓝色清真寺"设计中占主导地位的伊兹尼克陶器这种青花仿瓷就借鉴于此。中国瓷器的这一西移可以上溯到唐朝、宋朝与巴格达阿拔斯王朝（761年建立）交流的鼎盛时期。中东瓷器和仿瓷的使用，对于广泛用于制造官廷的大口水壶等物品的贵金属来说，提供了一种审美上令人愉悦的替代物。早在9世纪和10世纪，差不多是代尔夫特（荷兰）瓷器得以发展之前的五百年，伊拉克的工匠学会了使用黏土材料和锡釉来模仿真正的进口中国瓷器。伊拉克制陶工人掌握了复杂的烧制和上釉技术，模仿瓷器发光特性，甚至有着简约装饰的仿瓷陶器让人想到中国的设计风格。最著名的例子（上图）可以追溯到9世纪，上面写有钴蓝色"幸福"字样。图案与装饰的双向流动在明代达到了新高度，当时中国工匠开始将阿拉伯书法融入景德镇制造的瓷器中。最著名的带有阿拉伯文字的中国瓷器，可以追溯到永乐皇帝（1402—1424年在位）和正德皇帝（1505—1521年在位）统治时期，它们保存在北京的官廷中。在这一时期，中国皇帝在官廷中雇佣穆斯林，并在通往中东的丝绸和香料之路上建立了持续的外交关系。最著名的例子之一是瓷器中心写着"洁净"这个词。有的瓷器上是"兴旺""甜蜜"等阿拉伯文字。所有正德时期的官廷瓷器都有中文"大明正德年制"字样。保存最完好的瓷器可以在美国纽约大都会艺术博物馆和中国台北故官博物院见到。

图 4.1　南京浡泥国王墓

文莱苏丹（浡泥国王）麻那惹加那的陵墓不在文莱，而是坐落于南京（上图），这表明了明代中国与东南亚苏丹国早期的联系。明代时，在东南亚出现了许多苏丹国，如巴赛（苏门答腊）、马六甲（马来半岛）、万丹（爪哇）、文莱（婆罗洲）等。穆斯林苏丹国在室利佛逝、满者伯夷帝国之前所据各岛上的兴起至今仍神秘莫测。长久以来，东南亚伊斯兰教被认为是与来自南亚、中东的穆斯林商人进行文化交流的结果。然而，近来的研究证明，东南亚最早的伊斯兰教中心与中国穆斯林的到来有关。这些前来的穆斯林包括元朝沿海的中国人，他们在明军抵达之际逃离。许多穆斯林在15世纪仍生活在明朝，包括郑和及他的同僚马欢，与他们的元代前辈保持着军事和行政上的继承关系。这种穆斯林在14世纪和15世纪为中国宫廷服务的情形，加上中国行政人员和政治流亡者前往东南亚的历史，与新的证据表明东南亚伊斯兰教同时起源于印度洋和中国是契合的。根据这种与中国的联系，郑和下西洋的遗产在整个东南亚的伊斯兰教口述历史中占有重要地位也就不足为奇了。位于苏门答腊岛上的巨港，与马来半岛和马六甲这座城市隔马六甲海峡相望，是东南亚最古老的伊斯兰教中心之一，与明朝有着早期的商业和外交联系。这座城市和马六甲一样，是该地区一些最古老清真寺的所在地。

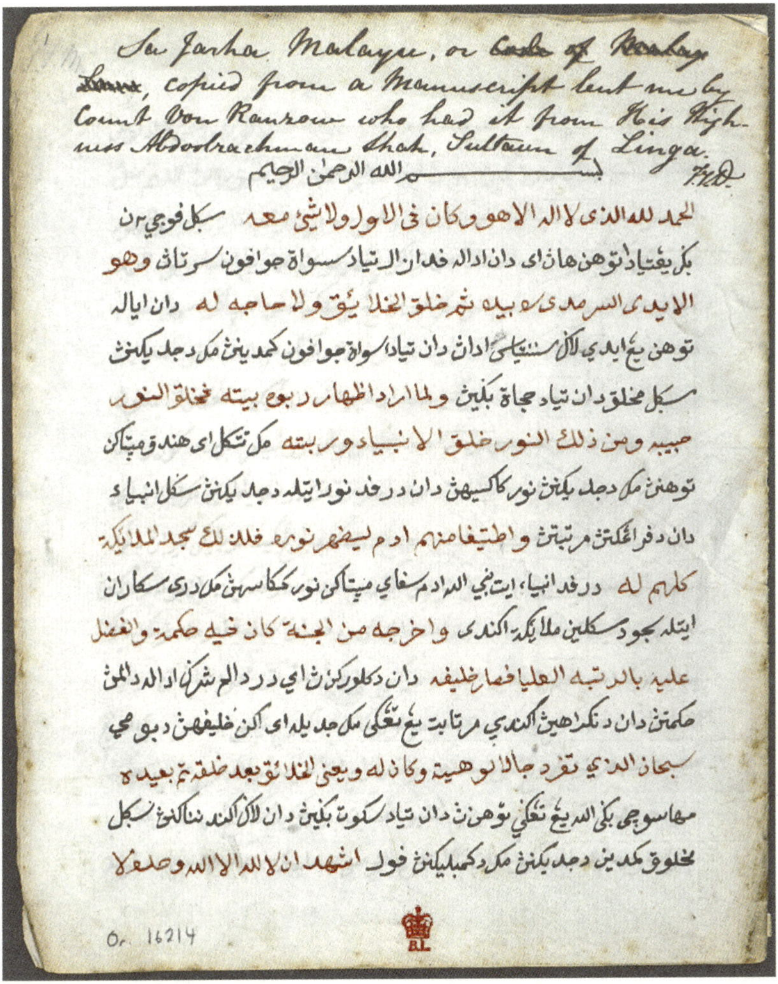

图4.2　16世纪的《马六甲法典》

如同马六甲苏丹国早期的一部法典《马六甲法典》(上图)一样，杭·杜阿的传说用马来语写成，使用了一种波斯-阿拉伯文字。这种文字称为爪夷文，到14世纪和15世纪成为马来语以及各种东南亚语言的标准书写形式。爪夷文在马来语中的使用，取代了早期的婆罗米系的帕拉瓦文字，这种文字与印度南部和沿海地区的特拉古-卡纳达语字母有关。直到10世纪，波斯-阿拉伯文字仍广泛用于传记等文献。到19世纪末，受英国政府的影响，英语开始作为一种学习语言，到20世纪，拉丁文字用于书写马来语。许多古老的马来语手稿被英国行政人员带到伦敦。在那里，收藏家们建立了原件和抄本图书馆，开始研究文献的历史内容。他们写在页边空白处的一些注释今天仍然可以看到（上图）。

图4.3 印度尼西亚的马都拉清真寺

如同马来半岛的宫廷空间一样，一些东南亚最早的清真寺反映了这一地区与苏门答腊、爪哇、中国建筑及装饰风格的历史共生关系。马都拉清真寺（上图）的特点是多层屋顶和亭子，这些在苏门答腊和爪哇是常见的建筑元素。它的颜色格调突出的是明显的黄色和金色，这在中国建筑中很常见。突显这类综合特征的最著名的清真寺是马六甲的东街纳清真寺。它的宣礼塔，以佛塔的形式建造，让人想到从云南、宁夏到广州的中国清真寺中对佛塔的使用。借由被当地语言称为"世界之钟"的青铜钟等物，关于东南亚伊斯兰教与中国伊斯兰教间的过往联系，部分保留了下来。此钟是郑和赠送巴赛苏丹的礼物，传承数百年，历经多个政权：巴赛苏丹国、亚齐苏丹国、荷兰政府、印度尼西亚，今天它仍然保存在印度尼西亚的亚齐博物馆。

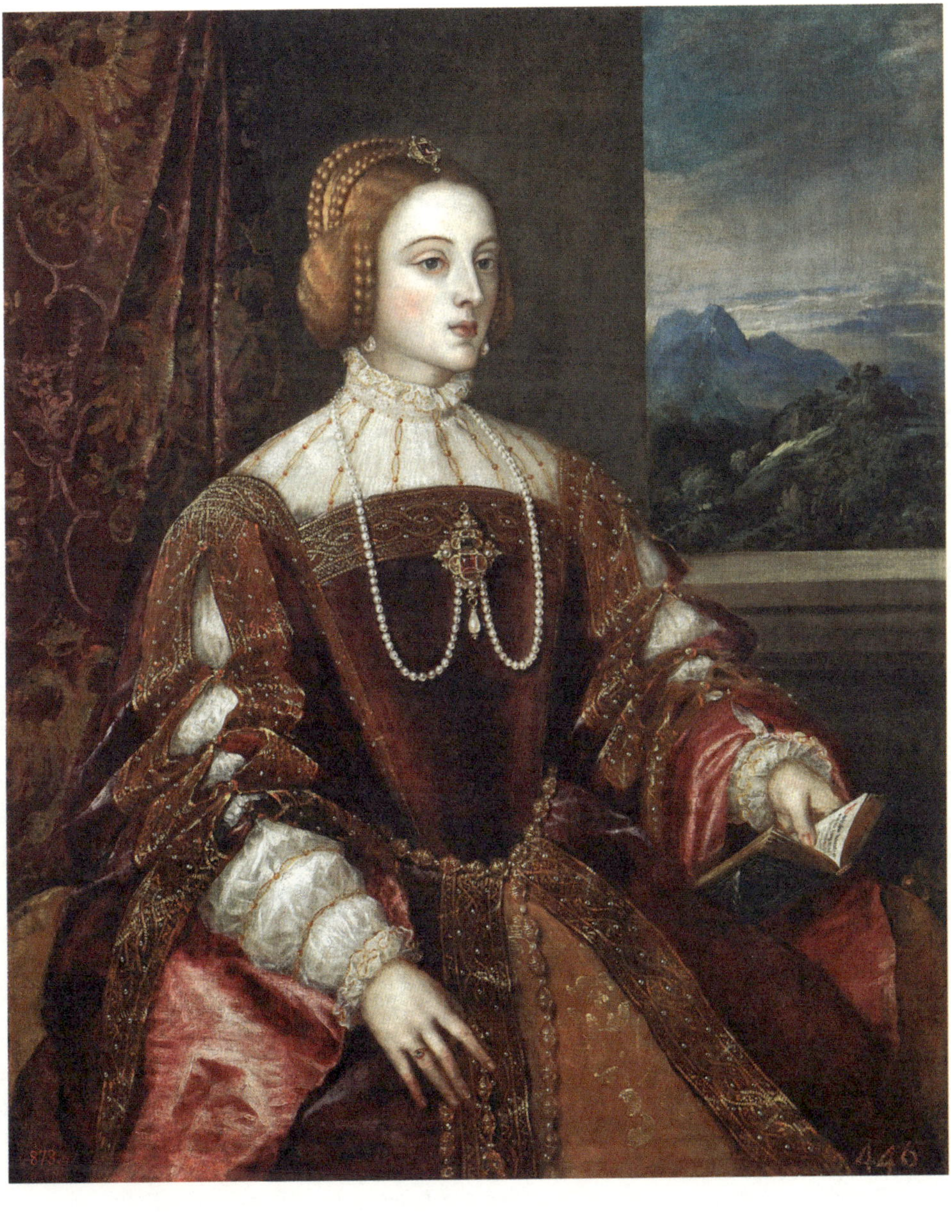

图5.1　葡萄牙女王伊莎贝拉（1503—1539）

葡萄牙女王伊莎贝拉，是哈布斯堡皇帝查理五世的配偶，在16世纪前期查理五世外出的许多年间，她是伊比利亚半岛的实际统治者。女王生活在西班牙、葡萄牙巨变即大航海时的转型年代。15世纪后期禁止伊斯兰教和犹太教在半岛活动的敕令，意含着两个新的罗马天主教团体的兴起：之前的穆斯林摩里斯科人，与之前犹太人中的"秘密犹太人"，他们中有许多人继续私下进行着伊斯兰教和犹太教活动。值得注意的是，在伊莎贝拉统治期间，摩里斯科人和秘密犹太人是西班牙社会的一部分，并且是哥伦布时代前往美洲的伊比利亚人之一。美洲的天主教土著人口和非洲后裔的兴起，意味着以遗产为基础的西班牙臣民新的行政管理和大众化类别的激增。具体地说，除了罗马天主教摩里斯科人和秘密犹太人的行政语言，还有一个不断扩大的词汇表，可以识别出伊比利亚的摩里斯科人和秘密犹太人之外的不同种族的新群体：有着欧洲和土著传统的梅斯蒂索人，有着欧洲和西非传统的城市穆拉托人，有着土著和非洲传统的桑博人，等等。有着穆斯林传统的摩里斯科人将慢慢消失在杂婚和流放的相异环境之中，这是16世纪早期特定政策的产物。这些政策旨在进一步告别伊比利亚近来的伊斯兰文化特色，使之成为历史。与罗马天主教摩里斯科人长期存在政治不适形成对比的是，伊比利亚统治阶层接受了在美洲的已西班牙或葡萄牙化的土著梅斯蒂索人皈依天主教的未来。伊莎贝拉女王经历了这些变化，这从她如何推动宽大处理最后摩里斯科人的摩尔舞禁令就看得出来，这一舞蹈在婚礼庆祝活动中很受欢迎，并在现代弗拉门戈舞中得以保留。伊莎贝拉女王同时促进了葡萄牙和西班牙在哈布斯堡帝国内的长期独立，这反过来又让她的儿子菲利普二世——与菲律宾同名——将美洲变成了他作为统一的西班牙和葡萄牙国王的优先计划之一。菲利普严格禁止摩里斯科人和皈依者前往美洲旅行，并同样监督西班牙政府从美洲扩展到南中国海。其中一位行政人员是德莱加斯皮，他是巴斯克血统的西班牙人，他的大部分职业生涯都是作为西属美洲的总督。在麦哲伦首次开辟从西班牙经巴塔哥尼亚海峡——也称为麦哲伦海峡——到阿卡普尔科、马尼拉航线之后的几十年，他在晚年进行了一次远征马尼拉的活动。活跃在这一地区的穆斯林统治者之一，是几十年前遇到麦哲伦的文莱苏丹的亲戚。德莱加斯皮占领马尼拉后，西班牙管理人员在1565年至1815年间赞助了往返于马尼拉与阿卡普尔科之间的大帆船，将中国和菲律宾的物质文化与美洲的伊比利亚和中美洲文化联系起来。历史上的这种混合了伊比利亚、罗马天主教、穆斯林、菲律宾文化遗产的情况，可以从两个现代现象中看出：一方面，大帆船仍然在菲律宾的"大帆船日"得到庆祝，庆祝1565年奥古斯丁会的弗赖·安德烈斯·德·乌尔达内塔从马尼拉到阿卡普尔科的大帆船"圣·巴布洛"号之行；另一方面，马尼拉有一个半身像，是马尼拉最后一位穆斯林统治者，他起初抵抗西班牙的征服，最后投降。值得注意的是，伊斯兰教在靠近文莱的菲律宾仍然很突出，而马尼拉是罗马天主教的一个中心。航行于马尼拉与阿卡普尔科之间的大帆船每年或每半年往返一次，西班牙因此进入了以中国为中心的南海商业市场。商人从马尼拉带来香料和瓷器等奢侈品，以换取美洲白银以及日本白银，这些成为中国货币的来源。

图5.2　建于1622年的澳门西望洋圣堂

中国澳门，位于中国东南近海，是葡萄牙人在东南亚和东北亚所有交通的核心中转站。这座城市连接了葡萄牙在里斯本、果阿的商业企业与那些在马六甲、马尼拉、长崎、美洲以及中国内地的商业企业。这种贸易网络的交叉意味着，这座城市成为文化的十字路口，吸取了互相做生意的不同商人群体的习俗、烹饪和社会网络：葡萄牙人、马来亚人、日本人、中国人、果阿人等。历史上，这座城市的主要语言是广东话和葡萄牙语。这座城市与葡萄牙保持联系的途径之一，是当地的澳门居民与外来的葡萄牙人通婚，以及文化习俗、风尚和品味的双向交流。罗马天主教及其组织包括罗马天主教会，是将澳门与整个亚洲葡萄牙人和西班牙人生活的其他节点联系在一起的一部分。西望洋圣堂于1622年建于风顺堂区，是澳门最著名的教堂之一（上图），它的建筑风格反映了澳门近五百年的历史。风顺堂区是以前澳门市的五个堂区之一，澳门市是中国于2001年12月撤销的两个市制之一，这在葡萄牙将澳门政权移交给中国两年之后。

图6.1　明代来华的耶稣会士金尼阁（1577—1628）

在金尼阁的亚洲与罗马旅程行经荷兰之时，佛兰芒画家彼得·保罗·鲁本斯绘制了法国耶稣会士金尼阁（1628年卒）的画像。金尼阁是利玛窦的继任者之一，是在中国和日本工作的耶稣会士科学家兼神学家之一。耶稣会士身穿中国和日本长袍，对此葡萄牙耶稣会士佛兰西斯科·卡布拉尔（1609年卒）提出异议，批评在教义和学术上采用语言、思想以及文化的适应主义策略，该策略是耶稣会士尤其是耶稣会的共同创立者沙勿略于16世纪中期在日本和中国开创的。

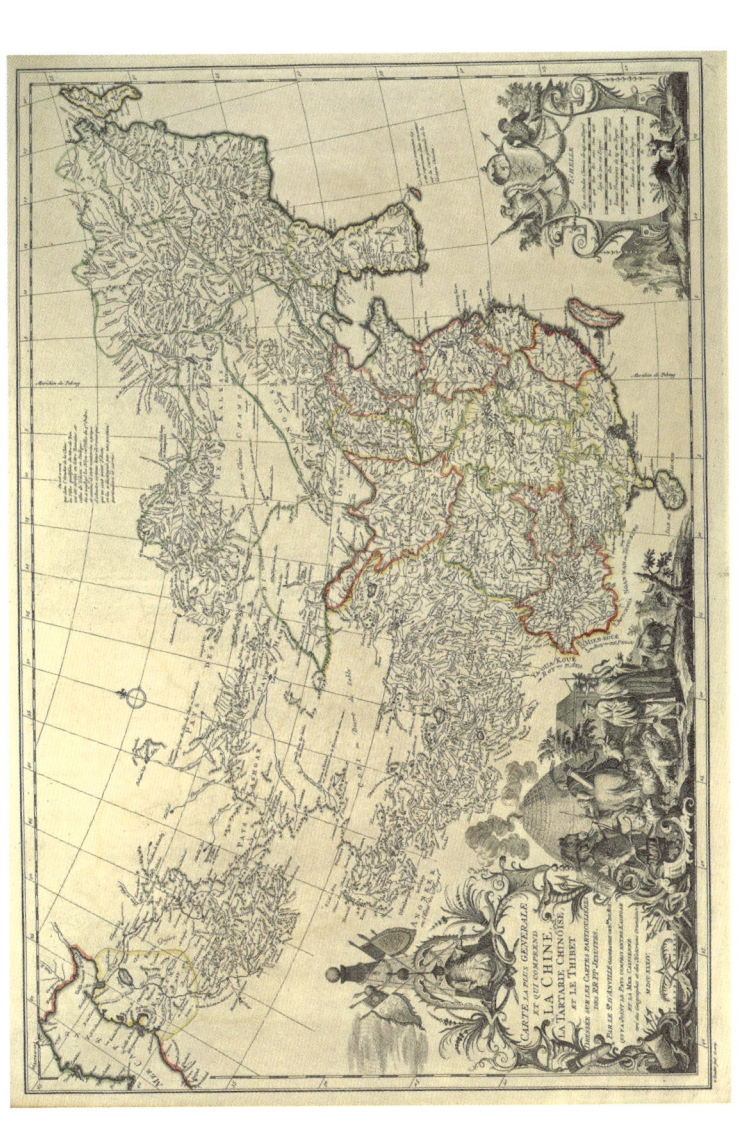

图 6.2 18 世纪法国制图师唐维尔《中国新图集》中的全图

耶稣会士利玛窦于 1602 年在明朝万历皇帝赞助下完成了著名的《坤舆万国全图》。建立在各种早期制图传统——从阿拉伯文、中文制图到拉丁文制图的基础上,此地图成为日本的各种世界地图的基础。耶稣会士在中国生活和工作以及与中国科学家和制图师合作的能力,促进了法国耶稣会士完成对中华帝国的第一次系统地理测量。18 世纪,法国制图师唐维尔利用法国耶稣会士制作了世界上最先进的这一地区地图(上图)。杜赫德的《中华帝国全志》是根据一批法国耶稣会士(1700 年前后)对整个中华帝国进行的第一次系统地理测量而编写的。耶稣会士在中国的著作不限于天文、制图和历法,还包括从植物学到机械学到各种其他著作。例如,1617 年意大利耶稣会士、科学家熊三拔完成了一部关于欧洲水利的中文著作。

图6.3　17世纪布劳《大地图集》中的世界地图

　　荷兰制图业和印刷业的黄金时期，恰逢荷兰东印度公司兴起之时，在葡萄牙和中国赞助之下工作的耶稣会士，成为了解亚洲地理、气候、动物、植物的重要知识来源。布劳家族出版商在17世纪将这些信息以及耶稣会士地图，收入他们的多卷本地图集中。这些地图集包括世界地图（上图）以及更多的地区地图，是荷兰出版业黄金岁月的组成部分。与这些地图集对应的是地球仪。布劳家族最著名的1602年地球仪，既表现出地上的世界，也表现出天上的世界。这些地图的出版是昂贵的投资，它的一些译本在欧洲各地传播。

图7.1　荷兰东印度公司第四任总督简·皮特斯佐恩·科恩（1587—1629）

简·皮特斯佐恩·科恩是荷兰的亚洲国家间商业策略设计师，目的是获取日本的白银，这也是此前葡萄牙与长崎附近的将军幕府谈判时想得到的。在一封1619年寄给荷兰东印度公司的十七位董事（十七位绅士）的信中，皮特斯恩写道，"我们可以用中国商品从日本换得白银"，为了使这样的交换成为可能，"我们用檀香木、胡椒、里亚尔银币，以物易物，换得中国商品和中国黄金"。他的计划包括了古吉拉特、苏门答腊海岸、科罗曼德海岸、万丹。为了说明北欧生意人对亚洲国家间商业的最早兴趣，要优先于欧洲与亚洲间的贸易，他写道："所有一切都能办到，不需要荷兰人一分钱，只要有船就行。"正是在这种亚洲国家间的交换体系中，荷兰东印度公司率先开展瓷器贸易，并培养了欧洲人对瓷器的消费。17世纪的荷兰消费者对特定的中国设计情有独钟，尤其是青花敞口大盘和深腹大碗。到18世纪，荷兰工匠开始在代尔夫特完美制作出本地生产的各种中国青花瓷：代尔夫特瓷器。到了工业革命时期，工厂和新机器技术的使用使得它们得以大规模生产，这反过来促进了它们反向出口至亚洲，这是在英国主导的鸦片战争结束并签定新贸易协议之后的事了。

图7.2　17世纪荷兰人笔下的热兰遮城

　　1641年长崎之外新基地获准建立之前,荷兰东印度公司在平户的仓库(日本现已复建),是1609年荷兰人所建的商业船运基地。荷兰东印度公司数以百计的商业运作基地,分布于东北亚、东南亚、印度洋沿岸,从小的办公室和仓库到大型工厂。17世纪,数位艺术家绘制了荷兰东印度公司最重要的运营中心之一,就是沿台湾东南沿海的热兰遮城(上图)。它坐落在台湾台南市沿海港湾,是荷兰船只的转运中心,将中国和日本瓷器向南送输到荷属巴达维亚,然后经由荷兰东印度公司的印度洋基地运到荷兰。

图7.3 荷兰画家维米尔的《倒牛奶的女仆》(约1658—1660)

荷兰画家维米尔17世纪的《倒牛奶的女仆》是这一时期的众多作品之一,它捕捉到了皇室与普通人家对于荷兰东印度公司进口的中国瓷器与荷兰制造的仿瓷的日益喜爱。在这一例子中,荷兰制造的代尔夫特踢脚线瓷砖,上面刻画有丘比特形象(位于画面右下角)。瓷砖的鲜明特征是蓝色和白色,呼应的是明代青花瓷,这同样在威廉·卡尔夫的作品中可以见到。这一时期的绘画常常包括荷兰以及世界其他地区的地图,这很好地表现出欧洲人沉浸于日益精妙的制图、印刷,还有地球仪、旅行。

图8.1　饮茶王后布拉干萨的凯瑟琳（1638—1705）

葡萄牙的公主布拉干萨的凯瑟琳（上图），是欧洲第一批推动茶叶消费普及的有影响力的人物之一，她是国王查理二世（1660—1685年在位）的配偶，英格兰、苏格兰、爱尔兰的王后。凯瑟琳移居不列颠群岛后，带去的不仅有她对于茶的喜好，还有她对瓷器的钟爱。在土耳其-阿拉伯咖啡以及中国红茶主导了17世纪北欧喜爱奇异、含咖啡因的复杂风味饮料之前，它们与第三种来自西属美洲的饮料——巧克力竞争。雷蒙多·德·马德拉索·加雷特在一幅肖像中描绘出不加奶的美味巧克力，味道和口感像黑咖啡。在19世纪英国东印度公司将中国茶叶种植的秘诀向南带到英属印度的种植园之后，茶叶价格低廉，加之对新创英国-印度帝国饮料品牌的日益喜欢，中国红茶最终将在20世纪后期超越咖啡和巧克力。加雷特在他的作品中也同样以茶叶为特色。这些画让人想起日本茶叶消费画中几乎相同的茶壶的场景。在英国和荷兰生产自己的各种仿瓷茶具之前的年月里，日本主导着瓷器的出口市场。

图8.2 明代砖茶

砖茶是一种压制茶,由整片或磨碎的红茶、绿茶或发酵茶叶与茶梗紧压而成。这种像砖的茶在中亚,向西远至俄国广泛流通,甚至变成了一种可食用的货币。这是明代之前中国古代最常见的茶叶制作方式,明代散叶茶从砖茶中分离出来,以便调制为调和物,与土耳其咖啡一样。明代是向散叶茶的生产与消费转变的时期,在一些情况下,散叶茶也用压制之法(上图),散叶茶用于冲泡而不是吃掉整个茶叶或茶末。英国茶的调制方法就是以明代后期这种冲泡方式为基础的。英语中使用tea(茶),与俄语的cha(茶)完全不同,这表明地理分布相异,源于这些地方的中文口语大相径庭。俄罗斯茶叶是通过中国西北边疆进口的,而英国茶叶则是从中国东南部港口特别是广州进口的。广州设立十三行,以管理与欧洲列强的商业关系,欧洲列强对中国茶不厌其多。一幅19世纪的中国画描绘了当时最有影响力的参与国家的活动:丹麦、西班牙、美国、瑞典、英国、荷兰。到了19世纪末,随着英国将中国茶叶种植的秘诀传到英属南亚,中国茶慢慢被英国东印度公司和英国重新命名为英国茶。

图8.3 恭亲王奕䜣(1833—1898)

  鸦片战争对中国的政治文化影响甚巨,是欧洲和中国各种各样绘画表现的主题。中国的领土丧失代表了与过去彻底的断裂,加速了清朝当政者关于政治与军事改革必要性的争论。参与北京谈判的主要当政者是恭亲王奕䜣(上图),他与在华欧洲列强的谈判,成就了他极具影响力的第一个计划:设立一个新的多语种的外交机构,也就是总理衙门。它是清政府的外交机构,由一群能够读写欧洲各国语言的行政人员组成。该机构处理外国使节对华的要求。在军事改革领域,袁世凯平步青云,数年以后,成为清朝高级将领。在民族主义者反抗情绪达到高潮之时,袁世凯没有选择听从皇帝的命令,而是与孙中山等民族主义者谈判以结束清朝的统治。这些民族主义者中,许多人在前往明治时代的东京期间,研究了日本的政治和工业现代化。清朝覆亡后,袁世凯和孙中山成为共和国的头两位总统。他们进行的许多改革都是建立在先前参与鸦片战争后媾和条约的恭亲王等人物改革的基础之上。

图9.1 日本画家司马江汉（1738—1818）的《和汉洋三贤图》

新井白石是位管理者，也是研究荷兰科学（兰学）与中国新儒学的政治和社会伦理（汉学）的学者，在17世纪后期冉冉升起，成为日本行政圈的杰出人物。幕府将军德川家康赋予了荷兰人享有其他欧洲人所没有的特权，可以出入日本市场。新井白石在推进江户前工业化时代将荷兰的医学和技术融入日本公私教育方面起着突出的作用。他的著述包括翻译荷兰人的著作，从18世纪初开始，得到人们的密切关注与研究，并在18世纪后期进一步由杉田玄白发扬光大。杉田玄白是开创性著作《兰学事始》的作者，书中包括各种荷兰机械设备如显微镜的示意图。到19世纪中叶，在欧美武装进军日本领土的背景下，日本政治改革者质疑日本似乎过度依赖汉学和中国政治模式的价值，并将长期以来本土对欧洲医学和技术的研究扩展到包括欧洲的政治文化和社会习俗。18世纪后期，一位名叫司马江汉的画家描绘了中国、日本、荷兰在科学和知识文化领域的邂逅（上图），他将日本人和荷兰人画在桌子的同侧（画面的右边），这似乎预示着即将发生的变化。

图9.2 德川幕府末代将军德川庆喜(1837—1913)

　　德川庆喜（上图），是日本末代幕府将军。作为杰出大名和政治改革家德川齐昭之子，德川庆喜尽管身为十年之久的政治改革家，还是于1868年下台。在一个法国军事代表团的帮助之下，德川庆喜推进了军事的现代化。他也依照各藩大名以及武士出身的政治家对幕府集权的批评，给予了东京的天皇更大的政治权力。这些改革为工业化日本帝国的崛起铺平了道路。许多反对幕府将军的武士来自和欧洲武装军队有着独立联系的诸藩，这意味着他们在19世纪初期已将自己的军事力量现代化，足以迫使幕府将军下台。德川庆喜辞职后仍然是日本民间社会的积极分子。

图9.3　年轻时的伊藤博文（1841—1909）

　　伊藤博文是德川幕府后期的众多武士之一，他们是明治时代政治与社会经济改革的支持者。武士参与了江户时代后期公立与私立教育的普及，整个课程多种多样，包括荷兰医学、日本古代和中世纪史学以及中国政治和社会伦理等科目。在幕府时代的最后年月，日本教育开始吸收欧洲的政治和行政文化。1863年，伊藤博文是所谓的长州五杰之一，他们前往欧洲，在伦敦大学学习。1870年，在德川庆喜下台两年之后，伊藤博文前往美国学习美国货币体系。1882年，他在欧洲学习欧洲宪法。伊藤博文是明治时代日本宪法的执笔者之一，也是日本第一任首相。他的职业生涯与日本的军事转型同步。为了在亚洲建立势力范围，法国官员在推进日本军队现代化方面发挥了核心作用。法国自己的军事改革可以追溯到拿破仑，已经发展了一百年，而此时法国正试图控制整个北非、非洲其他部分以及越南。印在当代1 000日元纸币上的伊藤博文肖像，是他职业生涯后期的形象，穿的不是武士的长袍，而是英式西装。

图尾声　东京妇女参政会议

　　通过组织提倡普选权等改革的会议（上图），日本以及整个亚洲的妇女运动，已经作为各种改革运动之一出现，这些运动重塑了亚洲社会经济版图。随着"亚洲四小龙"以及"亚洲小虎"经济体的出现，这些改革运动与西方既汇流又分岔。在新加坡等金融和技术导向型经济体中，女性的领导地位表明，亚洲国家已经开始为西方的改革与创新提供它们自己的经验。近些年，西方从东京等城市得到的经验，已经扩展到艺术、设计和审美的世界。